The Instructional Design of
Community Development

上野谷 加代子
原田 正樹 [編]

地域福祉の学びを
デザインする

有斐閣

# 刊行にあたって

　地域福祉はわかりにくい概念だと学生や市民からいわれる。社会福祉とどう違うのか？ とも問われる。「法律に基づく福祉」のみを社会福祉だと思い込んでいる学生や市民は，対象別・分野別の社会福祉はなんとか想像がつくらしい。しかし，そもそも社会福祉は「自発性に基づく福祉」から始まり，後から「法律に基づく福祉」が始まった。私は，市民の方々に社会福祉とは「幸せ探しと幸せ創り」だと思う，と説明している。いつの時代も幸せを願う気持ちを大切にし，幸せを創るためにどうすればよいかを考え，その時代状況に合わせて幸せをつくってきたといえる。地域福祉は，その「幸せ探しと幸せ創り」について，「だれが」「だれと」「どこで」「どのように」つくるのかにこだわる，と説明を続ける。「だれが」幸せと感じ，快いと思うものを探し，創っていくのか，主体にこだわる。そして「だれと」という一緒に探し創っていく相手，すなわち家族や学校，職場，地域の人たちなど，共にくらしを支え，創っていく相手を大切にする。「どこで」は，もちろんくらしの場である生活圏域で，「どのように」は，まず参加し，連携し，協力し合って協働して創っていくということである。

　今日，社会福祉はすべての国民が理解し，自分たちのために推進していくことが求められる時代となった。とりわけ新「地域福祉の主流化」時代にあって，私たちのくらしを地域社会において持続し，発展的に継続させていくには，私たち1人ひとりが個人として，また仲間（集団）として，地域社会として包括的にケア・支援を創出，編成することによって，各々が生活上の困難を主体的に解決していくことが重要であろう。そのためには生活者として，生活上の困難に気づき，SOSを表出し，近隣住民や専門職の力を活用し，一緒に自分自身の生活問題に取り組む力量を高めていくことが求められる。もちろん，気づき・SOSを安心して表出できる偏見・差別のない地域社会にしていくことも車の両輪として，基盤づくりを進めなければならない。地域福祉は両者，つまり個人への支援と地域社会づくりにかかわるということである。

　地域福祉は，実践・運動抜きには形成されない。しかし，それには人間に対する尊厳と深い愛情，人権意識に裏打ちされた理念・価値と具体的にくらしを支える施策，サービスを創り出す政策・制度が必要である。そしてまた，理論だけでも推進されない。理論，実践，政策の3者が有機的に緊張感をもって連

携し合うことが求められている。

　数少ない日本発の概念である「地域福祉」は，急成長してきた領域だけに，大学や社会での学習場面で，教える側，学ぶ側双方に教授法や学習内容，方法について迷いと混乱がみられるのも事実である．もちろん，国家資格である「社会福祉士」養成において，地域福祉は重要な科目として位置づけられ，今日まで教育がなされてきている．日本社会福祉士養成校協会においても，教科の内容や教授方法を巡ってシラバスの改定に向けた議論を始めている．

　さて，日本地域福祉学会は，2016年6月に設立30周年を迎える．学術学会としての理論研究や政策研究はもちろん今まで以上に力を入れていくつもりであるが，今日の状況を鑑み「地域福祉の学びをデザインする」必要性を学会として急務の仕事ととらえたのである．つまり，日本の超少子・高齢社会，人口減社会，中山間地と都市問題，ひきこもりや虐待等対応の困難な事例の増大，いわゆる制度の狭間で生じている地域生活困難な状況を，待ったなしの危機的状況ととらえ，主体的に学ぶ生活者として，学生や専門職を位置づけ，彼らに地域福祉力形成を焦点化して学んでほしいと願った．本書でまず，地域福祉の学びをデザインすることから着手し，今後，学会として，すべての国民が福祉の学び手であることを自覚的にとらえ，主体的に行動を起こす市民力形成に尽力できればと考えている．

　本書は，2部構成からなっている．第Ⅰ部「地域福祉の学びのデザイン」では，今日のソーシャルワーカーとしての社会福祉士養成カリキュラムの変遷や実態をひもとき，学びのデザインとは何か，学びを深め・教えることの意味や意義は何かについて解説している．第Ⅱ部「地域福祉の学びのコンテンツ」では地域福祉の講義のための30項目を抽出し，それらの学び方・教え方について，教材開発も含めて提示している．さらに，学びを展開できる場と空間について，学びの質を高める教育研究についても語られる．本書は，学会創設30周年記念事業の一環として出版された．急務の仕事としての研究成果の披露であり，まだ完成度が高いとはいえない．しかし，早急に専門性の高いソーシャルワーカーを養成する必要性から，取り組んだ次第である．

　日本地域福祉学会は今後も実践的研究集団として，福祉社会形成に尽力していきたい．

　　　2016年6月　　　　　　　　編者を代表して　上野谷　加代子

# はじめに

　本書は「地域福祉の学びをデザインする」ことを意図している。よって地域福祉の授業をする者を第1の読者として想定し，より質の高い地域福祉の授業を展開していくために必要な視点や方法を整理している。しかし教える側にとっての指導書というだけではない。地域福祉を学びたいという人たちにもぜひ読んでほしい。本書は地域福祉をどう学習するかという学びのデザインを示しているからである。

　地域福祉の学び方は一様ではない。教える側と教えられる側が一方向に固定されるものでもなく，地域福祉とは何かを学び合う関係性が大切であるとも言われる。なぜなら地域福祉とは専門職が一方的に援助する営みだけではないからである。地域住民のボランタリーな活動や当事者による運動が新しいカタチを創り出してきた。専門家は謙虚に地域に学ぶことが大切である。そして，研究者はさらに深く実践から学ばなければならない。よって地域福祉の「先生」は多様であり，多面的である。

　とはいえ，だからといって地域福祉を系統的に学ぶ必要がないわけではない。地域福祉という広い世界の断片だけを知って，全体を知ったつもりになってはいけない。地域福祉の広さ，深さを学習するために，学ぶ道筋やモデルを示し，それに基づいて創意工夫をしていくことが，質的な底上げをしていくことになり，ひいては地域福祉の向上につながると考えた。そこで本書の出版に至るわけであるが，その背景には5つのことがある。

　第1に「今日的な地域福祉とは何か」という問いである。学術的な論争は学会で行うことになるが，私たち大学教員はそれを学生や地域住民，そして実践現場に伝える役割がある。今日，地域福祉の概念や取り巻く状況が大きく変化している中で，改めて地域福祉の固有性や枠組みについて整理が求められている。ある側面では地域福祉が制度化されていく過程にある今日，現代の実践や制度との関係の中で地域福祉の本質を問い続けなければならない。

　第2に「地域福祉を学ぶ意義は何か」という点である。どうして地域福祉を学ばなければならないのか。その際の回答が「国家試験の指定科目だから」ではあまりにも情けない。地域福祉を学ぶ意義をきちんと伝えてこそ，地域福祉を学ぼうとする学習動機がつくられる。そのことはソーシャルワークの教育体系の中で，地域福祉をどう位置づけていくかという問いでもある。また地域福

祉の特徴として，専門職養成だけではなく，将来，地域住民の一人として地域福祉を推進する主体になっていく力を身につけるためのものでもあるということがある。

　第3に「標準的な地域福祉の学習内容を示す」ということである。今日のソーシャルワーカー養成テキスト（社会福祉士・精神保健福祉士）は，見事に国家試験の出題基準を踏まえた編集になっている。出題基準の見直しへの提言も含めて，必要な項目（学習内容）を標準化する作業が必要であると考えた。このことは一方で，教員がその持論（得意分野）だけを語っても許されるという曖昧な教育現場への反省でもある。学問（真理探究）と専門職養成（標準化）が同時に成立するのかという議論は古くからある。しかしながらソーシャルワーカーの養成課程として位置づけられる科目「地域福祉の理論と方法」であるならば，相談援助に求められる基準は満たしたうえで，さらに学問としての問いかけをしていく必要がある。

　第4に「地域福祉をどう教えるか」という方法である。従来から「講義—演習—実習」の一体的かつ総合的な教育計画の重要性は指摘されていても，十分に中身が吟味されてはこなかった。これまで社会福祉専門教育では実習教育を軸にして議論がされてきたが，地域福祉を学ぶ実習教育としては既存の教育内容では課題もある。教材開発やアクティブラーニングなど授業手法の改善も求められる。また大学の4年間だけで完結するものではなく，卒後教育や現任研修を視野に入れた検討が必要である。

　そして最後（第5）に「社会福祉における教育研究」の必要性の提起である。従来のような各分野による制度内福祉の枠組みではなく，社会福祉に求められる援助が大きく変化していく中で，ソーシャルワークのあり方が問われている。社会福祉教育そのものも変わっていかなくてはならない。ソーシャルワーカーの資格制度（社会福祉士，精神保健福祉士をはじめとした社会福祉関連資格）の見直しを含めて，新しい教育内容の検討が不可欠である。本書は対象を地域福祉に限定しているが，本書をきっかけに，社会福祉専門教育全般に対して教育研究の重要性を提起したいとも考えている。

　以上のような問題意識をもとに，本書では地域福祉の学びについて，インストラクショナルデザインという視点から編纂を試みた。多くの大学は科目担当制であり，たとえば地域福祉論の担当者は一人である。よって地域福祉をどう教えるかということは学内全体でのテーマにはならず，一人で考え工夫するし

かない。よって本書は一人職場であっても，地域福祉の授業改善ができるようにするための参考書（インストラクションブック）として構成している。本書では授業の対象を社会福祉士養成課程に在籍する大学生（1～2年生で現場実習には行っていない）として想定した。地域福祉の学びそのものは多岐にわたるが，基本型として「地域福祉の理論と方法」の講義を位置づけている。そして，地域福祉の学びの全体像をつかみながら，今日的な地域福祉を形づくる構成項目として「30項目」を挙げ，その授業展開について，各執筆者の経験をもとに全体議論を踏まえて記述している。

　本書をきっかけに教育議論が盛んになることを期待している。同時によりよい学びを目指して，授業改善がなされていくことを通して，さらに地域福祉学，あるいは地域福祉実践が深化していくことを目指している。

## 執筆者紹介 （五十音順，★は編者）

**岩間　伸之**（いわま　のぶゆき）
大阪市立大学大学院生活科学研究科教授
　第3章，第4章1担当

**上野谷　加代子**（うえのや　かよこ）★
同志社大学社会学部教授
　第3章担当

**小野　達也**（おの　たつや）
大阪府立大学教育福祉学類教授
　第2章3，第3章担当

**小松　理佐子**（こまつ　りさこ）
日本福祉大学社会福祉学部教授
　第1章3，第3章担当

**諏訪　徹**（すわ　とおる）
日本大学文理学部教授
　第2章1・2，第3章担当

**所　めぐみ**（ところ　めぐみ）
関西大学人間健康学部教授
　第1章3・4(3)(4)，第3章担当

**中島　修**（なかしま　おさむ）
文京学院大学人間学部准教授
　第3章，第4章3(3)担当

**永田　祐**（ながた　ゆう）
同志社大学社会学部准教授
　第3章担当

**原田　正樹**（はらだ　まさき）★
日本福祉大学社会福祉学部教授
　第1章1，第3章，第4章3(1)(2)
　担当

**菱沼　幹男**（ひしぬま　みきお）
日本社会事業大学社会福祉学部准教授
　第3章，第4章2担当

**平野　隆之**（ひらの　たかゆき）
日本福祉大学社会福祉学部教授
　第1章2，第3章，第4章4担当

**藤井　博志**（ふじい　ひろし）
神戸学院大学総合リハビリテーション学部教授
　第3章担当

**松端　克文**（まつのはな　かつふみ）
桃山学院大学社会学部教授
　第1章3，第3章担当

**宮城　孝**（みやしろ　たかし）
法政大学現代福祉学部教授
　第3章，第4章2担当

**山本　美香**（やまもと　みか）
東洋大学ライフデザイン学部准教授
　第1章4(1)(2)，第3章担当

# 目　次

刊行にあたって　i

はじめに　iii

## 第Ⅰ部　地域福祉の学びのデザイン

### 第1章　地域福祉の学びをデザインする視点　1

1 インストラクショナルデザインの視点　2
　はじめに　2　　地域福祉の学びの体系と特徴　3　　インストラクショナルデザインという考え方　5　　地域福祉の授業とインストラクショナルデザイン　8

2 「地域福祉の理論と方法」の教材活用の方法　9
　「地域福祉の理論と方法」の教材活用の視点　9　　「地域福祉のリアリティ」の形成プロセス　11　　制度的枠組みを計画と政策に求める　11　　歴史・問題のリアリティと推進主体のリアリティの融合　13

3 地域福祉の教育の方法　14
　地域福祉の教育を深める演習・実習教育　14　　地域福祉の学びを深めるアクティブラーニング　22

4 地域福祉の学びの評価　27
　授業者の自己評価（FD）と授業を通して獲得させたい力　27　　実習評価（現場実習における評価）　28　　学習者の自己評価　29　　ピア評価　31

### 第2章　社会福祉士養成と地域福祉　35

1 社会福祉士養成カリキュラムと地域福祉　36
　養成カリキュラムの全体像と考え方　36　　現行カリキュラムにおける地域福祉の位置づけ　38

2 30項目の体系と出題基準との関連　41
　30項目の体系　41　　出題基準の見直し　41

3 「地域福祉の理論と方法」講義の現状と課題　44
　はじめに　44　　調査結果　44　　調査に関する論点　52　　より広い検討に向けて　53

# 第 II 部　地域福祉の学びのコンテンツ

## 第 3 章　地域福祉の講義のための 30 項目　　57

### 1　地域福祉の考え方（概論）　58
- 01　地域のくらしの構造（福祉コミュニティ）　60
- 02　地域福祉の意義と固有性　66
- 03　地域福祉の理論 I：岡村理論と学説史　72
- 04　地域福祉の理論 II：鍵概念の理解　78
- 05　地域福祉の歴史 I：地域福祉の源流　COS，セツルメント　84
- 06　地域福祉の歴史 II：戦後　90

### 2　地域福祉の推進主体　96
- 07　当事者活動　98
- 08　小地域福祉活動　104
- 09　民生委員・児童委員　110
- 10　ボランティア・NPO　116
- 11　社会福祉協議会　122
- 12　社会福祉施設　128
- 13　協同組合と社会的企業　134
- 14　基礎自治体　140

### 3　地域福祉の実践　146
- 15　福祉教育　148
- 16　今日的な地域問題への取り組み：社会的孤立と生活困窮　154
- 17　今日的な地域問題への取り組み：地域再生（中山間地域）　160
- 18　今日的な地域問題への取り組み：防災・減災　166
- 19　地域包括ケアシステム　172
- 20　総合相談と権利擁護　178
- 21　財源と中間支援　184
- 22　地域福祉計画　190
- 23　海外事例との比較　196

### 4　地域福祉の方法　202
- 24　コミュニティワーク　204
- 25　コミュニティ・ソーシャルワーク　210
- 26　ニーズ把握とアセスメント（個と地域）　216
- 27　アウトリーチ　222
- 28　プランニング　228
- 29　ネットワーク　234
- 30　社会資源開発／ソーシャルアクション　240

## 第4章 地域福祉の学びの展開 247

1 地域福祉のスーパービジョンとコンサルテーション 248
 スーパービジョンおよびコンサルテーションの基本的理解 248 地域福祉におけるスーパービジョンの基本的視座 254

2 地域福祉を指向した社会福祉現任研修のあり方 255
 現任研修の意義と必要性 255 現任研修の取り組みと今後の課題 256

3 地域住民が学ぶ地域福祉と福祉教育 260
 福祉教育の体系と視点 261 地域住民の地域福祉の学び方 264 民生委員・児童委員を対象にした学び 265

4 学びの質を高める――地域福祉における「教育研究」の意義 267
 教育実践をどうとらえるか――地域福祉の教育研究への誘い 267 「地域福祉めがね」づくりの教材開発 268 実践事例のデータベース化に必要な研究者の「解釈」 269 援助実践から政策化への「教育研究」のシフトの意義 270

おわりに 273

索　引 274

本書のコピー，スキャン，デジタル化等の無断複製は著作権法上での例外を除き禁じられています。本書を代行業者等の第三者に依頼してスキャンやデジタル化することは，たとえ個人や家庭内での利用でも著作権法違反です。

第 1 章

地域福祉の学びをデザイン
する視点

本書での「地域福祉の学び」とは，「地域福祉の講義」「地域福祉の教育」を包含するものである。「地域福祉の講義」とは社会福祉士養成課程における講義科目を想定している。地域福祉学としての学問体系とソーシャルワーカーとして身につけるべき中核的な価値・知識体系である。「地域福祉の教育」とは，講義を軸としながら演習や実習を通して修得する内容と方法である。また卒後教育や専門職としての生涯研修が対象となる。そして「地域福祉の学び」とは，こうした体系的・意図的な教育だけではなく，インフォーマル教育やノンフォーマル教育を重視した，幅広く地域住民を含めた学習のことをいう。
　こうした学びをどのようにデザインしていくかが教員として重要な力量となる。本章では，インストラクショナルデザインという教育工学の視点を参考にしながら，地域福祉の講義を中心とした教材開発，また地域福祉の教育（演習・実習）の内容，教育評価をどのように組み立てていくか，その特徴や重要な視点について整理を行う。

## 1　インストラクショナルデザインの視点

### (1) はじめに

　新学期になって履修をするときに「地域福祉はわかりにくい」と思う学生たちがいる。児童福祉や高齢者福祉といった対象者がイメージしやすい科目名と比べると，地域福祉の「地域」とはわかりにくいのであろう。一方で，「地域」という響きに期待や理想を込めて，おもしろそうだと思う学生たちもいる。これまでの育ってきた環境によって，地域での関わりの原風景がある学生もいれば，まったく地域の中で育ったという実感がない学生たちもいる。地域福祉を学び始めるスタート段階において，学生1人ひとりの関心や原体験が異なっていることを前提にして，地域福祉の授業をしていかなければならない。
　「地域福祉をどう教えるか」カリキュラムやシラバスを作成しながらも，実際の授業の組み立ては手探りであることが多い。結果として教員の得意分野に偏ったり，学生たちが関心をもちにくいところは簡単にすませてしまったりする。あるいは国試対策に割り切った解説に陥ってしまうこともある。結果として，「テキストで教える」のではなく，「テキストを教える」授業になりがちで

ある。

　このフレーズは教師教育でよく用いられる。教員は「教科書を教える」にとどまらず、「教科書で教える」のが大切だという教訓である。教科書の解説だけではなく、教科書を通して生徒たちに培うべき力を教員は育むことが必要である。教育の目標は生きる力の涵養であって、教科書の内容を暗記させることではない。教科書に書かれていることがすべて「正解」ではなく、世の中には多様な考え方が存在するということも伝えていきたい、という主旨である。

　授業の修了後には、受講した学生たちに地域福祉の醍醐味が伝わり、これからのソーシャルワーカーにとって重要な内容であることを理解し、地域福祉実践に携わっていけるような力を身につけさせたい。あるいは、ソーシャルワーカーにならなくても、地域住民の1人として地域福祉の推進にかかわっていけるような市民力を身につけさせたい。

　そうするために、私たち教員は「テキストなど効果的な教材を用いて、地域福祉を教える」ことを目指したい。第1章では地域福祉の学びをデザインするとはどういうことかを整理していく。

## (2) 地域福祉の学びの体系と特徴

　地域福祉を学ぶ場面は「大学の授業」だけではない。地域福祉を学ぶのは教室の外も含めて、さまざまな機会があり、むしろそれが大切である。本書では、地域福祉の学びを図1-1のような体系で考えている。

　「地域福祉の学び」そのものは上位の概念である。学ぶ対象も社会福祉士養成課程の学生だけではなく、生涯学習の視点からすべての人たちにとっての地域福祉の学びをとらえている。よって学習の方法も多様であるし、内容についても幅広い。

　「地域福祉の教育」は、地域福祉を体系的かつ系統的に教育していく内容である。教育方法には、講義だけではなく演習や実習も含めている。ここでは教授方法が大切になる。

　「地域福祉の講義」は、特に講義を意図している。社会福祉士養成カリキュラムであれば「地域福祉の理論と方法」は60時間に設定されており、大学における4単位にあたる。

　国家試験の出題基準も授業で学ぶ内容を想定している。本書第3章で述べる30項目もここにあたる。しかしながら、地域福祉を学ぶうえで、大事にした

図1-1 地域福祉の学びの体系

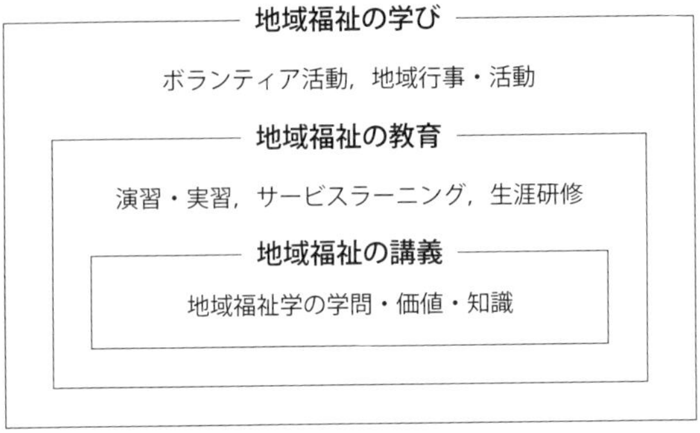

```
┌─ 地域福祉の学び ──────────────────┐
│     ボランティア活動,地域行事・活動      │
│  ┌─ 地域福祉の教育 ──────────────┐  │
│  │  演習・実習,サービスラーニング,生涯研修  │  │
│  │  ┌─ 地域福祉の講義 ──────────┐  │  │
│  │  │   地域福祉学の学問・価値・知識   │  │  │
│  │  └──────────────────────┘  │  │
│  └────────────────────────────┘  │
└──────────────────────────────────┘
```

いことは「30項目」だけを教えればよい,あるいは覚えればよいということではない。より豊かに地域福祉を学んでいくためには,「地域福祉の講義」を中核としながらも,演習や実習が欠かせない。そしてそれ以上に,さまざまなボランティア体験や地域の中での生活体験を含め,多様な学びが必要である。

教員からすれば,「地域福祉の学び」をどう創り上げていくかという研究的視点と,一方で「地域福祉の講義」をどうデザインして,わかりやすく教授していくかという教育的視点をあわせてとらえておかなければならない。

教育学では,①フォーマル教育（formal education）,②インフォーマル教育（informal education）,③ノンフォーマル教育（nonformal education）という類型がある。大学（小・中・高等学校）の授業のような系統的,構造化された教育の場面をフォーマル教育という。それに対して,家庭や地域生活の中で偶発的に学ぶ場面をインフォーマル教育という。それに対して学校外での非定型な学習の場面をノンフォーマル教育という。

地域福祉の先生は地域住民である,という言い方もできる。つまり当該地域のことをよく知り,地域の現状や課題について考え,その改善に向けて行動している人たちから学ぶことは多い。たとえば,民生委員や町内会長であったり,ボランティアや市民活動をしている人たちなどさまざまである。しかし彼らは社会福祉士ではない。よって実習指導者ではない。けれども地域福祉を学ぶうえではとても重要な先生たちである。地域福祉を学ぶ場合,地域の中でこうした人たちから学ぶことが有用である。これがノンフォーマルな学習の意義である。

学生たちの中には,地域のボランティア活動,子ども会活動や地区のお祭り

への参加といった経験が豊かにある学生もいれば，遠方の私学に通学して塾通いも忙しく，まったく地域との関わりがなかった学生もいる。親も地域活動に積極的に参加していて家庭の中でも近隣のことがよく話題になるような環境で育った学生もいれば，家庭の中で近所のことが一切話題にならないような環境もある。こうした違いが，ノンフォーマル教育の違いといえる。

　ソーシャルワーカーの養成教育という視点では，講義や演習・実習といった大学や実習指導者による公的なプログラムでのフォーマル教育が基本になるが，地域福祉の学びという点では，それ以外の学びの影響が大きいことが特徴といえる。

　つまり地域福祉を学ぶためには，地域におけるさまざまな場面での学習が大切になる。それゆえに学生たちには，積極的に地域を意識して，地域の中で体験を重ねていくことを推奨したい。地域福祉を学ぶうえで，ボランティア活動やサービスラーニングが効果的だといわれるのは，こうした理由があるからである。

### (3) インストラクショナルデザインという考え方

　よい授業をどうつくるか，それには授業をデザインできる力を教員が身につけることが重要である。カリキュラムやシラバスの作成を含めて，1回1回の授業を魅力的なものにしていく。そのための教材開発を含めて，より学生たちが学習しやすい授業を設計していく必要がある。

　こうした意図的な学習（フォーマル教育）を支援するための行為のことをインストラクション（instruction）という。より効果的なインストラクションをするための一連の教授過程や学習環境を設計することが，インストラクショナルデザイン（Instructional Design，以下IDと称する）という考え方である。

　この考え方は教育工学に基づくものである。より効果的なインストラクションに改善していくためのプロセスがADDIEモデルといわれるものである（図1-2）。これは以下の5つのフェーズの略語である。より効果的な学習環境をつくるために，授業を総合的にデザインすることが大事であるとされている。このプロセスは1回で終わるものではなく，授業改善をしていくためにフィードバックが重要であると考えられている。

Analyze「分析」：現状分析を行い，ニーズ（学習者が学びたいこと，教員が伝えたいこと，社会が求めていることなど）やゴール（学習目標：到達度を測定できる目

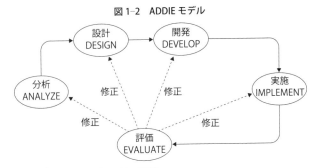

図1-2 ADDIE モデル

（出所）ガニェほか 2007：25頁。

標）を検討する。
Design「設計」：学習目標を詳細化して，それぞれを構造化・系列化して授業内容を設計する。その際に評価基準やテストをあらかじめ作成しておくことが重要である。
Develop「開発」：授業の設計に基づいて，必要な教材やコンテンツを開発する。
Implement「実施」：実際にインストラクションを活用した授業の実施。
Evaluate「評価」：学習目的を達成したかどうかの確認と評価。この結果をフィードバックして改善に役立てていく。

具体的に地域福祉の授業をどうデザインするかを，5つのフェーズに即して整理してみる。

◆ Analyze
・地域福祉を学ぶのは「どんな人」たちか
　　学習対象者の事前把握（学習者の属性，学習動機や学習者の背景など）
　　　学部学生／大学院生／現場職員／活動者／地域住民／児童・生徒
・地域福祉の授業で教えるべき内容は何かを明確にする
　　地域福祉教育では「何を」教えることが必要なのか
　　　地域福祉の学問体系と構成要素
　　地域福祉教育では「どこまで」教えることが必要なのか
　　　学習対象者による目標設定 – 学習内容
　　　社会福祉士国家試験の出題基準

・地域福祉の授業を通して獲得させる目標を明確にする

◆ Design
・地域福祉の授業では「どうやって」教えることができるのか
　　カリキュラム／シラバス，演習・実習のプログラム
　　授業の事前学習，授業指導案，事後学習
・地域福祉の授業では「どのように」教えているのか
　　授業実践，授業方法（講義・ワークショップ，事例検討……）
　　教授方法（インストラクションスキル）
・授業の試験問題を授業前に作問する
　　当初から試験問題を設定しておくことで，それを理解させるための授業が組み立てられる

◆ Implement
・授業の実施
　　90分の授業時間の配分（導入‐展開‐まとめ）
　　導入：前回の復習，本授業のねらい，本授業内容への動機づけ
　　展開：理解させる概念，専門用語，制度など
　　　　　理解を深めるための事象，実践，教材
　　　　　自ら考えさせる発問，対話，協議
　　まとめ：本授業の要点の確認。復習の方法，次回への予習。
　　　　　　コメントカードの記入など学習者のふりかえり

◆ Develop
・地域福祉の授業における教材開発
　　教材（時事問題，視聴覚教材，統計データなど）開発，テキスト開発，フィールド開拓など

◆ Evaluate
・当初の学習目標が達成できたかどうか。学習者の成績評価。
　　成績評価の基準は事前に示しておく必要がある
　　試験問題については，当初の段階で作問しておき，それが到達できたかど

うかを試験等によって評価する（到達度評価）

　　もし到達できなかったとしたら，それは学習者のみならず，教える側の責任（教授方法など）も含めて反省しなければならない
・地域福祉の授業における学習効果を総合的にふりかえる

　　学習者のリフレクション，学習者によるプレゼンテーション，学習者からの授業評価，授業者自身の評価など多面的・総合的な評価を行う

　こうした内容について，授業者は1つひとつ分節的に吟味し，それを効果的に組み合わせていくことで，自分なりの地域福祉の授業の全体像をデザインしていくことになる。

　後に記載されている「地域福祉の講義のための30項目」については，こうしたIDの枠組みを踏まえて，構成されたものである。

### (4) 地域福祉の授業とインストラクショナルデザイン

　(2)で述べたように，地域福祉を学ぶうえでは地域の中でさまざまな経験を積み重ねることも不可欠である。それは，制度によるものではない地域福祉の固有性ともいえる。またボランタリーな住民活動によって地域福祉が推進されてきた側面も多々ある。そうした意味では，地域福祉を学習する際には工学的に一直線に学ぶというイメージよりも，複相しながら選択的に学ぶ学習方法のほうが適している側面もある。

　しかしソーシャルワーク教育において，地域を基盤とした展開が求められている今日，地域福祉は必須の科目である。それゆえに専門職養成としての「地域福祉の理論と方法」を核とした授業は，その質的に高い水準が担保されなくてはならない。

　その際に，IDという考え方は有効である。教える教員によって授業水準のバラツキをなくし，将来ソーシャルワーカーとして活躍していく，あるいは地域住民として地域福祉の推進を担える力を標準的に身につけていかなければならない。

　しかし，そのことは教える教員の価値や視点を統一するということではない。あくまで「テキストで教える」ようになるために，前提となる授業の基準を示すものである。同時に国家試験の出題基準だけに振り回されるのではなく，今日，地域福祉を教えるうえで不可欠な授業内容を精選する作業も必要である。

## 2 「地域福祉の理論と方法」の教材活用の方法

### (1)「地域福祉の理論と方法」の教材活用の視点
◆ 学生が「実感できない」地域福祉の背景

　福祉系大学の学生が地域福祉を学ぶうえでの大きな困難は,「地域福祉を実感できない」ということにあるらしい。このことは,「地域福祉の理論と方法」の講義において,学生が地域福祉の現実味,つまりリアリティを感じられないという結果になっていることを意味する。ここでいうリアリティとは,単に現象をあらわすのではなく,あくまで学生にとっての関心を喚起する現象のことである（今田編 2000：3）。その意味では,地域福祉という現象への学生の関心を喚起する内容を,講義においてどのように確保するかが課題となる。本項のテーマである「地域福祉の理論と方法」の教材活用の方法は,この課題解決に向けての執筆を期待されている。そこで,以下の内容としては,印刷教材である「地域福祉の理論と方法」の標準的なテキストを前提にしながら,教材としての活用方法や,補助教材,たとえば映像教材について触れることにする。

　「地域福祉を実感できない」と学生に認識させてしまう背景として,次の3点が考えられる。第1に,地域福祉が国の制度によって実体化している福祉ではなく,むしろ地域ごとの地方自治体の事業や民間団体による自発的な活動の総体として,地域福祉が成立している点が理解を困難なものとしている。たとえば,高齢者福祉では,老人福祉法や介護保険法といった制度に基づく対象者の規定や法定事業の実績などを通して,高齢者福祉についての制度の範囲に限定はされるものの,その規模や輪郭について数値を用いて理解できる。障害者福祉や児童福祉においても同様である。こうした制度に依拠する対象別福祉の理解の方法が,地域福祉に通用しにくいということである。

　第2に,当該福祉の実体の理解を支える制度的枠組みの代わりに,地域福祉の理論や概念が「地域福祉のリアリティ」を理解することの助けに必ずしもなっていない現実がある。教え方によっては,学生の理論嫌いを助長しむしろ理解から遠ざける結果にもつながっている。その理由としては,取り組まれている地域福祉の実際が,地域福祉の概念どおりに規則正しく現れているわけではないことから,学生側からすると理論と実際の両者が結びつかないという結果になる。しかし,既存のテキストからすると,地域福祉の現実から地域福祉

の諸概念が抽出された経過をもつので，矛盾はないとなる。理論の解説にあたっては，学説的な解説と現実をみるための概念装置としての理解とを区別して教育する必要がある（第3章1節「地域福祉の概念Ⅰ・Ⅱ」を参照）。その意味では，学説的な意味での地域福祉の概念・理論教育が，方法の教育よりも先になされるのが妥当かどうか，再考する余地がある。

第3の困難は，地域福祉が時代性と地域性をもつことからくるが，それぞれの背景や文脈を理解しつつ地域福祉の全体像をとらえることによって解決を目指すことができる。地域福祉の時代性とは，地域福祉が制度の限界を補完する役割をもつことや新たな施策化を要求する先駆的な運動や実践を意味する自発的福祉の性格をもつことから，その時代時代の中で，守備範囲を変えていることを意味している。また，地域住民によって担われる要素があるため，地域外から資源を移入させることができず，地域福祉の地域性が生じている。こうした時代性や地域性は，本来であれば学生の地域福祉への関心を喚起する素材となるように活用できるのであるが，既存の教材の多くは必ずしもそのことに成功していない。その理由としては，地域福祉の現実味ある事例が，時代性や地域性を認識しやすい類型として提供されていない実態がある。

以下では，地域福祉教育研究の立場から，これらの困難に焦点化して，どのように「地域福祉のリアリティ」を学生に提供できるか検討する。

◆ 放送大学での教材作成の経験

平野隆之と原田正樹は，「地域福祉のリアリティ」の提供を目指して，放送大学『地域福祉の展開』において2010年度版・2014年度版の2回にわたり，印刷教材と映像教材の開発に取り組んだ経験をもつ。印刷教材の「まえがき」では，映像教材を作成することは，地域福祉の教育において「リアリティを持ち込むことを重視」し，映像が補助的な位置にあるのではなく，それに導かれる形で印刷教材の内容がつくられていることに触れている（平野・原田 2010）。

以下では，放送大学での映像教材を中心とする教材作成を素材にするが，先に述べた学生の困難を克服するために，地域福祉に関する映像教材を提供する必要がある，ということをことさら強調したいわけではない。当然ながら，放送大学での教材作成の経験を，通常の大学教育の実践の中に反映することには大きな制約がある。そこで，通常の大学での「地域福祉の理論と方法」の講義の中で，先の3つの課題をどのように克服するのか，といった視点から，放送

大学での特殊な経験[1]を限定的にとらえながら，以下では3点にわたって活用できる点を紹介する。

## (2)「地域福祉のリアリティ」の形成プロセス

　第2の理由として取り上げた地域福祉の概念が，「地域福祉のリアリティ」を学生に付与するうえで役立つようにするには，どのようにすればいいのか。「地域福祉の理論と方法」の講義でいえば，大きく整理すると，「理論」を先に講義するのか，「方法」が先なのか，という問題になる。筆者らが最初に取り組んだ『地域福祉の展開』(2010年度版)の構成においては，それ以前のラジオでの講義（印刷教材のみ）と比較すると（図1-3），方法と理論の順序がまったく逆転している。ラジオ科目では，概念・歴史（A）が最初に登場し，方法（D）や計画（E）は最後に配置されている。これに対して，テレビ科目では，計画（A）が最初に登場し，歴史（D）や理論（E）は最後に配置されている。

　ラジオの「地域福祉論」では，おそらく地域福祉の理論についての学問的内容を「解説」することが中心となる。これに対して，テレビの「地域福祉の展開」では，現実に文字どおり「展開」している地域福祉の内容を映像で観ながら，講師とともに「解釈」することを可能とする。これまでの一方的な「解説」を聞くのとは異なり，講師とともに地域福祉のリアリティの「解釈」に参加することを映像の提供が保証しているのである。地域福祉そのものが主体的な営みであり，地域福祉の学習においても，主体的な姿勢を求める教育方法は重要といえる。

　「地域福祉の理論と方法」の講義においても，この「解釈」重視の方法を活用することは不可能ではない。地域福祉の理解のための基本的な概念の提供はあらかじめ必要となるが，これまでの概念構成の学説的な紹介をするといった地域福祉の理論については，むしろ後半に置くことは可能と考える。いいかえれば，「あるべき地域福祉」ではなく，「現にある地域福祉」から出発することで，「地域福祉を実感できる」教材に再編集することができる。そして，活用可能な映像教材を用いて，「現にある地域福祉」への関心を喚起することが促進されれば，より効果的な教育となる。

## (3) 制度的枠組みを計画と政策に求める

◆ 地域福祉の方法がよく見える地域福祉計画

図1-3 「地域福祉論」と「地域福祉の展開」の目次（テキスト）の比較

地域福祉論（ラジオ科目）
- A：概念と歴史
- B：構成とサービス
- C：地域福祉活動
- D：情報と方法
- E：財源と計画

地域福祉の展開（テレビ科目）
- A：地域福祉計画（市町村）
- B：地域福祉プログラム（都道府県）
- C：地域福祉活動・方法（援助機関）
- D：歴史　1980・90・2000年代（住民）
- E：理論・国際比較（研究者）

　学生が「地域福祉を実感できない」理由の1つに，地域福祉が依拠すべき国の制度がわかりにくいことに触れたが，その制度的な枠組みに代わるものとして，「地域福祉の展開」では，市町村レベルでは地域福祉計画を，都道府県レベルでは地域福祉施策（プログラム）を設定する判断を行った。その結果として，『改訂版 地域福祉の展開』（全15章）では，第2～4章に市町村の地域福祉計画に関連する内容，第5～7章に都道府県による地域福祉施策（プログラム）を配置した。こうした配置は，「現にある地域福祉」への関心を喚起することを目指す発想ともいえる。

　最初に地域福祉計画から始める積極的な理由の第1は，法律上策定を定めている行政計画としての地域福祉計画において，当該市町村の地域福祉の計画上の範囲を決める試みがなされるからである。第2の理由は，地域福祉計画の策定現場において，先の試みの前提として，地域福祉の現状を把握・分析する作業がなされるからである。計画のレベルではあるが，当該市町村における地域福祉の実績が計画の現状分析に集約されることになる。第3に，住民参加が重視されている地域福祉計画の策定プロセスの理解を通して，地域福祉の特徴を理解できるからである。

　「地域福祉の理論と方法」の講義における地域福祉計画のウエイトをどこまで高めるのか，という課題は残るが，地域福祉への学生の関心を喚起するうえで，地域福祉計画が最もなじみやすい教材となるのではなかろうか。学生が居住する市町村による地域福祉計画（書）を教材資料として手にとることが可能であり，また市町村間の比較を試みることも関心の喚起に結びつく。場合によっては，地域福祉計画の策定委員会を傍聴することも可能となるかもしれない。

◆ 地域福祉の方法において，地域福祉プログラムをどう扱うのか

　地域福祉施策（プログラム）では，都道府県行政を主体として，3つの事例・地域を取り上げている。地方都市として富山県，中山間地域として高知県，大都市圏として大阪府を選び，それぞれの地域性を反映した地域福祉プログラムを例にしながら地域福祉の展開のイメージを多様にすることを目指している。取り上げた地域福祉プログラムは，富山県が主導した地域福祉サービスに相当する「共生型プログラム」，高知県における社会福祉協議会強化プログラム，これは地域福祉の推進主体の強化というプログラムに相当し，大阪府によるコミュニティソーシャルワーカー配置促進プログラムは，地域福祉を担う人材の確保に関するものである。

　これらの事例は，地域福祉の3つの側面，1つは地域福祉の実現に寄与するサービス，2つは地域福祉の推進のための組織，3つは地域福祉推進を担う人材，といった多面的なプログラムの理解を通して，地域福祉施策（プログラム）を理解することを目指して取り上げたものである。

　「地域福祉の展開」において地域福祉プログラムにこれだけの紙幅を割いた理由は，国の制度でない地域福祉において，プログラム開発のむずかしさ，あるいは醍醐味を理解させるためである。国の制度によらないで，都道府県が具体的なプログラム内容を開発する（地域福祉の施策化）ためには，a.都道府県が地域の中から事業化するに値する実践を見出し，プログラム化し，b.市町村の地域福祉担当が市町村負担を含めて事業に取り組むことの合意を取り付け，c.市町村が地域の中に事業の担い手である実践主体を確保し，d.事業が実施される中で，地域福祉としての成果（実践主体の事業継続や利用者の地域生活の維持）を生み出すという，一連のプロセスを伴っている点を理解させる必要があるからである（平野 2008：48-53）。

　「地域福祉の理論と方法」の中では，「地域福祉の方法」については実践ベースの内容によって多くが占められている。しかし，地域福祉の実践への現実味を感じられない学生にとっては，地域福祉プログラムを通して，地域福祉の施策化の試行錯誤を見ることに意義があると考える。

## (4) 歴史・問題のリアリティと推進主体のリアリティの融合

　地域福祉の歴史は，地域福祉に解決を求める問題の歴史であり，その解決の実践・政策化の歴史でもある。決して地域福祉論や研究の歴史が中心ではない。

もちろん，地域福祉概念の形成を歴史的に整理する場合に，研究を通して概念化されてきた過程を歴史の中に取り入れることは間違っていない。しかし，そのことが強く出すぎると，地域福祉を学ぶ学生にとっては，「地域福祉を実感できない」環境をつくってしまう。

　そこで，『改訂版 地域福祉の展開』においては，自発的な福祉，当事者の運動を通して地域福祉の実体化が進む過程を強調している。第11〜14章の4つの章で歴史を，1980年代：当事者組織活動と地域福祉の推進，1990年代：障害者運動と地域福祉の展開，2000年代：社会的排除の地域福祉の課題（生活当事者），2010年代：大震災と地域福祉の課題（地域支え合い活動）として，大胆に区分した。

　つまり，地域福祉の展開の原点である当事者の実践に着目し，歴史という時間的な変化，高齢分野⇒障害分野⇒社会的排除⇒大震災に対して，地域福祉における当事者の実践性が貫かれているさまを，当事者組織活動⇒当事者運動⇒生活当事者[2]⇒支え合い活動として記述した。これらの歴史的な整理によって，どこまで問題の変化，主体的な当事者の活動・運動の重要性について大づかみな理解が可能となっているか，不安な点も残る。

　もちろん，「地域福祉の理論と方法」に，こうした歴史的な整理が直接生かせるわけではない。しかし，「地域福祉のリアリティ」として象徴的な問題とその解決に向けて当事者の活動や運動が必要であることは，「地域福祉の理論と方法」においても，強調される必要がある。地域福祉の理念や展開の原理として，この点を理解させることが，学生の「地域福祉のリアリティ」形成に必要ではなかろうか。地域福祉の歴史を象徴するような地域福祉における実践事例をデータベース化する研究は，本書が目指す地域福祉教育研究上重要な試みではなかろうか。その推進に，本節が寄与できることを期待したい。

## 3　地域福祉の教育の方法

### (1) 地域福祉の教育を深める演習・実習教育
◆ 演習・実習教育の関係

　社会福祉士の養成課程（4年制大学の場合）では，指定科目として，相談援助演習（150時間），相談援助実習指導（90時間），相談援助実習（180時間）が設けられている。演習と実習は，さまざまな社会福祉士の指定科目での学生の学び

を統合する科目として位置づけられる。したがって、この2科目の授業は相互に関連性をもって展開されるように教育計画を策定する必要があるのは自明のことであるが、「地域福祉の学びを深める」という教育目標を設定した場合には、これに加えてさらなる工夫が必要になる。

地域福祉の実践で重視されているのは、ヒトを生活者としてとらえ、生活者がおかれている社会の矛盾に気づき、当事者を含めた住民へはたらきかける視点や方法である。そこには、「個を支える地域」だけではない「地域」を見る視点が求められる。それゆえに、地域福祉の教育では、リアルな生活実態を理解することや地域生活という視点から住民の生活を点検することなどもその一部として必要になる。

ところが、厚生労働省が指定する実習施設には、狭義の地域福祉を推進することを第1の目的としている施設は少数で、大部分は、当該施設と利用契約を結んだ個人を支援することを目的とした施設である。それゆえに、実習体験を通じて高められる学生の関心は、個の支援に寄せられる傾向が強く、地域支援という視点をもちにくい。

したがって、学生の気づきに基づいて展開される実習教育の中で、地域福祉の視点をもった気づきを促すためには、実習の事前・事後指導はもとより、実習の前後に開講される演習の授業において、地域福祉の学びを深めるための教員からの意図的な働きかけ（具体的には、授業の進め方や教材の用い方など）が必要になる。そして何より重要なことは、地域福祉の教育を担う者が、社会福祉士養成カリキュラムの指定時間内では充足しきれない分を補うための実習や演習科目も視野に入れた、大学4年間の体系的な教育デザインを設計することである。

◆ 社会福祉士養成の演習教育

タテ軸に生活課題の性格として「個人の課題」なのか「地域の課題」なのか、ヨコ軸には対応の仕方として「個別に対応」するのか「地域ぐるみで対応」するのかという観点から、地域福祉における支援の内容を整理してみると、図1-4のように4つの象限ができる。

まず、個別支援（象限Ⅳ 個人の課題×個別に対応）とは、生活課題を抱えている住民の相談にのり、生活保護制度や介護保険制度などの利用につなげることで、当該の生活課題への対応がなされ、それ以外の支援が必要ないようなもの

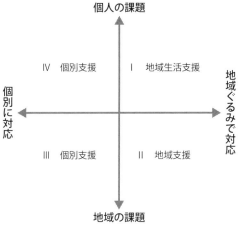

図1-4 地域における支援の類型化

(出所) 松端 2013。

をいう。いわゆる相談支援をベースにしたミクロ・レベルでのソーシャルワーク実践である。演習では特定の個人・家族・小グループに直接関わる面接技法などをベースとした臨床ソーシャルワークや家族療法、ケアマネジメントなどが中心を占める。

次に地域生活支援（象限Ⅰ 個人の課題×地域ぐるみで対応）とは、生活課題を抱える住民への支援を展開していくうえで、法制度に基づく支援に加えて、地域の民生委員やボランティアによる支援などを組み合わせて、地域の中にソーシャルサポートネットワークを形成することで対応していくような支援である。演習では、地域の援助資源を踏まえて、いかに支援を組み立てていくことができるのかということに力点をおくことになる。その際、ジェノグラム（世代関係図）やエコマップ（社会関係図）により、家族関係や社会資源、社会関係について視覚的に把握する方法が有効となる。

地域支援（象限Ⅱ 地域の課題×地域ぐるみで対応）とは、地域に共通しているような課題に対して、集合的に対応するような支援である。ソーシャルワークでは、コミュニティワークなり、コミュニティ・オーガニゼーションといわれる側面である。地域の生活課題を集約化し、住民の主体形成を促し、地域住民が自ら課題解決に取り組めるように支援していくことが重視される。

演習では、次のような項目をテーマとして設計する必要がある。

・地域の福祉課題の把握（地域診断）

・住民による福祉活動の立ち上げや運営の支援（組織化）
・関係機関や団体，住民による福祉活動などのネットワーク化
・集約した地域課題を踏まえての新たな取り組みの事業化・制度化
・福祉教育の推進
・地域社会を変革していくソーシャルアクション
・地域福祉の計画的推進

　たとえば買い物に困っている住民が把握できている地域であれば，住民が乗り合いタクシーによって買い物に行けるようにタクシー会社や自治会などと調整したり，バスを手配し買い物バスツアーを創設したり，あるいはスーパーに働きかけ移動販売車を運行するなどの地域ぐるみでの買い物支援の取り組みなどがこれに該当する。なお，最後の個別支援（象限Ⅲ　地域の課題×個別に対応）の場合は，たとえば買い物が困難な地域において（地域の課題として確認できるものの），具体的な支援としてはホームヘルパーを利用することで個別に対応しているような場合を指す。

◆　地域福祉の学びを深める演習

　地域福祉の学びを深めるためには，演習において上述したような個別支援，地域生活支援，そして地域支援について，総合的に学ぶ必要がある。とりわけ重要なのが地域支援である。その特徴は，地域課題を把握し（地域診断），把握した課題を集約し（地域課題の集約），そうした課題の解決に向けて，地域住民を組織化したり（地域組織化・当事者組織化・ボランティア組織化），関係する機関や団体間の連携を推進し（ネットワーク化），新たな活動や事業を創設したり（資源開発，事業化・制度化），そうした活動の土壌をつくるために福祉教育を推進したり，必要に応じてソーシャルアクションを展開していくなど，一定の地域社会そのものに働きかけ，支援していくところにある。

　地域支援では，働きかける対象が自治体，地域住民，学校・職場等の組織，各種の自助グループや治療グループなどの中間組織や行政などのミクロ・マクロレベルにまで広がり，具体的な実践場面としては，住民懇談会や各種委員会などの組織・機関の運営や地域福祉（活動）計画や政策立案の過程への参画，社会資源の開発などを挙げることができる。

　したがって，演習では地域支援の方法については，住民懇談会や各種の委員会などにおいて話し合いを調整し，議論を深め，参加者の相互作用を促進させ

るなどのファシリテートの技術などが求められる。

　また，アイディアを出して整理する際には，ブレーンストーミングやカードワーク（KJ法）などの発想法が有効であるし，議論してまとめた案を報告するプレゼンテーションの技術の習得も必要とされる。

◆　社会福祉士養成の実習教育
　①実習のプログラムづくり
　社会福祉士及び介護福祉士法の改正（2007）を通じて，社会福祉士養成のカリキュラム（以下，養成カリとする）が改正され，地域福祉が必修化され時間数が増加し，地域を基盤としたソーシャルワークが重視されるようになるとともに，相談援助ではジェネリックなソーシャルワーク教育がその中核に位置づけられている。

　しかし，実態としては地域福祉を中核とした福祉教育の枠組みや内容，教授法などが確立しているとはいいがたい状況にある。日本社会福祉士養成校協会（以下，社養協）では，養成カリを踏まえて提示してきた「相談援助実習ガイドライン」を改訂しているが（日本社会福祉士養成校協会 2014），地域福祉の教育という文脈でとらえ直すとなお課題が残る。

　地域福祉の教育の一環としての「実習教育」をとらえた場合，社会福祉協議会というような地域福祉の推進を目的としている機関での実習だけでなく，各種の福祉施設での実習においても用いることができる実習プログラムが求められる。

　そこでここでは，社会福祉協議会での実習プログラムの分析を通じて，地域福祉の教育の一環としての実習として，施設実習においても適用できるような地域福祉実習の枠組みを試論的に提示する。

　その際，今日では，学習の成果を学生がその結果どのような人物（人材）になっているのかという観点から示すことが求められている。こうしたことを踏まえて，地域福祉の教育の成果として，地域福祉の教育を受けた学生がどのようになっているのかという「人材養成像」を明示し，そこから逆向きにカリキュラムや実習のプログラムをデザインする発想でとらえ直してみることにする。したがって，地域福祉の教育を受けた後の「学生像」を明確にし，個別支援および地域支援の観点から，実習プログラムや実習教育のあり方に関して一定の方向を示してみる。その際，

レベル1「…が理解できている」
レベル2「…を説明することができる」
レベル3「…に関して実践を試みることができる」
レベル4「…を実践することができる」

というように理解のレベルから実践のレベルへと段階的に表記することで，福祉専門職としての人材像を，当人が有している力量の観点から示すことができる。

「地域福祉の教育」としての実習であるためには，実習先の種別を問わず，たとえば個別支援〜地域生活支援の観点からは，たとえば次のような「福祉人材像」が目指されることになる。それぞれの文末を上記の4つのレベルで表現することで，その学生の状況に応じて，実習の目標として設定することが可能となる（松端 2011）。

・利用者を生活者であり1人の地域住民であるとして理解し，「地域でのあたりまえの生活を支援する」という観点に立つということ。
・支援のステージを施設内ではなく，地域社会に求めるということ。
・利用者のあたりまえの社会生活体験を重視することや，社会関係を形成すること，社会的な役割を果たすことができるように支援するということ。
・個々の福祉サービスの利用者が，1人の地域住民として，地域でいきいきと生活できるようなソーシャル・サポート・ネットワークの形成を志向するということ。
・そうした過程を通じて，資源開発を含めて福祉サービスを利用している個々の住民が地域で生活しやすくなるよう地域社会を変えていくことを視野に入れるということ。

地域福祉型実習としては，こうしたことが学べるように，実習現場と養成校との協働により，実習教育の「場」をいかに編成していくのかということが重要となる。

このように整理をすると，福祉サービスの"利用者"という位置づけから1人の"地域の住民"という認識への変換を図ることができ，たとえ入所施設であっても地域福祉型実習を展開できる道が拓けてくるのだが，そのことは入所施設においても地域福祉の実践ができるということを意味している。

地域支援に関する実習内容についても，同様にプログラム化していくことが求められる。

②事前・事後の教育

　先に述べたように，ともすれば個の支援に傾斜しがちな実習体験を地域福祉の視点へとシフトさせ，それを深めるよう促すには，実習の事前・事後の教育の工夫が必要になる。そのための方法の1つは，地域福祉の推進機関として位置づけられている社会福祉協議会（以下「社協」）の実習の内容を充実させ，それ以外の種別の施設での実習と組み合わせて，指定されている180時間の実習プログラムを作成することである。しかし，社協の実習の受け入れが限られている現状の中で，多くの実習生の実習先を確保する必要のある大学では，すべての学生を社協に配属することが困難な場合も少なくない。

　そこで，各大学で取り組まれている教育実践をもとに，指定科目である相談援助実習指導や相談援助演習の授業の中で取り組むことが可能な方法を紹介する。

a．クラス編成［相談援助実習指導］

　多様な機関・施設の種別で実習する学生が混在する実習指導のクラスの中で，地域という概念を実感させるための工夫の1つは，クラス編成である。クラスを施設の種別で分けずに，それらが所在する地域（市域）でクラスを編成し，地域ごとのグループで，事前・事後学習に取り組ませることによって，地域のネットワークや多職種協働などへの気づきを促す授業を行うことが考えられる。可能であれば，実習と演習を同一のクラス編成にする，同一の教員がそのクラスを担当することによって，b．に示すような演習の時間を効果的に活用することができる。

b．実習施設の所在する地域を教材とした授業［相談援助演習］

　日本社会福祉士養成校協会が作成したガイドラインでは，相談援助演習の内容に，地域踏査や事例研究などが盛り込まれているが，これらの授業の教材に，実習施設の所在する地域を活用することによって，地域福祉への理解を深めることも可能である。たとえば，学生が実習施設の所在する地域に出向いて地域踏査を行う，実習施設の事例を用いて事例研究を行う，などの方法が考えられる。実習施設の事例を用いる際に，その施設の職員を授業に招き直接学生に説明してもらったり，学生の考察に対してコメントをしてもらったりするなどの工夫を加えることもできる。こうした授業は，実習指導のクラスと同一のクラスで行われるとより効果的である。

c. 地域の関係者の参加［相談援助実習指導］

　地域の住民，当事者，専門職など実習施設の所在する地域の関係者に事前・事後の学習の場に参加してもらう方法が考えられる。たとえば，事前学習において，地域で生活する当事者をゲストに招いて，その地域での生活実態や感じていることなどを話してもらうという方法がある。また，実習終了後の報告会に，実習した地域の住民や専門職に参加してもらい，学生の報告についての意見や感想を，地域の実情をもとに話してもらうことによって，リアルな地域に触れる機会をつくることができる。また，実習報告会の場所を，実習した施設の所在する地域の公共施設などで行うことによって，多様な地域の関係者の参加を得ることが可能になる。

◆　上乗せ演習・実習

　前で紹介した方法は，社会福祉士制度に規定された演習・実習教育の枠内での工夫であるが，社会福祉士を養成している大学の中には，規定の演習・実習教育に独自のプログラムを加えることによって，一層の効果を図ろうとする試みが見られる。それらは，アドバンスト実習，エクスカーション実習等々，その意図や内容によってさまざまな名称で呼ばれている。ここではそれらを一括して上乗せと呼び，特徴的な方法を紹介する。

　上乗せの例の1つは，相談援助実習を宿泊型で実施する方法である。施設の所在する地域内の公民館の集会室などを実習生の宿泊場所として借用し，実習期間中に買い物や散歩など，住民とともに生活を送ることにより，その地域の生活に対する理解を深めることが期待できる。

　2つ目には，地域型実習などの名称で行われているような，厚生労働省が指定した実習とは別に地域福祉の理解を主目的とした実習科目を設ける方法である。この実習は，特定の実習施設を定めずに，住民へのインタビューや，まちづくりの活動への参加など，地域を実習先としたプログラムで行われている。また，実習のふりかえりは，地域実態の分析やそれを踏まえた改善提案を中心にしている。

　3つ目に，保健・医療など他分野の専門職を目指す学生を養成している学部と共同で，演習の授業を開講する方法である。1つの事例を，他学部の学生と一緒に検討することにより，自身の専攻する分野の独自性や多職種協働の方法についての理解を深めることが期待できる。

(2) 地域福祉の学びを深めるアクティブラーニング
◆ アクティブラーニングの学習環境デザイン
　①主体的，協働的学びで学ぶアクティブラーニング
　地域福祉の学びで「何を学ぶのか（学ばせるのか）」という学習内容とともに，それらを「どう学ぶのか（学ばせるのか）」という学習方法の選択・活用は重要である。
　地域福祉の学びを深めるために有効だと考えられる方法として，アクティブラーニングがある。アクティブラーニングとは，学習者の能動的（active）な学習を意味する。アクティブラーニングの定義については諸説あり，学習者の能動的な学習を促す教授・学習法に着目したものや（中央教育審議会 2012），学習者の学習姿勢や態度まで含むものとする考え方もある。いずれの定義にもみられるのは，学習者が能動的に学ぶことで，認知的，倫理的，社会的能力等を含めた汎用能力を獲得すること，その力の獲得のために，学習者が受け身になるような知識伝授型の教授法を超えた教授法や学習法の活用である。大学教育へのアクティブラーニングの導入によって育成が目指されている学生の主体性や協働性は，それが住民であれ実践者であれ，地域福祉の主体形成において求められていることと重なる。また獲得した知識を，現実の社会課題解決に適用できるようにすること。現実の社会の中にあるさまざまな課題を発見することができる探究力，それらの課題を他者との協働を通じて解決することができる力といった，つまり社会人，市民として必要なコミュニケーション等を含むジェネリックスキルや現実社会での課題解決能力等を獲得すること。そのために学生自身がフィールド（実践や現場）に関与し，そこでの自らの経験も学びの対象としながら，すでに獲得している知識と経験からの気づきと学びを統合させつつ，行動し学習するという学習方法は，まさに地域福祉教育において求められているものともいえよう。
　②学習環境デザインの重要性と課題
　アクティブラーニングは，教室の中での学習に能動的な活動を取り入れるだけでなく，教室の外，大学の外での学びを包含するものである。地域福祉の学びにおいては，地域での実践的な学びや，地域住民や「当事者」らから直接学ぶことが欠かせない。そういった点を踏まえて，学習環境をデザインしていくことが必要である。
　「学習環境」とは，学習者が利用可能な，ある学習活動を構成するリソース

(空間・活動・共同体・人工物等)の総体をさす。大学の中での学習はもちろんであるが，実習等学外での学習活動が行われる環境を，学習の対象としての状況や場面として見るだけではなく，学習活動を構成するリソースとして積極的に活用しうるものとみなす考え方である。理論的背景としては，構成主義や学習者中心パラダイム（学習理論，教育工学）の考え方がある。

　地域福祉の学びを深めるという教育目標を設定し，地域におけるリアルな生活実態を理解することや地域生活という視点から住民の生活や課題，そして問題の解決について実践的に学べるようにするためには，現在の社会福祉士指定科目における工夫はもちろんのこと，大学の場合であれば4年間を通じて主体性や協働性を身につけることができるカリキュラム，授業，評価，学習環境を考えていく必要がある。それは教員1人で取り組む課題というよりむしろ組織的課題を含んでいる。系統的で段階的なカリキュラムの設計があることで，個々の授業でアクティブラーニングの活用は容易となる。また一定の教育環境の整備と，教育支援者の配置，またFD（自己評価）等の研修等も一教員でできることではなく組織的課題である（中井編 2015：pp.17-19）。

　「地域福祉を学ぶこと」に力点を置いた学習環境のデザインでは，学生がフィールドに関与し，「主体性」「協働性」を実践的に学べるよう，フィールドである地域や実践者らとのかかわりは欠かせない。学生のフィールドへの関与を促し，フィールド学習を支えるために，社会福祉士実習のみでなく，地域福祉調査実習，ゼミでのフィールド調査，サービスラーニング，大学の地域連携事業・活動などの課外活動や，ボランティア活動など，プログラムの開発，情報提供やコーディネートを支援することが必要である。またフィールドに出る前，フィールドでの学びの最中，フィールドでの学習が終了してからの，知識と経験をつなぐ学習の実施（ロールプレイや事例の活用を含む）や，協同学習等を通じて，他者とともに活動や学習を行うことができる態度や能力の成長を促すことが重要である。そのためには学生の学習意欲をひきだし，学習の動機づけになるように興味を喚起し，自律的な学習方法を身につけられるような経験が教室内においてもできることや，反転授業のように，授業での学習の前提となる学習（自習）等の活用と工夫が必要である。

◆ アクティブラーニングの代表的な方法
　①アクティブラーニングの方法

ここではアクティブラーニングの代表的な方法について，その特徴と活用する際の留意点を考えてみたい。主には実習指導や演習の授業での活用を想定しているが，ここで挙げる方法は，講義形式の授業でも活用できるものである。
　方法はその特徴からいくつかの類型化が考えられる。たとえば，活用の目的によって方法を a.知識の定着や確認に活用するもの（授業内での小テストやクリッカー，ふりかえりシート等の活用，演習），b.学習者が表現するもの（プレゼンテーション等），c.知識の応用を促すもの（問題基盤型学習，ケースメソッド等），d.知識の活用や創造を目指すものなど（実習，プロジェクト学習等），と分類することもできる。
　また何を活用して学ぶかによる整理もできる。さまざまなアクティブラーニングの方法の活用については中井ら（中井編 2015）が詳しいが，その中では，i) 初回の授業での学生の巻き込み（雰囲気の確立，学習目標・学習方法・評価方法の伝達と確認，学生の準備状況の把握，お互いを知る，グラウンドルールを確立する，アイスブレイクの活用，教室環境への配慮，座席の工夫など），ii) 発問での思考の刺激，iii) ディスカッションを導く（ディスカッションの意義の理解，準備，運営，活性化など），iv) ライティングによる思考の促し（学習を促すライティングの理解，目的に応じたライティングの選択，ライティングの授業への組み込み，小論文やレポートにつなげることなど），v) 協同学習，vi) 経験からの学習，vii) 事例からの学習，viii) 授業への研究の取り入れ，ix) 多人数授業における実践が挙げられている。
　②地域福祉の学びのための活用例
　先に挙げたものはいずれも地域福祉の学びを深めるために活用できる方法であるが，スペースの関係からここでは地域福祉の学びにとって特に必要と考えられる協同学習，経験からの学習，事例からの学習を取り上げる。
　**協同学習**　アクティブラーニングの代表的な方法である問題基盤型学習，プロジェクト型学習，反転学習，チーム基盤型学習，話し合い学習等の学習法は，いずれもグループ活動を前提としている。このようなグループを活用した学習は，地域福祉を学ぶうえで，他者との協働やそのためのコミュニケーションスキルの向上等重要な態度や技能の獲得に活用できる。
　Johnson ら（1991）は従前のグループを活用した学習とは異なる学習方法として協同学習を提唱し，現在の主要なアクティブラーニングにはこの協同学習の考え方と具体的方法が活用されている。協同学習とは「グループの教育的な

活用であり，グループの学習目的を達成するために，学生が自分と他者の学習を最大限に高めることに協同して学習すること」(Johnson et al. 1991=2001) である。また協同学習を競争的学習や個別学習よりも生産的なものにする条件として，a. 互恵的な依存関係を明確に自覚していること，b. 対面で行う相互交流が十分にある，c. グループの目標達成に向けての個人の責任とアカウンタビリティが明確に認識されている，d. 個人やグループとの対人関係スキルであるソーシャルスキルを適切にかつ頻繁に利用する，e. 将来の実効性をたかめるため，グループの現状についての協同活動評価を頻繁にかつ規則的に行う。

協同学習の基本構造は，「課題明示→個人思考→集団思考」の流れである。課題明示は，すべてのメンバーが活動の目的，手続き，個々人が行うよう期待される活動内容を理解できるように，教員が提示する。個人思考は，課題明示で示された課題に対する考え等を自分なりに検討することである。集団思考では，メンバー1人ひとりが同じぐらいの時間を用いて個々人の考えたことを共有する。そこでは傾聴が原則である。そして発言の後，それぞれの意見の異同の確認等から対話を始めていく。

**経験から学ぶ（経験学習）**　経験学習は，実際に経験し，それを振り返ることでより技能や態度を形成したり知識を生み出したりするような，深く学ぶ学習である。具体的な経験と抽象的な概念を結びつけられるような思考が求められる学習で，i) 経験，ii) ふりかえり，iii) 概念化，iv) 実践というサイクルが経験学習のモデルである (Kolb 1984)。経験学習は，a. 現場での経験からの学習（実習など），b. 仮想的な経験からの学習（演習におけるロールプレイなど）の2つに分けられる。ここではフィールドとの関与から，フィールドワークとサービスラーニングを取り上げる。

a. フィールドワーク：現地に赴いて，問題発見や問題解決につながる調査活動等を行うことである。現地で資料やデータを収集し，既存の資料やデータとも比べながら，課題について探究する。社会福祉士実習で，地域調査を実施しているケースは少ないが，たとえば北星学園大学で実施されている「コミュニティワーク実習」は，社会福祉士実習と並行して履修でき，地域課題やその解決の道筋を住民とも協働しながら明らかにしようとする取り組みである。

b. サービスラーニング：大学教育と社会貢献活動の統合を目指した学習方法である。特定の科目や専門領域との結びつきがあり，「社会の要請に対応した社会貢献活動に学生が実際に参加することを通じて，体験的に学習するとと

もに，社会に対する責任感等を養う教育方法（中央教育審議会 2002）」である。活動への参加自体が，学生にとっても大きな経験となるため，経験からの学びの獲得やさらなる学習への動機づけにつなげるには，日誌等の記録の作成や，それをいかした活動後のふりかえり，また教員やTAによるフィードバック等，学習を支え促進する取り組みが必要である。大学外の組織や団体の協力のもと実施されることが多く，緊密な情報交換や信頼関係の構築も重要な要素である。第三者からの学習の評価がある点でボランティア活動とは異なり，社会福祉士実習のような資格取得の実習とも異なる。

　**事例から学ぶ（事例学習）**　社会福祉の分野では，実習指導や演習，講義において，事例の活用がよくみられる。実際の事例であれ，学習のために作成されたものであれ，事例を活用した学習は，学習者がより具体的に問題を分析したり，問題解決のための提案を考えたり，そのためにこれまで獲得してきた知識を統合的に活用することを促進する。

◆ 地域福祉の教育の基盤づくり

　実習教育やフィールドワーク系の教育実践においてその基盤となるものは，大学と現場との協働関係である。現場では多くのエネルギーを学生の指導に費やすこととなる。しかし，実習教育を通じて，実習指導者が自らの実践を客観化し，実習指導の力を向上させるにとどまらず，自らの実践力の向上につなげていくことや，学生や大学（教員）の関与が，直接・間接的に実践の向上や地域課題の取り組みにプラスの影響を与えることがある。ある大学では，実習指導者が参加できる事例検討を通じた学習会や，現任ソーシャルワーカーのためのコミュニティ・ソーシャルワーク研修を実施している。実習教育を軸としながら大学と現場との間で築いた関係性の中で，実習生のための教育の基盤づくりを超えて，当該地域に必要な地域福祉人材の育成に大学も関わっているともいえよう。現任のソーシャルワーカーの継続的教育の課題を，資格養成段階と切り離さないで考えていけるかどうか。継続的教育・学習の構想をもつことで，広く地域全体をとらえたうえでの，学習環境デザインも可能となるのではないだろうか。

## 4 地域福祉の学びの評価

　地域福祉は，制度やサービスなど体系化されたものや視覚化された活動などからのみ構成されているのではなく，理念や方向性，人々の意識や行動規範，ネットワークや社会資源の開発なども教授内容に含まれる。それだけに，授業者の自己評価や学生の到達度評価には困難さが伴う。しかし地域福祉も1つの「論」であり，科目として成立している教育であるならば，教育効果としての一定の評価がなされなければならない。以下では，評価を4つの視点から述べていく。

### (1) 授業者の自己評価（FD）と授業を通して獲得させたい力

　授業者は，どのような視点から自己評価を行えばよいのか。授業を通して獲得させたい力として，どのようなことを設定しているのか。ここでは，第3章「地域福祉の講義のための30項目」に記載された「授業者の自己評価の視点」および「到達度評価」から，その要素を抽出する。また，〈事例〉として，30項目に挙げられていた内容を提示する。

◆ 授業者の自己評価

　授業者の自己評価として挙げられている内容を分析すると，以下の4点が大きな項目として抽出された。
　①地域福祉のもつ固有性が理解されたか
　〈事例〉
・民生委員・児童委員の活動事例から，地域福祉の開拓性を理解させられたか
・当事者活動はその活動主体がそれぞれの目的をもって活動しており，必ずしも地域福祉の推進をその目的とはしていないこと，その活動や組織，メンバーシップのありようなどが多様であること，当事者活動・組織の「個別性」を大切にすることの必要性を理解させられたか
　②概念のみではなく，具体性をもって理解されたか
　〈事例〉
・社会福祉施設による地域福祉の取り組みに関する事例のバリエーションが豊富で，学生に地域福祉資源としての多様な活動の可能性を考えさせることがで

きたか
・地域に具体的なイメージが希薄な学生に対して小地域福祉活動を担う住民の思いや自発性を理解させられたか
　③単なる「知識」として終わるのではなく，学習者自身の言葉で語ることができるか
〈事例〉
・「充足されていないニーズ」の存在と解決策を自分の言葉で説明できるかどうか
・社会の中には充足されないニーズがあること，それを「ビジネスの手法」で解決しようという組織が社会的企業であることを学生が説明できるか
　④ソーシャルワーカーとしての視点を提示できたか
〈事例〉
・ソーシャルワーカーとして，どんな福祉教育を展開すればよいか具体的なプログラム案を提示できたかどうか
・小地域福祉活動を支援するソーシャルワーカーの立ち位置や支援の方法を理解させられたか

◆ 授業を通して獲得させたい力
　学習者にどのような力を獲得させたいかは，上記の「授業者の自己評価」と表裏一体である。したがって，上記と同様，①地域福祉のもつ固有性の理解，②概念のみでなく，具体性を伴う理解，③単なる「知識」ではなく，自らの言葉で語ることができること，④ソーシャルワーカーとしての視点の獲得，が「獲得させたい力」となる。ここでは，この4つに加えて，「教授されたことを基盤に，自らの力で展開する力」を挙げておきたい。
〈事例〉
・福祉教育のプログラムを実施するにあたっての留意点について理解し，自分が実践する際に注意することができるように意識化できたか

(2) 実習評価（現場実習における評価）
　実習評価は主に実習先の実習指導者およびそこの職員によって行われる。学校では，主に学習の到達度（多くはテストやレポートによる成績評価）で評価されることが多いが，実習では，知識や技術力よりも，利用者への向き合い方，意

欲,態度,成長しようとする力に力点が置かれている。そのため,大学の教師による評価と,実習先では180度異なる評価を受ける学生もいる。誰が,どんな指標で評価するかによって,見える人物像が大きく変わることの証左である。では,これに,実習先の利用者(高齢者や障害者,生活困窮者等)や,地域住民からの評価を加えたら,実習評価に関して大きな変容が起きるのではないか。地域を舞台とする地域福祉実習は,実習要件などもあって,あまり普及していないが,多様な人々からの指導や評価によって学生の成長度合いが大きく異なることが推測される。今後は,評価する主体を多様化させ,多面的に評価を行っていくことが重要となってくる。

### (3) 学習者の自己評価
◆ 自己評価の重要性

　学習の評価は,それをもって学習が終了するのではなく,学習者の成長を促すものである。つまり評価は学習者が力を獲得するためのあくまでも手段である。学習者が自分の能力を確認し,学習の励みともなるのが本来の評価である。そのような評価を教員や実習指導者らが行えることが求められる。また,評価者の教育・指導の力とともに,学習者が教員や実習指導者らからの評価を理解して自分の成長につなげることができる,学習者自身の自己評価の力が必要である。それは,学習者が自らの力を客観的に把握し,目指す力を獲得するための目標設定,またそれを達成するための方法を考え実行し,その結果による達成度をはかることができ,必要な改善や修正ができ,次への見通しを立てることができる力ともいえる。

　学習者が学びを通じてどのように自分を成長させ,自己を形成し,成長につなげていけるのか。そのプロセスを支援する方法としての自己評価は,大学の中での学習はもちろんのこと,ボランティア活動やその他の課外活動等における自分自身の学びにおいても重要な学習活動である。自分自身を評価して納得できるかどうか。自己評価の力をつけるということは,自分自身を評価する力や他者からの評価を受けとめる力を身につけることでもある。

　自己評価には,自分自身で評価することと,自分自身を評価することの2つの側面がある。つまり学習者が評価する方法を理解しており,評価で得られる情報の使い方をわかっていること。そして学習者が自分自身や自身のもつ力を理解できるということである。

教員や実習指導者は，学習者が学習の途中で，自分の学習の理解や到達状況を把握できるよう支援していくことで，自己評価の力を育てるのである。

◆ 学生の自己評価力を育てること

　では学生が自己評価できるようにどのように支援するのか。社会福祉士の実習指導を例に考えてみたい。

　第1に，評価の基準を明らかにしておくこと。事前学習の段階，実習が始まる時点までには，評価の枠組みを学生が理解できるようにしておきたい。そのためには学生が実習による学習のねらい，つまり学生が何を目指して学ぶのかを理解できるようにすることである。

　第2に，実習のねらいと学生自身が設定する実習目標の達成に向けて，何をどのように取り組むのか。学生が実習開始前の自分の状況を客観的に把握するとともに，目指す状況と現状とのあいだのギャップを認識し，それを埋める方法を考えられるようにする。なぜなら実習における評価は，何を学んだかという学習内容というより，そのことについてどの程度理解を深め，改善できたかという学習状況をはかるものだからである。

　そのため，学生は実習でこれから学び力をつけようとすることについて，どの程度の状況からスタートし，実習を経てどの程度変化させられたかを，自分自身で客観的にふりかえることができるようにするのである。

　第3に，実習巡回や帰校日指導において，教員は学生が自己評価できるよう，まずは学生自らが自分の学習状況を到達目標に照らし合わせて説明できるようなふりかえりを促す。そして学生が自ら思考し，理解を深められるような質問の投げかけとやりとりを行う。このやりとりを通じて学習のためのフィードバックが行われる。フィードバックはよいタイミングに適切に行われることでその効果が発揮される。実習中は，フィードバックの効果が最も発揮しやすい時期と考えられるが，事前学習，実習中，事後学習中の全体を通じて，継続的に行うものである。

　実習終了後，学生たちは実習指導者から総括的な評価を受ける。評価そのものの結果がよくなくとも，その評価結果が，どういう点がよくなかったのか，なぜよくなかったのかを知る手がかりとなる。そしてどういう点をどのように改善していけばよかったのかを考え，次につなげられるようにするためには，自分自身でも事前に自己評価を行い，指導者による評価と自己評価を比べる中

で，自己認識との違いに気づき，その違いの理由がわかることができる自己評価の力の育成が欠かせないのである。教員や実習指導者による評価結果の良し悪しに一喜一憂するだけで終わることなく，自分自身を評価する力や他人からの評価を受けとめる力を身につけることにつなげていくのである。

### (4) ピア評価

　地域福祉は異なる価値を認め合い地域で暮らしていく共生や，そうした地域社会の実現のための他者との協働を目指している。そういった点からは，地域福祉の学びにおいても，学習者が自分自身の考え方・見方や教員・指導者の視点のみならず，他者との協同学習を通じて，多様な考え方や視点を学び合うこと，またお互いが学び合えるよう，そして最終的には自己の力を伸ばしていけるような学びのプロセスの中に，自分自身が主体的に関わることが欠かせないであろう。

　これを学習評価の観点からみると，どうであろうか。学習の形成的評価の方法として，自己評価や教員・指導者による評価のほかに，学生同士による相互評価方法であるピア評価がある。この評価方法は，自己評価が自分自身による評価であるのに対して，他者の目を通すことにより，自分の力についてより客観的に評価することができる方法である。また，他者を評価することにより，評価そのものについて学び，実際に評価すること，また他者による自分に対する評価を受けて，自分の力や取り組みの，見直しやふりかえりの機会となり，最終的には自分自身へのフィードバックにつなげていくことができるという方法である。

　ピア評価では，互いに評価し合ううえでの評価のポイント（評価の視点）の確認と共通理解が必要である。ピアラーニングや協同学習においては，そうした評価のポイントについても学習者がともに構築することが考えられる。具体的な方法の例として，相互評価のためのシート（チェック項目，自由記述等）や評価基準表（ルーブリック）の作成とそれらを用いた評価の作業があり，必要に応じて評価作業は個人であるいはグループ単位で行う。シートに記入された結果は，学生同士の話し合いによる助言，指摘，意見交換などで互いにフィードバックすることとなる。

　ピアによる相互評価は，他者からの評価について納得することがなければ，意味あるものとして学習者に受け入れられ最終的に自己フィードバックにつな

げていくことは難しくなる。そのため、ピア評価が評価として成立しうるような状況づくりへの配慮が欠かせない。評価の視点について同意が得られること、また評価が公平に行われることが必要であるが、何よりも客観性をもった評価の見解をお互いに言い合えるような場づくりや学生間の関係性の構築のための工夫が必要である。またそこには学習者の主体的な参加が必要である。

相互評価はまた、学習者に多様な役割を期待するものであり、学習者に従来の限定的な知識の受け手や評価される者という役割だけではなく、情報の発信者や評価者、協同作業の分担者としての役割等、多様な役割の経験を通じて、学び合いへの関心や態度を育てていくことも考えられる。

実習・演習教育では特にこのようなピア評価の活用が有効であると考えられるが、学習を支援する新しい方式の評価の開発が今後ますます求められる。

注
1 放送大学での教材開発の特殊な条件として、少なくとも次の2点がある。第1に、地域福祉の展開というタイトルにあるように、社会福祉士国家試験の受験を想定した「地域福祉の理論と方法」という内容を基礎とするものではなく、その結果として出題基準に直接はとらわれることがないということ、第2に、印刷教材とは別個に、映像教材としての独立した内容を設定することができる仕組みになっていることである。
2 生活当事者というのは、生活のしづらさからすると、高齢者介護の問題も障害者の問題も異なるわけではなく、むしろ、違いを乗り越える当事者概念を打ち出そうとする動きを踏まえたものである。

参考文献
中央教育審議会、2002『青少年の奉仕活動・体験活動の推進方策等について』文部科学省
中央教育審議会、2012『新たな未来を築くための大学教育の質的転換に向けて』文部科学省
ガニェ、R.M.、W.W.ウェイジャー、K.C.ゴラス & J.M.ケラー／鈴木克明・岩崎信監訳、2007『インストラクショナルデザインの原理』北大路書房
平野隆之、2008『地域福祉推進の理論と方法』有斐閣
平野隆之・原田正樹、2010『地域福祉の展開』放送大学教育振興会
平野隆之・原田正樹、2012「地域福祉の教材開発研究に関する一考察――放送大学『地域福祉の展開』を素材にして」『日本の地域福祉』第25巻
平野隆之・原田正樹、2014『改訂版 地域福祉の展開』放送大学教育振興会
今田高俊編、2000『社会学研究法――リアリティの捉え方』有斐閣

Johnson, D. W., R. T. Johnson & K. A. Smith, 1991, *Active Learning: Cooperation in the College Classroom*, Interaction Book Company（関田一彦監訳，2001『学生参加型の大学授業――協同学習への実践ガイド』玉川大学出版部）

ケラー，J.M.／鈴木克明訳，2010『学習意欲をデザインする――ARCSモデルによるインストラクショナルデザイン』北大路書房

Kolb, D., 1984, *Experiential Learning: Experience as the Source of Learning and Development*, Prentice-Hall

向後千春，2015『上手な教え方の教科書――入門インストラクショナルデザイン』技術評論社

牧里毎治編，2006『地域福祉論――住民自治と地域ケア・サービスのシステム化〔改訂版〕』放送大学教育振興会

松端克文，2011「個別支援のあり方――個別支援計画を作成する」『はじめて働くあなたへ――よき支援者を目指して』日本知的障害者福祉協会

松端克文，2013「地域福祉を『計画』的に推進するということ――"地域生活支援（コミュニティソーシャルワーク）"と計画づくり」『NORMA』267

中井俊樹編，2015『アクティブラーニング』玉川大学出版部

日本社会福祉士養成校協会監修，2014『社会福祉士 相談援助実習〔第2版〕』中央法規出版

ライゲルース，C.M. & A.A. カー＝シェルマン／鈴木克明・林雄介監訳，2016『インストラクショナルデザインの理論とモデル――共通知識基盤の構築に向けて』北大路書房

島宗理，2004『インストラクショナルデザイン――教師のためのルールブック』米田出版

# 第 2 章

## 社会福祉士養成と地域福祉

本章では、社会福祉士養成と地域福祉に焦点化して現状と課題を整理する。ソーシャルワーカー養成において、地域福祉がどのように位置づけられてきたか。特に2007年の改正では「地域福祉の理論と方法」が従来の選択科目から必修科目となり、履修時間数も増えた。同時に国家試験の出題基準も示されたことによって、どの出版社も大幅なテキスト改訂を行った。
　地域福祉の中核となる「地域福祉の理論と方法」がどのように授業されているのか、研究プロジェクトとして社会福祉士養成校協会に加盟する全国の大学に実態調査を行った。そうした現状と課題を踏まえながら、この科目の中核となる学習項目を30項目に絞り込んだ。その理由は「地域福祉の理論と方法」は60時間4単位、つまり30回の授業回数となるからである。ここでは、私たちが考えた30項目と出題基準の相違点についても考察を行う。

## 1　社会福祉士養成カリキュラムと地域福祉

　ここでは社会福祉士の養成カリキュラムにおける地域福祉の教育の位置づけを確認したい。

### (1) 養成カリキュラムの全体像と考え方

　社会福祉士制度は1987年に法制化され、1988年度に養成が開始された。創設時点の養成カリキュラムは17科目で構成され、総養成時間数は1050時間（一般養成施設の場合。大学に対しては時間数等の規定はなし）、17科目、うち講義620時間、演習60時間、実習270時間であった。このカリキュラムは、その後一部見直しされたものの[1]、制度創設から20年近く維持された。
　2007年に社会福祉士及び介護福祉士法が改正され、これに伴いカリキュラムは大きく改正された（2009年から現行カリキュラムが施行）。指定科目数は22科目に、総養成時間数は1200時間に拡充された。
　現行カリキュラムでは、相談援助に関する理論および演習に関する科目が拡充されるとともに、社会福祉士の活動領域の拡大を踏まえて、就労支援、更生保護、保健医療サービスなどの新たな科目が新設された（図2-1）。

図 2-1　新旧カリキュラムの比較

(旧カリキュラム)

| 科目 | 時間数 | | 大学等 | |
| --- | --- | --- | --- | --- |
| | 一般養成施設 | 短期養成施設 | 指定科目 | 基礎科目 |
| 社会福祉原論 | 60h | | ○ | ○ |
| 老人福祉論 | 60h | | ○ | ○ |
| 障害者福祉論 | 60h | | ○ | ○ |
| 児童福祉論 | 60h | | ○ | ○ |
| 社会保障論 | 60h | | ○ | ○ |
| 公的扶助論 | 30h | | 3科目のうち1科目 | 3科目のうち1科目 |
| 地域福祉論 | 30h | | | |
| 社会福祉援助技術論 | 120h | 120h | ○ | |
| 社会福祉援助技術演習 | 120h | 120h | ○ | |
| 社会福祉援助技術現場実習 | 180h | 180h | ○ | |
| 社会福祉援助技術現場実習指導 | 90h | 90h | ○ | |
| 心理学 | 30h | | 3科目のうち1科目 | 3科目のうち1科目 |
| 社会学 | 30h | | | |
| 法学 | 30h | | | |
| 医学一般 | 60h | 60h | ○ | |
| 介護概論 | 30h | 30h | ○ | |
| 合計 | 1,050h | 600h | 12科目 | 5科目 |

(現行カリキュラム)

| 科目群・科目 | 一般養成施設 時間 | 短期養成施設 時間 | 大学等 | |
| --- | --- | --- | --- | --- |
| | | | 指定科目 | 基礎科目 |
| 人・社会・生活と福祉の理解に関する知識と方法 (180h) | | | | |
| 　人体の構造と機能及び疾病 | 30 | | 3科目のうち1科目 | 3科目のうち1科目 |
| 　心理学理論と心理的支援 | 30 | | | |
| 　社会理論と社会システム | 30 | | | |
| 　現代社会と福祉 | 60 | 60 | ○ | ○ |
| 　社会調査の基礎 | 30 | | ○ | ○ |
| 総合的かつ包括的な相談援助の理念と方法に関する知識と技術 (180h) | | | | |
| 　相談援助の基盤と専門職 | 60 | | ○ | ○ |
| 　相談援助の理論と方法 | 120 | 120 | ○ | |
| 地域福祉の基盤整備と開発に関する知識と技術 (120h) | | | | |
| 　地域福祉の理論と方法 | 60 | 60 | ○ | ○ |
| 　福祉行財政と福祉計画 | 30 | | ○ | ○ |
| 　福祉サービスの組織と経営 | 30 | | ○ | ○ |
| サービスに関する知識 (300h) | | | | |
| 　社会保障 | 60 | | ○ | ○ |
| 　高齢者に対する支援と介護保険制度 | 60 | | ○ | ○ |
| 　障害者に対する支援と障害者自立支援制度 | 30 | | ○ | ○ |
| 　児童や家庭に対する支援と児童・家庭福祉制度 | 30 | | ○ | ○ |
| 　低所得者に対する支援と生活保護制度 | 30 | | ○ | ○ |
| 　保健医療サービス | 30 | | ○ | ○ |
| 　就労支援サービス | 15 | | 3科目のうち1科目 | 3科目のうち1科目 |
| 　権利擁護と成年後見制度 | 30 | | | |
| 　更生保護制度 | 15 | | | |
| 実習・演習 (420h) | | | | |
| 　相談援助演習 | 150 | 150 | ○ | |
| 　相談援助実習指導 | 90 | 90 | ○ | |
| 　相談援助実習 | 180 | 180 | ○ | |
| 合計 | 1,200 | 660 | 18科目 | 12科目 |

(出所)　厚生労働省作成資料。

また旧カリキュラムにはなかった科目群[2]という考え方が導入され，下記5つの科目群が設けられた。①が関連領域も含む基礎知識，④が各分野の制度・サービスの基礎知識，②③が①④の知識との関連づけも行いながら方法論にかかわる理論的な基礎を学ぶ科目群，⑤が演習・実習を通じて①～④を統合する科目群，という位置づけにある。

---

① 「人・社会・生活と福祉の理解に関する知識と方法」
② 「総合的かつ包括的な相談援助の理念と方法に関する知識と技術」
③ 「地域福祉の基盤整備と開発に関する知識と技術」
④ 「サービスに関する知識」
⑤ 「実習・演習」

---

　2007年改正の中心的な課題は，制度創設後の状況の変化に対応することであった。2007年改正を審議した福祉部会の意見（2006年12月。以下「意見」とする）では，社会福祉士が対応すべき課題として，措置制度から利用契約制度への転換に伴う利用者の権利擁護，地域生活を支援するための地域を基盤とした相談援助，障害者や生活困窮者の就労支援，地域福祉計画策定等の新しい行政ニーズへの対応などが指摘されている。

　同時に，社会福祉士制度自体をめぐる課題として，任用・活用が十分進んでいないという点が指摘され，この背景として，役割についての社会的認知が低いこと，養成段階での実践力の養成が不十分であること，資格取得後の能力開発やキャリアアップのための研修体系の整備が不十分であること，などが指摘された。

　現行カリキュラムにおける新規設置科目は，社会福祉士の活躍が求められる領域（就労支援や医療）に対応することで，任用・活用の拡大を図るものといえる。また，養成段階での実践力の開発が不十分という問題意識は，実習演習科目の内容や指導体制の見直しに直結した。

### (2) 現行カリキュラムにおける地域福祉の位置づけ
◆ 求められる社会福祉士像と地域福祉

　意見では，社会福祉士には「従来の福祉サービスを介した相談援助のほか，利用者がその有する能力に応じて，尊厳をもった自立生活を営むことができる

表2-1 社会福祉士に求められる役割

- 福祉課題を抱えた者からの相談に応じ，必要に応じてサービス利用を支援するなど，その解決を自ら支援する役割
- 利用者がその有する能力に応じて，尊厳を持った自立生活を営むことができるよう，関係する様々な専門職や事業者，ボランティア等との連携を図り，自ら解決することのできない課題については当該担当者への橋渡しを行い，総合的かつ包括的に援助していく役割
- 地域の福祉課題の把握や社会資源の調整・開発，ネットワークの形成を図るなど，地域福祉の増進に働きかける役割

（注）下線は筆者が付した。表2-2も同じ。

表2-2 今後の社会福祉士に必要な知識および技術

① 福祉課題を抱えた者からの相談への対応や，これを受けて総合的かつ包括的にサービスを提供することの必要性，その在り方等に係る専門知識
② 虐待防止，就労支援，権利擁護，孤立防止，生きがい創出，健康維持等に関わる関連サービスにかかる基礎的知識
③ 福祉課題を抱えた者からの相談に応じ，利用者の自立支援の観点から地域において適切なサービスの選択を支援する技術
④ サービス提供者間のネットワークの形成を図る技術
⑤ 地域の福祉ニーズを把握し，不足するサービスの創出を働きかける技術
⑥ 専門職としての高い自覚と倫理の確立や利用者本位の立場に立った活動の実践

よう，その他の関連する諸サービスと有機的な連携をもって，総合的かつ包括的に援助していくことが求められるようになっている」とし，社会福祉士の役割を3点に集約した（表2-1）。そして，以上の役割を果たすために必要な知識・技術として，6点を指摘している（表2-2）。

これをみると，社会福祉士の役割として，総合的かつ包括的な支援を行うために，さまざまな関係者との連携，資源開発，ネットワーキングなどの地域福祉の増進という役割が明確に位置づけられたことがわかる。

このため，現行カリキュラムでは「地域福祉の基盤整備と開発に関する知識と技術」という科目群が設けられるとともに，地域福祉論（現行カリキュラムでは「地域福祉の理論と方法」）の時間数が60時間へと拡充され，必須科目とされた。旧カリキュラムでは，地域福祉論は選択科目の1つであったことを考えると，地域福祉の位置づけという点では非常に大きな変化があったといえる。

◆ 科目群「地域福祉の基盤整備と開発」の内容

「地域福祉の基盤整備と開発に関する知識と技術」という科目群は，「地域福

祉の理論と方法」「福祉行財政と福祉計画」「福祉サービスの組織と経営」の3科目から構成される。

「地域福祉の理論と方法」は，内容的には旧カリキュラムの地域福祉論の後継科目だが，教育時間が30時間から60時間に拡充された。残り2科目は新規科目となっている。

「福祉行財政と福祉計画」は，旧カリキュラムでは各分野科目や旧地域福祉論に分かれていた行財政論，計画論を統合し，内容を拡充したものといえる。国全体というマクロレベルだけでなく，市町村といったメゾレベルの行財政運営（アドミニストレーション）を取り扱う点が新しい。

「福祉サービスの組織と経営」は，旧カリキュラムにはなかった福祉サービス提供組織の経営論・組織論・サービスマネジメント論というべき内容である。

このように，科目群を構成する3科目の内容を踏まえると，単に地域福祉というよりも，組織経営論や地域の行財政運営管理といった，旧カリキュラムには乏しかったメゾレベルの活動に焦点をあてた科目群であると考えたほうが理解しやすい。そのうえで，組織経営や地域の政策形成への関与など，メゾレベルの活動が推進できてこそ社会資源の開発や地域でのネットワーキングなどの地域福祉の増進が図られるという意味で，「地域福祉の基盤整備と開発」であると考えればよい。

◆ 他の科目群との関係

前述したように，地域福祉の科目群は，科目群②「総合的かつ包括的な相談援助の理念と方法に関する知識と技術」とあわせて，方法論の理論を扱う科目群としての位置づけにある。つまり，①「人・社会・生活と福祉の理解に関する知識と方法」，④「サービスに関する知識」の科目の内容を基礎としたうえで，それらを関連づけながら方法論を教授することが重要となる。最終的に知識・技術・実践を統合するのは⑤「実習・演習」科目群であるが，その手前で各科目の知識の相互関連づけをする位置にあり，授業のデザインにあたって科目を横断する視点が欠かせない。

また，方法論の内容としては②「総合的かつ包括的な相談援助の理念と方法に関する知識と技術」と重なり・補い合うものとなる。両科目群のつながりを意識して教授するべきといえる。

## 2　30項目の体系と出題基準との関連

### (1) 30項目の体系

本書で提案する「地域福祉の講義のための30項目」は，主に「地域福祉の理論と方法」を教授するためのものである。30項目を抽出する作業においては，同科目の出題基準ありきではなく，地域福祉を教授するうえで必要なキーワードをメンバーがフリーに出し合い，それを整理統合する形で検討，整理した。研究会の構成メンバーの性格から，地域福祉関係の研究者によって地域福祉の内容として暗黙裡に共有されてきた内容が反映されたものと考えてよい。

結果的には，30項目の内容と「地域福祉の理論と方法」の出題基準の中項目レベルの内容はほとんど重なっているといえるが，そのうえで出題基準との違いは下記となる（表2-3）。

1と2は地域福祉の範囲のとらえ方の違いの問題，3は用語も含めて地域福祉の構成要素の強調点の違い（いわば地域福祉研究者としてのこだわりポイント）といえる。30項目を活用するにあたっては，1と2については他の科目（教員）間の調整が必要となり，3は「地域福祉の理論と方法」の範囲内での教授内容の力点の置き方として参照してほしい点となる。

### (2) 出題基準の見直し

上記の分析を踏まえると，今後出題基準の改定が検討される際の課題として，少なくとも次のことが指摘できるだろう。

・表2-3の1に挙げた「地域における福祉サービスの評価方法と実際」については，「福祉サービスの組織と経営」との間で見直しが必要であろう。
・表2-3の2に挙げた「福祉行財政と福祉計画」と「地域福祉の理論と方法」との関係は，福祉行財政の問題として教えるべきことがらと，地域福祉の推進方策として教えるべきことがらの整理が必要であろう。

たとえば，行政計画の基本的な機能を教える中で地域福祉計画の特性を教える場合は「福祉行財政と福祉計画」で教えたほうが効果的であるが，地域福祉の推進方法として，活動計画などとの関係も含めて地域福祉計画の機能を教える場合には，「地域福祉の理論と方法」で取り扱ったほうがよい。

このように，項目名は重なったとしても，教育上の観点が違うものは，両科

Column 出題基準，カリキュラム（教育内容）の性格

　出題基準とは国家試験委員が試験問題を作成するために用いる基準であって，福祉系大学や養成施設における教育内容を規定したものではない。国家試験を実施する指定試験機関である社会福祉振興試験センターが策定するものである。出題基準は社会福祉士に必要な知識等を備えているか否かを国家試験において問うものであり，社会福祉士を養成する以上は教育内容を検討する際に参照されるべきものである。ただしその際は，教育すべき範囲を示したものとして出題基準を活用することは妥当であるが，教育の順序として考案されたものではないため，そのままシラバスにしたり，教科書の目次として活用することは必ずしも妥当ではない。

　一方，カリキュラムと各科目の教育内容は，厚生労働省の省令に根拠をもつ。各科目の教育内容については，養成施設と福祉系大学で規制の構造が根本的に異なる。

　養成施設に対しては，各科目の教育内容について省令に基づいて基準が定められている。この内容は，出題基準の大項目と一致している。したがって，出題基準の「中項目」「小項目」の内容については教育内容に対する制度的な拘束力はない[3]。養成施設については，従来は，国が省令で詳細に教育内容を定めていたが，2007年の改正においては，「教育内容（シラバス）については，国家試験によって社会福祉士として必要な知識及び技能が評価されることを踏まえ，詳細な内容までは示さないこととし，それらについては，出題基準の中で網羅的に反映させる」（厚生労働省説明資料，2008年：p.6）という方針がとられたため，最終的にこのように整理された。

　一方福祉系大学に対しては，実習演習科目を除いては，科目名称以外は何らの規制はない。教育内容に対する制度的な規制はあくまでも指定養成施設に対するもので，科目名称についても各大学で自由に定めて読み替え手続きを行えばよい（その際は教育内容〔大項目〕の用語がシラバスに含まれているかどうかが確認される）。この指定科目制は制度創設当初から採られているもので，「指定科目の科目名が規定されているのみで，教育内容，時間数等については福祉系大学等の裁量にゆだねられる仕組み」[4]であるとされる。つまり実習演習科目以外の科目についての教育内容は，各大学の判断にまかされている。

　なお，実習演習科目については，旧カリキュラムでは福祉系大学に対しては何らの規制はなかったが，このことが社会福祉士養成にふさわしくない実習が行われている一因であると弊害が指摘された。このため，現行カリキュラムでは指定科目として内容を満たしているかどうかを確認するための基準として，大学に対しても教育内容や教員，実習施設とその指導者等についての基準（厚生労働省・文部科学省共管省令に基づく）が設けられた。

表 2-3　30 項目と「地域福祉の理論と方法」出題基準との関係

1. 「地域福祉の理論と方法」の出題基準にあるが 30 項目にはないもの
   ○「地域における福祉サービスの評価方法と実際」…出題基準の小項目の内容を見ると、「福祉サービス第三者評価事業」「QC 活動」「ISO 活動」「運営適正化委員会」など制度的な施設サービスに関する評価が中心となっている。この内容ならば「福祉サービスの組織と経営」あるいは行政の業務として「福祉行財政と福祉計画」などに位置づけることが検討されてよい。

2. 「地域福祉の理論と方法」の出題基準では他科目に位置づけられているが 30 項目に取り上げたもの
   ○「22 地域福祉計画」「21 財源と中間支援」（このうちの財源）、「14 基礎自治体」…これらの項目は出題基準では「福祉行財政と福祉計画」に位置づけられている
   ○「20 総合相談と権利擁護」「27 アウトリーチ」「28 プランニング」…出題基準では「相談援助の理論と方法」「相談援助の基盤と専門職」に位置づけられている。
   ○「16 社会的孤立と生活困窮」「17 地域再生」「18 防災・減災」…カリキュラムでは演習科目「相談援助演習」において各分野の課題を演習する形で位置づけられている。
   ○「30 社会資源開発／ソーシャルアクション」…ソーシャルアクションという用語は出題基準のいずれの科目にもない。資源開発については、出題基準では「地域福祉の理論と方法」に「地域における社会資源の活用・調整・開発」として、「相談援助の理論と方法」に「相談援助における社会資源の活用・調整・開発」として位置づけられている。

3. 30 項目に取り上げたもので、内容的には「地域福祉の理論と方法」に当然含まれると考えるが、単語として出題基準には明記されていないもの
   ※あえてあげると下記だが、1・2 以外の残りの全部がそうともいえる。
   「01 地域のくらしの構造」「02 地域福祉の意義と固有性」「03 地域福祉の理論 I」「07 当事者活動」「08 小地域福祉活動」「13 協同組合と社会的企業」「15 福祉教育」「24 コミュニティワーク」「25 コミュニティ・ソーシャルワーク」

目で重複してよいと思われる。

・表 2-3 の 2 に挙げた相談援助系の科目（相談援助の理論と方法，相談援助の基盤と専門職，演習，実習）と「地域福祉の理論と方法」との関係は，方法論についてどのように分担しあうべきなのか，相談援助系科目のあり方の検討も含めた総合的な検討・整理が必要であろう。

　両科目の関係は，教育内容の基準や出題基準の問題だけではなく，それ以上に教員の専門領域の問題（総合的・包括的支援という観点から，個別支援と地域支援を統合して教えられる教員が少ないこと）や，教員間連携の問題という教育機関側の問題が根本にある。

　基準がすべきこと／できることは，ある程度内容を重複させたうえで，両科目で方法論の統合をするのだというメッセージを明確にすることであろう。そのうえで，教育機関側がこのことを受け止めて，誰がどのように分担するのか

を,各機関の種々の制約の中で検討するしかないのではないか。
・表2-3の3に挙げたキーワードについては,「地域福祉の理論と方法」の出題基準の見直しを検討する中で考慮されることを望む。

## 3 「地域福祉の理論と方法」講義の現状と課題

### (1) はじめに

　前述のとおり,2009年に社会福祉士養成の新しいカリキュラムが導入された。そこでは地域福祉に関する科目がそれまでの「地域福祉論」から「地域福祉の理論と方法」となり,時間数は30時間から60時間へと倍増した。また関連する科目として「福祉行財政と福祉計画」,「福祉サービスの組織と経営」が加えられた。これらのことは地域福祉が重視されてきている証左と考えることができる。

　こうした背景のもとに「地域福祉教育研究会」(原田正樹研究代表)では「地域福祉の理論と方法」がどのように教授されているのかについて現状を把握するために全国調査を行った。以下でその調査の結果やそこで見えてきた課題について整理をする[5]。

　日本社会福祉士養成校協会の協力のもとに,同協会に加入している全国の4年制大学を対象として郵送方式のアンケート調査を実施した。調査期間は2012年12月から2013年2月である。全国203の大学で「地域福祉の理論と方法」を担当している教員の中から95人の回答があった。調査に関しては日本地域福祉学会の研究倫理規定に則って進め,プライバシーの保護等に十分配慮した。

### (2) 調査結果

◆ どのような人がどのような環境で教えているか

　「地域福祉の理論と方法」の担当教員は表2-4にあるように年齢的には40歳代,50歳代が中心であり,両者を合わせると3分の2以上を占めている。教授年数としては,10年以内が全体の約7割であり,年数が比較的短い教員が多い。また,勤務形態としては専任の割合が約8割と高く,非常勤は2割以下となっている。研究分野については,地域福祉が4分の3を占めるが,それ以外の場合も少なくない。社会福祉関係の資格取得は,社会福祉士が約5割で最

表 2-4　教員の属性　(n=95)

| 項目 | | 人（%） |
|---|---|---|
| 年齢 | 30 歳代 | 14（14.9%） |
| | 40 歳代 | 28（29.8%） |
| | 50 歳代 | 36（38.3%） |
| | 60 歳以上 | 16（17.0%） |
| 教授年数 | 5 年以内 | 35（36.8%） |
| | 6 年～10 年 | 30（31.6%） |
| | 11 年～15 年 | 17（17.9%） |
| | 16 年～20 年 | 10（10.5%） |
| | 21 年以上 | 3（3.2%） |
| 専任 | 専任 | 77（81.9%） |
| | 非常勤 | 17（18.1%） |
| 研究分野 | 地域福祉 | 72（75.8%） |
| | 地域福祉以外 | 23（24.2%） |
| 資格 | 社会福祉士 | 49（51.6%） |
| | 精神保健福祉士 | 5（5.3%） |
| | 介護支援専門員 | 17（17.9%） |
| | その他の資格 | 21（22.1%） |
| | 無回答 | 33（34.7%） |
| 実務経験 | あり | 62（66.0%） |
| | なし | 32（34.0%） |
| 実務経験年数 | 5 年以内 | 20（32.2%） |
| | 6 年～10 年 | 8（12.9%） |
| | 11 年～15 年 | 7（11.3%） |
| | 16 年～20 年 | 6（9.7%） |
| | 21 年以上 | 21（33.9%） |

（注）　1　各項目で無回答のものは除外しているため n＝95 にならない場合がある。
　　　 2　資格については複数回答のため，100％にならない。

も多く，次いで，介護支援専門員となっている。ただし無回答が3分の1ほどあり，ここには社会福祉関連の資格がない者が含まれると考えられる。社会福祉現場の実務経験がある割合は3分の2であり，その経験年数は5年以内と21年以上に分かれている傾向がある。

　また，「地域福祉の理論と方法」の履修人数は（図2-2），100人以下の場合が7割である。ただし，150人を超える場合も1割程度存在している。

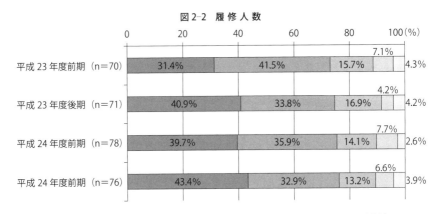

◆ テキストの使用について

　図2-3にあるように，授業で市販のテキストを使っている割合は8割近い（77.9%）一方で，テキストを使用していない割合も一定程度ある（22.1%）。テキストを利用しない理由は，1つのテキストでは不十分なところがあったり，授業の流れを意識すると適切なテキストがない，ということである。テキストを使用しない場合には，独自にレジュメを作成して，使用するということが述べられていた。

　使用している場合，そのテキストは特定のものに集中している。『新・社会福祉士養成講座〈9〉地域福祉の理論と方法——地域福祉論』（中央法規）が約3分の2となっている（図2-4）。他のものは1割に満たない。テキストを採択した理由としては「出題基準をバランスよく満たしているから」が6割以上となっており，次の「記述内容が分かりやすいから」を大きく引き離している。

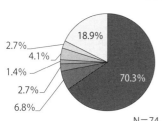

図2-4 使用しているテキスト

- 新・社会福祉士養成講座〈9〉地域福祉の理論と方法——地域福祉論
- 社会福祉士養成テキストブック 8 地域福祉の理論と方法
- 地域福祉の理論と方法（社会福祉士シリーズ9）
- 地域福祉の理論と方法（現代の社会福祉士養成シリーズ）
- 地域福祉の理論と方法
- 地域福祉論 改訂第2版——地域福祉の理論と方法
- その他

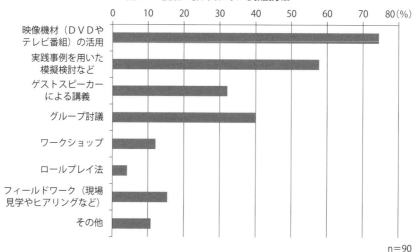

図2-5 授業に取り入れている教授方法

出題基準を念頭において，テキストを選ぶ傾向があることがうかがえる。

◆ 教授の進め方

　図2-5を見ると，授業で取り入れている教授方法としては「映像機材の活用」が7割以上と最も多く，「実践事例を用いた模擬検討」「グループ討議」「ゲストスピーカーによる講義」が続いている。

　これらを取り入れる理由として挙げられているものは，1つは地域福祉のイメージをつかむためである。学生が理解しにくい地域福祉の現実について，その具体的なイメージを醸成するためにこうした教授方法を取り入れている。また，学生の参加を促すためということもある。学生が自分の地域に関心をもち，地域に生活する当事者としての意識をもつためである。さらに，実践から学ぶ

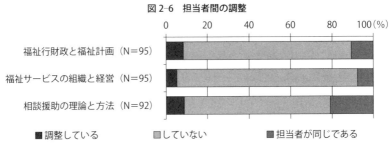

図 2-6 担当者間の調整

図 2-7 出題基準の中項目の教授状況

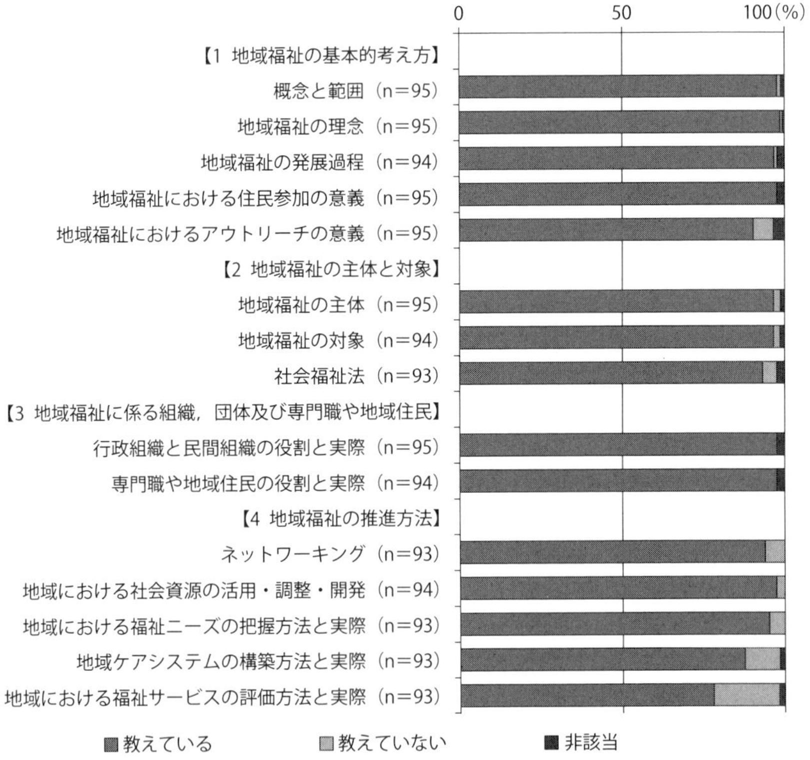

ことが意識されている。学生が現場の実情を知ることが必要と考え，一般的知識としての地域福祉で終わるのではなく，具体的な実践からの学びが目指されている。

教授方法とは少し異なるが，授業間の調整について聞いた結果が図 2-6 であ

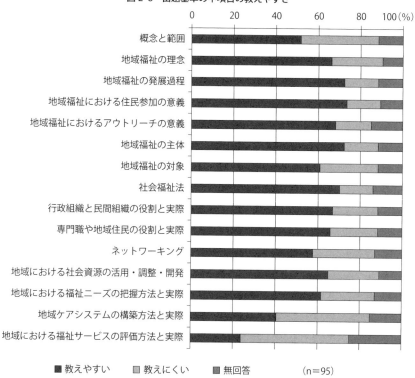

図2-8 出題基準の中項目の教えやすさ

る。「福祉行財政と福祉計画」「福祉サービスの組織と経営」という関連科目や「相談援助の理論と方法」という援助科目の担当者との調整はあまりなされていないという現状がある。

◆ 教授内容について

社会福祉士国家試験の科目別出題基準の中項目を実際に教えているかどうかについては，図2-7のとおりである。教えている場合が，大半の項目で9割5分を超している。ただし，「地域ケアシステムの構築方法と実際」（88.2％）と「地域における福祉サービスの評価方法と実際」（78.5％）についてはやや低くなっている。

また，これらの項目の教えやすさについては，ばらつきがある（図2-8）。「地域福祉における住民参加の意義」や「地域福祉の発展過程」「地域福祉の主

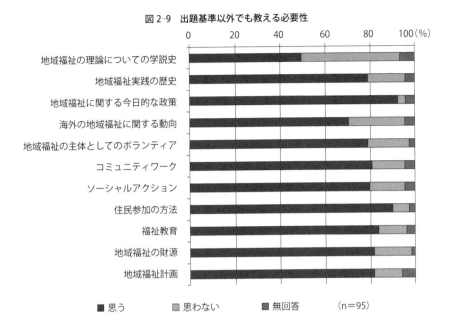

図2-9 出題基準以外でも教える必要性

体」「社会福祉法」などは,「教えやすい」が7割以上となっている。これに対して「地域ケアシステムの構築方法と実際」や「地域における福祉サービスの評価方法と実際」は,5割に満たない。この2項目は教授状況でも低い割合のものである。

試験科目別の出題基準以外で教える必要性に関する質問(図2-9)では,「必要があると思う」という回答が8割を超える項目がいくつもある。「地域福祉に関する今日的な政策」「住民参加の方法」「福祉教育」「地域福祉計画」「コミュニティワーク」「ソーシャルアクション」などである。これら以外に自由回答からは「コミュニティの概念」「コミュニティ・オーガニゼーションの理論体系」「コミュニティソーシャルワーク」「共同募金」などが教える必要があるとされていた。

◆「地域福祉の理論と方法」となったメリット・デメリット

「地域福祉の理論と方法」という科目になったメリットを聞いた自由回答の内容を6点に整理できる(表2-5)。

まず「地域福祉の重視」である。社会福祉の中での地域福祉の重視を伝える

ことができるという利点を生んでいる。次に、現実的な内容として「時間の長さ」がある。授業時間が倍になったことで、余裕やゆとりをもって授業を進めることができ、自由度も増している。またそれに伴って、第3に「広く深く教えることができる」こともメリットである。広く、多くの項目を、深めながら、厚みをもって授業できる。4点目として「方法の意識」も利点として挙げられている。地域福祉の方法をソーシャルワークに位置づけながら、個別支援や生活支援を示すことができる。これは「実践性」という5点目ともかかわっている。より実践的な内容について、具体的に学べるようになっている。以上のことは最終的に「体系化」につながる。地域福祉の理論と方法を体系的・一体的・包括的に教授できるという点である。

表2-5 「地域福祉の理論と方法」となったメリット

| |
|---|
| 地域福祉の重視 |
| 時間の長さ |
| 広く深く教えることができる |
| 方法の意識 |
| 実践性 |
| 体系化 |

表2-6 「地域福祉の理論と方法」となったデメリット

| |
|---|
| 範囲の広さ |
| わかりにくさ |
| 理論重視 |
| 弱い項目 |
| 科目間調整 |

　デメリットとして指摘されているものとしては、第1に「範囲の広さ」がある（表2-6）。教科の内容が広すぎて、内容が細かく、それに比すると教える時間が少ないという点である。2点目として、「わかりにくさ」という点もある。そもそも地域福祉がわかりにくく、その背景が伝わりにくい、教える内容が細分化されている、地域福祉の位置づけが中途半端で、地域福祉とは何かが伝わりにくい、などである。第3に「理論重視」がある。理論の面が重視されすぎており、制度の説明が多く、技術的側面が弱い。具体化が難しく、実践まで触れられない。ただし、これに対して、方法論の性格が強いという逆の意見も出ている。第4に挙げられるのは、「弱い項目」の存在である。それまでのカリキュラムと比較して、相対的に扱いが小さくなっている事項があることが問題とされている。コミュニティワーク、歴史・学説史、社会福祉協議会、共同募金、ボランティア論などである。近年重視されている地域福祉計画や成年後見も必要性を言及されている。最後に「科目間調整」がデメリットとされている。「相談援助の理論と方法」との調整の必要性が指摘され、また、他の科目と重複することが課題とされている。

(3) 調査に関する論点

 本調査に基づいて，以前，筆者らは，地域福祉で教えるべき範囲，地域福祉の教えにくさ，理論と方法のバランスという3つの論点を指摘した（小松尾・小野 2014）。

 1点目は地域福祉で教えるべき範囲の問題である。調査によれば教員は国家試験の出題基準を意識しながらテキストを選び，授業を展開していた。その一方で，出題基準以外にも教えるべき項目があると回答した教員が多くみられた。また，一部ではあるが出題基準の項目であるにもかかわらず教えていないものがあるという回答も存在していた。これは教員の考える地域福祉の枠組み，内実と現状の出題基準にズレがあることを示唆している。教員は出題基準を意識しつつも，それだけでは地域福祉の教育内容として十分ではないと考えているようだ。

 標準的なシラバスということを前提とすれば「地域福祉の理論と方法」の科目において，何を，どこまで教えるのか，どのように教えるのか，他の科目との調整も含めて検討することが課題である。

 第2に，地域福祉の教えにくさの要因である。出題基準の中項目の中で，「地域福祉における福祉サービスの評価方法と実際」と「地域ケアシステムの構築方法と実際」の2項目は，多くの教員が教えにくいと回答した。これは地域福祉における「評価方法」が確立されていないこと，また地域ケアシステムの構築方法が標準化されていないことなどが要因と考えられる。

 また，地域福祉の教えにくさには，社会経験が少ないという学生側の要因もある。生活体験が少ないゆえに地域をリアルに理解しにくい学生の状況があり，このために教員は地域福祉の教えにくさを感じているのではないか。

 さらに，事例を紹介する場合はそれぞれの地域性が反映されており，これによって事例からの学びを普遍化しにくいといった傾向がある。地域特性に基づく多様性が地域福祉の特徴の1つなのだが，この事例の固有性が同時に教えにくさ，学びにくさの一因となっていることが考えられる。

 第3が理論と方法のバランスである。多くの教員は，新カリキュラムで導入された理論と方法を強く意識していた。総じて方法を意識し，映像教材の活用や実践事例を用いた模擬検討，グループ討議などの教授方法を取り入れていた。しかし，その一方で，大学教育として必要な理論や学説史などが不十分であるとの指摘がある。理論と方法のバランスの評価については，相反する意見も出

されていたが，その評価には，教員の教授年数や実務経験の有無など，教員の属性が影響していると考えられる。多様な背景をもつ教員が地域福祉を教授しても，理論と方法のバランスを適切にとることができる仕組みが求められている。

以上の3点に加えるべき考慮点として，テキスト選択と科目間調整という課題がある。

テキスト選択に関して，既存のテキストを使用しない教員が一定程度存在していることは留意しておくべきである。そうした場合にどのような授業を展開しているかをさらに調べていく必要がある。また選択されるテキストが，特定のものに偏っているという傾向があった。このこと自体に問題があるわけではないが，なぜこうした事態が生じているか，さらに広い要因を探っておくべきだろう。

また，「地域福祉の理論と方法」の関連科目である「福祉行財政と福祉計画」「福祉サービスの組織と経営」や援助科目の「相談援助の理論と方法」の担当者との調整が進められていない実態がある。科目ごとに分断されてしまうと，地域福祉の学びでの相乗効果が生まれなくなり，包括的，一体的な地域福祉の性格をとらえにくくなる。調整の重要性について喚起し，また，調整の進め方を示すことが必要である。

## (4) より広い検討に向けて

以下では教授方法と内容面の2点について，さらに検討する。

地域福祉の方法が明記され，実践性が意識されるのであれば，方法を学びうる授業が求められる。今回の調査で見られた映像の活用や事例，討論などの教授方法はその具体例といえる。しかし，それはすべての授業に取り入れられているわけではなく，内容的にも開発途上の段階といえる。「方法」をこの科目でどのように位置づけるのかをより整理する必要がある。「相談援助の理論と方法」との関係はどうなるのかということも改めて課題となる。理論と方法を一体として教えるほうがよいのか，切り離すかということについても議論が終わってはいない。そうした作業のうえでもなお，現在の方向をとるのであれば，映像の活用や事例検討という教授方法が授業の中に組み込まれ，内包されたものとして構築されることが重要となる。つまり授業自体がアクティブラーニングを基調とするものとして「高次化」されていくことが求められる。そうした

進め方が標準化されることでこの科目の授業の質が確保される。

　もう一方で，社会福祉士の養成カリキュラムの中での「地域福祉」の位置づけが，改めて問われるべきである。社会福祉全体が地域志向になるのであれば，カリキュラムも実態として地域福祉を基盤とするものにできるのか。アンケートの自由回答にもこうした点に触れたものがあった。社会福祉での地域福祉の位置づけはいくつか指摘されている。高齢者福祉，児童福祉，障害者福祉など対象別領域以外の残余の部分とする考え方，また，住民参加や民間福祉，連携という独自の対象をもつという見解，さらには，すべての対象，領域を地域という場で包括的にとらえるとする立場などである。この最後の場合には，高齢者，児童，障害という対象別のとらえ方は背景に退き，地域福祉はさまざまな人々が人生のステージやライフコース，置かれた状況に応じてその人らしい生活を地域で送ることを支えるための学問となる。この立場で社会福祉士の養成カリキュラムを編成しようとすれば，ドラスチックに転換する必要がある。そのことは社会福祉士養成カリキュラムでの地域福祉の徹底化ということになる。

　さらに，今後の地域福祉の学びを考えていくとき，厚労省は「新たな時代に対応した福祉の提供ビジョン」を示しているが，これからの対人援助にかかる専門職は広く地域福祉を理解しておく必要がある。ソーシャルワーカーだけではなく，介護福祉士や保育士も含めて，地域福祉の教育の内実を検討していくことも課題である。

注
1　創設時，社会福祉援助技術論は「社会福祉援助技術総論」「社会福祉援助技術各論Ⅰ」「社会福祉援助技術各論Ⅱ」の3科目に分かれていたが，2000年改正でこれらが統合され「社会福祉援助技術論」となった。また，創設時，実習270時間の中には実習指導時間も含まれていたが，2000年改正で実習180時間，実習指導90時間に分けられた。社会福祉援助技術演習は当初60時間であったが，2000年改正で120時間に拡充された。
2　領域という考え方を前面にだし，科目区分や構成内容を大きく組み換えた介護福祉士のカリキュラム改正と比較すると，社会福祉士のカリキュラム改正では既存科目の枠組みを前提に再編・拡充するアプローチがとられた。科目群は，役割論と科目構成をつなぐ媒介項としてつくられたと考えられる。
3　中項目は標準的な出題範囲・内容を示したものであるが，小項目については出題基準上は「中項目に関する事項をわかりやすくするために例示した事項である」とされており，出題にあたって例示として参考にされるものとの位置づけである。
　　なお，現行カリキュラムを検討するプロセスで，厚労省が教育内容（シラバス）として発表したものが，最終的には出題基準となった。このため，現在でも出題基準の内容がカリキュ

ラムであり，従うべき基準であると誤解されている向きがある。
4　社会保障制度審議会福祉部会意見，2006年：27頁。
5　なお，この調査の報告については小松尾・小野（2014），地域福祉研究会（2015）に詳しい。本節もこれらをもとにしたものである。

## 参 考 文 献

阿部實，1988「社会福祉専門職の養成」仲村優一・秋山智久『明日の福祉⑨福祉のマンパワー』中央法規出版

地域福祉研究会「地域福祉の理論と方法」の講義調査研究班，2015「『地域福祉の理論と方法』の講義の現状に関する調査」報告書

福祉専門職の教育課程等に関する検討会「福祉専門職の教育課程等に関する検討会報告書」1999年3月10日

小松尾京子・小野達也，2014「『地域福祉の理論と方法』の講義の現状について――全国調査より」『日本の地域福祉』27

社会福祉士・介護福祉士養成施設，試験等検討会「社会福祉士・介護福祉士養成施設，試験等検討会報告」1987年10月15日

社会保障制度審議会福祉部会「介護福祉士制度及び社会福祉士制度の在り方に関する意見」2006年12月12日

# 第3章

# 地域福祉の講義のための
# 30項目

# 1 地域福祉の考え方（概論）

　地域福祉が本格化したとされる現代においても，地域福祉に関する考え方には統一されたものがあるわけではない。地域福祉が実際に本格化しているかどうかについても議論がある。また地域福祉を学んだ学生から，地域福祉がわかりにくいということを時として指摘される。地域福祉という広がりのある学問のどこに焦点を当てるのかが不明確である場合，地域での生活体験が少ない学生にとっては，わかりにくいという印象が生まれてくるのだろう。教える側は，こうした背景を意識しなければならない。地域福祉を学ぶための共通基盤の形成が求められているということである。そのためには，地域福祉に対して学生が見通しをもてる状態をつくりだす必要がある。「地域福祉の考え方（概論）」はその役割をする単元である。

　本節は6項目で構成されているが，3つの部分に整理できる。地域でのくらしや地域福祉の意義を理解する部分（「地域のくらしの構造」「地域福祉の意義と固有性」）と地域福祉の理論を学ぶ部分（「地域福祉の理論Ⅰ・Ⅱ」），そして歴史を知る部分（「地域福祉の歴史Ⅰ・Ⅱ」）である。この3つの部分は，それぞれ独立したものであるが，同時に相互に関連，あるいは相互に参照し合うものである。たとえば，地域でのくらしや地域福祉の意義の部分は，理論や歴史から抽出され，その中に位置づけられる面もあるが，同時に理論や歴史に対して資料を提供したり，理論，歴史をとらえる視座となったりする。本単元の各項目，部分はそのような関係にあると理解されたい。

本単元で教えたいことは地域福祉の考え方，特性である。それは，換言すれば地域福祉のこだわりであり，他の福祉分野との違いである。地域福祉が重視していることや他と異なっている点を示すことを通して，地域福祉とは何かを理解させようとしているのである。

　この部分を教授するうえでの留意点を2点挙げる。1つは，学生の学ぶ意欲，地域福祉に対する関心を喚起する必要である。すべての学生が地域福祉に関心があるわけではない。また前述のように地域福祉のわからなさ，という課題がある。そして本単元の項目である理論や歴史についての学生の興味は一般的には高くない。こうしたことを鑑みれば，学生が地域福祉を学ぶことについての動機づけ，学習意欲の喚起を意識的に行う必要がある単元であることがわかる。具体性をもたせたり，各自の関心にひきつけさせたり，視聴覚教材の活用等の教授上の工夫が求められる。

　もう一点は，地域福祉の意義にせよ理論，歴史にせよ，その切り口や内容が多様であることへの留意である。内容をまんべんなく教えるには時間的制約があるし，また，その総体を把握することは難しい。各項目で最低限教えるべき内容を示すのが本書の意図でもあるが，実際の授業では教える側の興味関心や得意不得意によって，多かれ少なかれ取り上げる内容や強調点にバイアスがかかる。重要なのは，そうしたことを意識しつつ教えていくことである。そのうえで最低限必要な内容については不足なく示しておくことである。

　こうした点に配慮して教授することで，以降の各論的な部分に対する学生の関心も高まることになる。

（小野）

# 01 地域のくらしの構造（福祉コミュニティ）

## Ⓐ 教授内容

### 1 目標
・地域福祉を理解するにあたっての基礎となる考え方を学ぶ
・地域福祉を理解するために前提となる基礎的な概念を学ぶ
・地域社会の中で生活（くらし）が成立していることを学ぶ
・地域福祉を推進するにあたっての，必須となる「持続するコミュニティ」と「福祉コミュニティ」について学ぶ

### 2 教授上の基本的な視点

①地域社会の理解をグローバル（マクロ）視点でとらえることが必要である。今日，私たちのくらしを取り巻く地域は，単なる地理的範域ではなく経済的にも環境的にも文化的にも世界とつながっていることの認識が必要である。

②くらしの構成主体はあくまでも個人であり，地域福祉とは個人の個別性・主体性・継続性を大切にするくらしの自立をもたらすものとの認識が重要である。

③地域のくらしを成立させ持続させていくには，歴史に学び，「一般コミュニティ」と，助け合いの重層的ネットワークである「福祉コミュニティ」との関連性・必要性を具体的事例として理解させる必要性がある。

### 3 今日的な論点

地域のくらしを理解するにあたって，急激な社会，経済，環境の変化がある中で，地域社会やくらしの変化も激しく複雑なため時系列による理解だけでは限界がある。また，都市（大都市，中都市，地方都市）と中山間地，漁村地域などの間の人口流動，産業構造の変化により生活課題の多様化が生じている。

さらに，少子高齢社会や住民の生活構造の変化の中で，生活意識，たとえば食，住，ケア（養育・介護）などへの意識が変化している。と同時に近隣の助け合い・支え合いの意識の変化から，共同での子育てや介助，環境改善，まちづくりなどへの関心の弱まりと実践の弱体化がみられる。これらのことから，

地域のくらしを支える新たな資源や仕組み，構造を創造するための実験的な取り組みが，社会福祉法人施設や社協などとの協働実践の中にみられる。従来型のボランティア活動や有償型の諸活動に加え，コミュニティビジネス，社会的企業などとの連携を地域包括ケアシステムとして形成していく動きもある。

## 4　教えるべき内容

①地域福祉における「地域」として地域を理解させる

地域は，くらし（生活）の場である。そして，問題（生活困難・課題）発生の場でもあり，問題解決の場でもある。問題解決の場となるためには，地域を問題（課題）共有，学習の場としてとらえる必要があるし，また資源（人材を含む）の宝庫としての地域をくらしに引きつけて教授する。

②くらしを構造的に理解させる

くらしの主体者は1人の生活者である。生活者のもつ7つの基本的ニーズ（岡村理論）とそれに対応する社会制度との関係を理解させ，さらにそれらのニーズをもつ家族員の存在についても理解させる。

③くらしの主体者にとっての地域社会での自立について理解させる

自立を，大橋謙策が整理している6視点からとらえる。自立は与えられたものではなく，つくっていくものであり，生活支援を通して住民相互が「互いの自立」を地域でつくるものである。

④一般コミュニティと福祉コミュニティの違いについて理解させる

人々がくらしを成立させるためには地理的範域としての一定の場で，近隣の住民との交流や協力が欠かせない。同じ地域に暮らすもの同士に芽生える自然な感情に基づく関係により成立するコミュニティを一般コミュニティと呼ぶ。それに対して，さまざまな生活課題を抱えた人々，つまり当事者を中心に据え，彼らの理解者であり同調者，代弁者でもあるボランティアや民生委員・児童委員など，そして福祉サービスを提供する機関・団体など専門職からなるコミュニティを福祉コミュニティと位置づける。くらしは一般コミュニティと福祉コミュニティの両者の構成により成立している（岡村理論）。

⑤地域福祉は持続可能な福祉社会形成のための理論であり方法の体系であることを理解するため，持続可能なコミュニティについて理解させる。

持続可能なコミュニティは，食，交通，エネルギー，住まい，文化・娯楽，交流の場，ゴミ等環境，災害，予防などとの関連性で考察する必要がある。

## 5　授業で理解させる基礎的な知識

### □ 生活主体者

　生活の主人公は住民としてのその人自身だということの理解である。社会生活は現実性の原則，社会性の原則，連続性・全体性の原則そして主体性の原則で営まれる。生活者は，基本的ニーズを充足させるために，相互に無関係な社会関係を統合し，調和させながら，自分の生活を維持する。こうした人間の側面は「主体的側面」とも称され，個人の社会人としての一貫した生活は，この側面の発揮にかかっているとされる（岡村 1968；松原 2012）。

### □ 地域生活自立

　自立には①労働的・経済的自立，②精神的・文化的自立，③身体的・健康的自立，④社会関係的・人間関係的自立，⑤生活技術的自立，⑥政治的・契約的自立，という6要件があり，これらが整った状態を地域生活自立という（大橋 1995）。

### □ 生活者の7つの基本的ニーズ

　人間としての社会生活をしていくうえで①経済的安定，②職業的安定，③家族的安定，④保健・医療の保障，⑤教育の保障，⑥社会参加ないし社会的協同の機会，⑦文化・娯楽の機会，という7つの誰もがもつ，また誰にでも保障されねばならない基本的なニーズがある（岡村 1968）。

### □ 地域社会

　多数の人間が一定の社会関係をもって生活する場所で，①ムラ的地域共同体，②無関心型地域共同体，③市民型地域社会，④コミュニティの4類型があるが，一定の範域において同一性の感情に支えられ，普遍的価値体系をもったコミュニティが必要であるとされる（岡村 1974）。

### □ 一般コミュニティと福祉コミュニティ

　人間として社会生活を送るためには，一般コミュニティと福祉コミュニティの両者が成立していることが必要である（前頁参照）。

## Ⓑ　教授方法

### 1　授業指導案の準備

#### ◆ 教員としての事前の教材開発

　今日的なくらしの様子について，年代別，階層別，地域別など，統計的な資料を準備しておく。くらしの実態をどのように把握するのか，その方法，文献，

資料などの用い方。

◆ 学生たちへの予習課題

　学生本人の1週間のくらしや生まれてから今日までのくらしの変遷について，経済や社会の動向と比較しながら考察させる。

◆ アクティブラーニング

　ビデオや漫画，小説などから生活（福祉）課題を読みとり，地域社会におけるくらしを成り立たせていく問題解決のイメージをワークショップなどで深める。

　外国人，心身に不自由を抱えている人々など，学生が日常的に接していない方へのインタビューを通して，彼らのくらしの実態について学ぶ。

◆ 学生たちへの事後課題，あるいは学習を深めるために促すこと

　学生自身が自分のくらしについて，リアリティをもって自立しているといえるか，ふりかえらせる。また，他者のくらしへの配慮やくらしを成立させることへの関心を継続できるように促す。

## 2　授業者の自己評価の視点

・学生たちのくらしが，地域に根ざしたものでないことが多い中で，リアリティをもって，「生活すること」の意味を伝えることができたか。

・学生たちが人生を送っていくうえで，さまざまなくらしが現実に存在し，生活困難者が地域にいるということを理解させることができたか。

・生活は私的（個人的）なものではあるが社会的なものでもあることを，理解させることができたか。

## 3　他の項目との関連

地域福祉の意義と固有性（02）　　地域福祉の理論Ⅰ・Ⅱ（03・04）　　小地域福祉活動（08）　　社会福祉協議会（11）

## 4　読ませたい基本文献

○岩田正美・上野谷加代子・藤村正之『ウェルビーイング・タウン　社会福祉入門〔改訂版〕』有斐閣，2013年

○岡村重夫『地域福祉論〔新装版〕』光生館，2009年

　〈視聴覚教材〉

○DVD『サイレント・プア』NHKエンタープライズ，2015年

## Ⓒ 展　　開

### 1　本授業のねらい

　地域社会における住民（子どもから高齢者）のくらしを理解するために，くらしの実態を把握する視点と方法について学ばせる。特に，くらしながら自立していくプロセスを重視し，支え合い・助け合うプロセスがくらしであること，そしてそれを可能にするのは地域そのものであることを理解させる。

　自分自身のくらしを把握することを困難に感じる若い年齢である場合，子どもから高齢者までの地域におけるくらしの理解はより困難であるかもしれない。想像することを伝えるとともに，さまざまな資料や書物，映像等を活用し，討議を通して理解させる。

### 2　授業の展開

〈導入〉──────────────────────────〈15分〉

(1) 自分（学生）のくらしをふりかえる（子どもの時から）

・自分のくらしがどのようになっているのか，個人ワークさせる。

　どのようにして生まれたのか，子どもの時から今日まで，心身の状況や家族，親族との関係について，近隣の状況，当時の住んでいた町の状況についてふりかえる。そしてそれらのことを家族のくらしに引きつけて，考える（精神的に負担になる学生がいる場合は配慮すること）。

・隣の席の学友と話し合う。

　その際，個人情報を興味本位で聞くのではなく，くらしを構造的にとらえられるように，地域の行事や人々の様子なども互いに紹介し合う。

・クラス全体で共有するために少し紹介させ，くらしは多様であることを示す。

　日本全国のくらしの多様性と，くらしは家族の構造によっても異なることを理解させる。世界の人々のくらしにまで波及させて考えることができるように示唆する。

〈展開〉──────────────────────────〈60分〉

(2) 講義：地域のありようによってくらしが異なること，くらしが成立するための基本的ニーズや自立について学ぶ　　　　　　　　　　　　　　（30分）

　地域によってくらしが異なることを学ぶために，都市と中山間地，高齢化率

の違い，経済格差などの要因を紹介しながら進める。
　人間としてのくらしが成立するためには，基本的ニーズの充足と自立が重要であることを学ばせる。基本的ニーズ，地域生活自立概念について説明する。
(3) ワーク：生活困難事例を用い，その事例に登場する人物の地域生活を想像し，その特徴と構造について学ぶ。さらに事例における問題解決について，考察する。
　まず個人ワークをしたうえでグループワークに移り，解決方法（アセスメント，サービス提供，支援計画，資源の動員，アプローチの方法，など）について討議発表させる。　　　　　　　　　　　　　　　　　　　　（30分）

〈まとめ〉――――――――――――――――――――――〈15分〉
(4) 学生の発表について学生同士，そして教員からコメントをする
　学生の発表について，学生同士でコメントをし合い，それらを受けて教員として次の授業につなぐコメントをする。

## 3　到達度評価

　自分のくらしと他者のくらしの同じ部分と異なる部分を説明し，生活が多様であることを説明できる。
　くらしの困りごとの発生要因と解決に向けての地域の働きについて大まかに説明できる（コミュニティの重要さについて理解できる）。
　これからの地域社会形成について関心をもつことができる。
　地域社会形成へのさまざまな取り組みやボランティア活動への参画意欲が高まったかどうか。

【引用文献】
松原一郎，2012「個人と社会をめぐる認識と介入」石田紀久惠・白澤政和監修『社会福祉における生活者主体論』ミネルヴァ書房
大橋謙策，1995『地域福祉論』放送大学教育振興会
岡村重夫，1968『全訂　社会福祉学（総論）』柴田書店
岡村重夫，1974『地域福祉論』光生館

　　　　　　　　　　　　　　　　　　　　　　　　　　　（上野谷）

## 02 地域福祉の意義と固有性

### Ⓐ 教授内容

**1 目　標**

　現在地域で生まれている生活問題は多様であり，複雑化・深刻化している。これに対して制度の単なる適用や既存のサービスの活用という方法では解決が難しくなっている。このような生活問題に対応していくために，他の福祉分野・領域にはない視点や考え方として地域福祉の意義や固有性を学ばせる。

**2　教授上の基本的な視点**

・地域福祉の意義や固有性は，地域福祉の価値を示すものであり，実際の援助場面で基本的方向を示し，考え方や援助行為の拠り所となることを理解させる。
・地域福祉は単に地域での福祉にとどまるものではなく，地域や住民を対象ととらえるのでもないことを教える。
・地域福祉の意義や固有性を学ぶことは，知識を得ることで終わるのではなく，視点や発想，考え方の転換を求められることであるということを確認させる。

**3　今日的な論点**

・意義や固有性は，固定したものではなく，社会の変化や実践的な検討を通して内容が変わったり，新たなものが加わったりする。
・地域福祉の意義や固有性の内容について，必ずしも理解が統一されているわけではない。
・社会福祉全体が地域への志向を強める中で，他の福祉分野や領域との関係が問われるようになってきている。

**4　教えるべき内容**

　①地域福祉が注目される社会的背景

　小さな政府が目指され，社会的排除や少子高齢化等が急速に進む中で，地域でさまざまな生活問題が生じている。これに対して，身近な地域での解決が求められている。こうした背景で地域福祉は注目されている。

②地域福祉の意義

　地域生活を継続することの重要性，本人中心の援助の重要性，地域という場での問題解決の重要性を確認する。

　社会福祉の他の分野・領域との比較を示す。

③地域福祉の意義や固有性の内容

　・「住民主体」と共同性：地域福祉での住民は一方的に援助を受けたり働きかけられたりする客体ではなく，主体である。時にはサービスを受ける立場になるが，時にはサービスの担い手にもなる。住民は地域問題に取り組み，要求や提案を含むアクションを起こす存在である。援助者は住民を対象としたり，「お客さん」とするのではなく，主体化を促していかなければならない。地域には，さまざまな人々が住んでいる。住民主体の活動は本来地域がもつ共同的性格とつながっているものであるが，特に地域の人々が多様化している現代では，共同性を新たに生み出すものである。

　・地域を基盤とした連携・協働：問題を抱えている本人を属性別にとらえたり，制度的な縦割りの発想で対応しようとしない。本人が地域での生活を継続できるように，総合的に相談を受け，領域横断型（横割り）の援助を行う。

　地域生活はトータルなものであるために，問題の解決や生活の継続のためには，各種の専門職の連携が欠かせないものとなる。また，専門職によるフォーマルなサービスと住民をはじめとする実践主体によるインフォーマルなサポートの協働も必要となる。地域を基盤にこうした連携と協働を生み出していくことが求められる。

　・予防や早期発見・早期対応につながる地域づくり：地域福祉は問題の発生を予防したり，問題が深刻化する前の早期での発見・対応を目指す。地域の組織化による住民のサロン活動や見守り活動は，予防的効果や問題の早期発見・早期対応につながる。このように住民が地域の問題に対して敏感な地域であることが地域福祉の基盤をつくることになる。こうした地域はさまざまな人を社会的に包摂する地域でもある。

　・開発／アクション：既存の方法や社会資源だけでは問題解決ができないこともある。そうした場合に，公的な対応が生まれるのを待つのではなく，新たな資源を生み出すことに地域福祉の特徴がある。また，制度や政策がもっている問題点に対しても，地域生活の観点から変革のための社会活動を起こしていく。

・合意形成：地域福祉の進め方は合意形成を基本とする。問題を抱える本人に対しては「求めと必要と合意」に基づく援助を行う。住民参加型の活動の際にも，合意形成が前提となる。こうした合意形成の方法は，地域の問題を関係者で共有することであり，それは新たな公共をつくることにもつながる。
　④固有性の活用
　地域福祉の固有性が援助でどのように位置づけられ，発揮されるのかを示す。
　⑤意義や固有性に関わる課題
　地域福祉の固有性に関する問題点や課題を整理する。

### 5　授業で理解させる基礎的な知識
□　社会福祉法
　地域福祉の推進の部分を中心に，地域福祉の位置づけを概説する。
□　社会福祉協議会基本要項
　基本要項をもとに住民主体の考え方を説明する。
□　岡村重夫の地域福祉の構成
　社会福祉固有の視点として，本人側からの視点を示す。また，組織化活動を説明しその予防効果についても示す。
□　「社会的な援護を要する人々に対する社会福祉のあり方に関する検討会」報告書（2000年），「これからの地域福祉のあり方に関する研究会」報告書（2008年）
　地域で生まれている問題とそれに対応する方法について説明する。

## Ⓑ　教 授 方 法

### 1　授業指導案の準備
◆　教員としての事前の教材開発
・地元のサロン活動や見守り活動の資料を収集し，予防や早期発見などの事例を確認しておく。
・コミュニティ・ワークやコミュニティ・ソーシャルワークの事例を把握する。
・地域福祉と福祉の他の分野の内容との対比がわかる表などを作成する。
◆　学生たちへの予習課題
・地域の広報紙や掲示板などに注目して，地域での住民活動（サロンや見守り，相談窓口）について調べさせる。
◆　アクティブラーニング

・地域でどのような福祉の住民活動が行われているのかを，グループで話し合ってみる。それが住民主体の考え方とどのように関わるのかを考えてみる。
・コミュニティ・ワークやコミュニティ・ソーシャルワークの映像を見せて，地域福祉の固有性との関わりを考えさせる。
◆ 学生たちへの事後課題，あるいは学習を深めるために促すこと
・地域福祉の実践事例を読み，そこに地域福祉の固有性がどのように位置づけられているかを考えてみる。
・コミュニティ・ワーカー，コミュニティ・ソーシャルワーカー等にインタビューして地域福祉の固有性をどのように意識したり活動したりしているのかを学ぶ。

## 2　授業者の自己評価の視点
・地域福祉の意義について社会的背景や他の分野との違いを伝えられたか。
・地域福祉の固有性の内容やその活用の方法について教えられたか。地域福祉の固有性に基づく発想や考え方を行うように促すことができたか。
・地域福祉の固有性を具体的に考えることができるような資料を提示したり，話し合いの場を設定することができたか。

## 3-1　他の項目との関連
地域のくらしの構造（01）　　地域福祉の理論Ⅰ・Ⅱ（03・04）　　地域福祉の歴史Ⅰ・Ⅱ（05・06）

## 3-2　他の科目との関連
・社会福祉原論　・社会福祉法制論　・相談援助の理論と方法

## 4　読ませたい基本文献
○岡村重夫『地域福祉論〔新装版〕』光生館，2009年
○岩間伸之・原田正樹『地域福祉援助をつかむ』有斐閣，2012年
〈視聴覚教材〉
○DVD『サイレント・プア』NHKエンタープライズ，2015年

## Ⓒ 展　開

### 1　本授業のねらい
・地域福祉と福祉の他の分野・領域との違いと関係を理解させる。
・地域福祉の意義や固有性の意味・内容について理解させる。
・地域福祉の意義や固有性をどのように活用できるのかについて考えさせる。
・地域福祉の意義や固有性をめぐる課題について理解させる。

### 2　授業の展開

〈導入〉────────────────────────〈15分〉

(1) 地域福祉と他の福祉との違いを考えてみる

　地域福祉の性格や特徴をどのように考えているのか。他の福祉の分野と共通していることと違っていることを整理する。受講生に、地域福祉の印象や特徴について聞いてみる。
・地域福祉が求められている社会背景や生活問題を示す。
・他の福祉分野との比較表などを使いながら、地域福祉の特徴を整理する。

〈展開〉────────────────────────〈65分〉

(2) 地域福祉の固有性について説明する　　　　　　　　　　　　(30分)
・「住民主体」の概念、地域を基盤とする発想と援助方法などを順次説明する。
・なぜそれが意義や固有性といえるのかを意識させる。

(3) 視聴覚教材や事例により具体的な内容を考える　　　　　　　(25分)
・サロン活動や見守り活動、地域を基盤とするソーシャルワークなどについての視聴覚教材や資料などを使ってグループでの話し合いを行う。
・実践や事例で固有性がどのように位置づけられ、活用されているのか、学生の発表をもとに確認する。

(4) 地域福祉の固有性と援助実践の関わりを整理する　　　　　　(10分)
・援助実践で固有性を意識することで、どのような影響や効果があるかを整理する。
・固有性を発揮、活用するための条件について整理する（制度的、組織的、援助技術的、地域的側面）。特に、援助者の発想や考え方の転換の必要性を指摘する。固有性が発揮できない場合にどのような状況になるかにも触れる。

〈まとめ〉────────────────────〈10分〉
(5) 地域福祉の意義と固有性をめぐる課題と今後の可能性を提示する
・固有性が歴史的に形成されてきたことに留意を促す。社会福祉協議会基本要項などを使う。
・社会福祉が全体として地域志向になっていること，福祉以外の分野でも地域を重視する方向（まちづくり協議会，地域内分権等）が生まれていることを示す。その中で地域福祉は個性を発揮できるのか，埋没してしまうのかという問題があることにも触れる。
・地域福祉の価値を時代・社会的条件の中で発揮していく重要性を述べる。

## 3 到達度評価
・他の福祉の分野や領域との違いについて理解する。
・地域福祉の意義が重視されている社会的な背景について概説できる。
・地域福祉の固有性の内容とそれがどのように活用されているかを説明できる。
・地域福祉の発想や考え方を事例などに当てはめて活用することができる。
・地域福祉の意義や固有性をめぐって何が問題になっているかを説明できる。

(小野)

# 03 地域福祉の理論Ⅰ：岡村理論と学説史

## Ⓐ 教授内容

### 1 目　標
　地域福祉とは，地域における住民の生活に関連する多種多様な課題を解決するための政策・制度や専門職の実践，住民による活動，あるいはネットワークの形成を図る仕組みづくりなど，さまざまな取り組みのことをいい，理念や思想も含めると，そのとらえ方には実に多様なバリエーションがある。地域福祉に関する理論化が試みられはじめたのは1970年前後の時期である。ここでは代表的な理論（学説史）を紹介しながら，地域福祉をとらえていくための基本的な考え方について理解させる。

### 2　教授上の基本的な視点
・1970年前後の時期に「地域福祉論」が提起（地域福祉研究に着手）されるようになってきた時代的な背景について把握し，代表的な論者の主張（どのような点に力点が置かれているのか）について，比較検討を通じて明確にする。
・地域福祉の理論を理解する観点として，次の２点をおさえる。
　①地域福祉を構成する要素として，地域（住民）の主体性，あるいは自治やガバナンスの構築を重視する観点
　②市町村域において住民の抱える生活課題（福祉ニーズ）の緩和・解決（ニーズの充足）を図るために，いかにして福祉サービスや住民による福祉活動を充実させていくのかという観点

### 3　今日的な論点
　現在，住民の抱える生活課題は，非常に複雑化し，多様化しているために既存の制度では対応できない「制度の狭間の問題」や，「複合多問題」，あるいは「支援拒否」といった問題が顕在化してきている。それだけに住民の抱えるそうした生活課題に対応していけるような地域福祉の仕組みが求められている。
　また，今日，「地域（住民）」には過大な期待が寄せられている。しかし，それはややもすると「住民を活用する」といった表現に象徴されるように，政府

や行政にとって，公的な制度を補完するために都合よく地域（住民）を利用するという文脈でとらえられることにもつながる。そこで地域福祉の理論を歴史的，あるいは原理的にとらえ直すことで，地域福祉の地域福祉たる所以を再確認し，地域福祉を推進していくための方向を探っていく必要がある。

## 4 教えるべき内容

①地域福祉論が登場してきた背景と主な論者による理論化について

　岡村重夫が1970年に『地域福祉研究』（柴田書店），74年に『地域福祉論』（光生館）を著し，また73年には住谷馨・右田紀久恵編『現代の地域福祉』（法律文化社）が出版されるなど，高度経済成長期における農村部の過疎・都市部の過密化の進行などによる地域社会の変貌が社会問題とされはじめ，この時期に地域福祉が研究対象となり，理論化が図られはじめたといえる。その後，永田幹夫が81年に『地域福祉組織論』（全国社会福祉協議会），88年に『地域福祉論』（全国社会福祉協議会）を著すなど，高齢社会の進展を背景として在宅福祉サービスによる個々の住民のニーズ充足の観点が重視されはじめる。

②岡村重夫の地域福祉の理論について

　岡村の地域福祉の理論の特徴について，地域福祉の機能的概念として類型化された経緯を踏まえつつも「社会福祉の主体としてのコミュニティ」といった観点，すなわち地域や住民の「主体性」を重視し，地域組織化・福祉組織化や福祉コミュニティづくりを強調していることを説明する。

③右田紀久恵の地域福祉の理論について

　右田の理論が地域福祉の構造的概念として類型化された経緯を踏まえつつも，「自治」の概念を重視した「自治型地域福祉の理論」の観点から，単なる政策制度論でなく，"自ら治める" 自治として「新たな公共の構築」へと展開する理論であることをガバナンスの構築といったテーマにも関連づけて説明する。

④永田幹夫の地域福祉の理論について

　永田は地域福祉を，社会福祉サービスを必要としている個人・家族の自立を地域社会の場において図ることを目的として，在宅福祉サービスや生活・住環境整備のための環境改善サービスに力点をおいて取り組むものとしてとらえていることを中心に説明する。

⑤地域福祉の理論の成果について

　地域福祉に関する代表的な論者の主張を踏まえたうえで，今日の社会状況の

もとで，住民の主体形成や自治の構築，あるいは住民の抱える生活課題の解決を図っていくという観点の重要性について説明する。

### 5　授業で理解させる基礎的な知識
□　地域あるいは住民の主体性

　地域や住民を地域政策や福祉サービスの対象としてではなく，地域で生活する主体として位置づけ，地域あるいは住民の側から生活課題およびその緩和・解決の方向を探ろうとする考え方。

□　自　　治

　地域住民が自らの地域を住民同士で連帯しながら治めていくという考え方。右田紀久恵は地域福祉と自治とを関連づけてとらえ，地域福祉の推進を通じて住民自治あるいは地方自治を確立していくことの重要性を説いている。

□　構造的概念と機能的概念

　地域福祉の理論を分類する際に牧里毎治により用いられた整理で，前者は地域福祉を，資本主義社会の構造のもとで必然的に生じてくる生活課題への政策的対応に力点をおいてとらえたもので，後者は地域福祉がどのような働き（＝機能）を果たしているのかということに着目してとらえたものであるとした。

□　地域組織化と福祉組織化，福祉コミュニティ

　岡村は，（一般的）地域組織化活動とは一般的なコミュニティづくりであり，福祉組織化は生活課題を抱える当事者を中心に，その代弁者や機関・団体などを中心とした組織化であるとし，福祉組織化により目指すものを福祉コミュニティとした。一方，永田は地域組織化を岡村のいう福祉組織化と同じような意味で用い，住民の福祉への参加・協力，意識・態度の変容を図り福祉コミュニティづくりを進めることとしており，福祉組織化を地域でのサービスの組織化・調整，サービス供給体制の整備，効果的運営であるとした。論者により意味が異なる場合があるので，文脈をていねいに読み解く必要がある。

## Ⓑ　教授方法

### 1　授業指導案の準備
◆　教員としての事前の教材開発

　主要な論者の書籍を読み直し，それぞれの論者の地域福祉の定義——たとえば岡村（2009）62頁の定義，63頁の図，右田編（1973）1頁の定義および右田

(2005) 12頁の図，永田 (2001) 55頁の定義および56頁の図など——を配付用資料としてまとめ，それぞれの主張のポイントを整理し，レジュメとして学生に提示できるようにしておく。

◆ 学生たちへの予習課題

「なぜ，住民の主体性（住民主体の原則）や自治が重視されるのか」，1～2週間前に600～800字程度のレポート課題を与え，今回のテーマの授業の当日，持参させ（グループ討議で使用する），授業終了後に提出させる。

◆ アクティブラーニング

5～6人程度のグループワークを通じて，学生が調べてきたレポート課題のテーマについて発表させ，メンバー間で共通点や相違点について確認させる。

◆ 学生たちへの事後課題，あるいは学習を深めるために促すこと

講義内容を踏まえて，400～800字程度で「地域福祉とは〇〇〇である」と説明できるように，2週間くらいを目途にレポートとして提出させる。

## 2　授業者の自己評価の視点

各論者の主張を説明する場合においても，現在問題になっている課題や具体的な事例を交えて，理論的に考えることの必要性を認識できるように配慮する。

## 3-1　他の項目との関連

地域福祉の意義と固有性(02)　　地域福祉の歴史Ⅰ・Ⅱ(05・06)　　当事者活動(07)　　小地域福祉活動(08)　　ボランティア・NPO(10)　　基礎自治体(14)

## 3-2　他の科目との関連

・社会理論と社会システム　・現代社会と福祉　・社会保障　・相談援助の基盤と専門職　・相談援助の理論と方法

## 4　読ませたい基本文献

○岡村重夫『地域福祉論〔新装版〕』光生館，2009年
○右田紀久恵『自治型地域福祉の理論』ミネルヴァ書房，2005年
○永田幹夫『地域福祉論〔改訂二版〕』全国社会福祉協議会，2001年
○野口定久・平野隆之編『リーディングス日本の社会福祉6　地域福祉』日本図書センター，2010年

## Ⓒ 展　開

### 1　本授業のねらい
・地域福祉の理論に関する代表的な見解について，理論化が試みられた時代背景も踏まえながら理解させる。
・岡村重夫，右田紀久惠，永田幹夫を中心に代表的な論者による地域福祉の理論に関する見解を紹介し，地域福祉のとらえ方について理解させる。
・地域福祉に関する代表的な論者の主張を整理することで確認されたとらえ方を踏まえながら，今日の社会状況のもとでの地域福祉を通じた住民の主体形成や自治の構築といった観点，あるいは一定の地域の中で住民の抱える生活課題の解決を図っていくという観点の重要性について理解させる。

### 2　授業の展開

〈導入〉──────────────────────────〈20分〉
・事前に準備しておいた主要な論者の地域福祉の定義と概念図，ポイントのレジュメをもとに，岡村重夫，右田紀久惠，永田幹夫による地域福祉の理論の内容と特徴について解説する。
・主要な論点として，
　①地域福祉における住民の参加・参画，住民の主体形成，自治・新たな公共の構築，福祉コミュニティづくりなど，住民が自治的に地域福祉をつくっていくこと
　②福祉サービスの提供や住民によるボランタリーな福祉活動などを通じて，住民が抱える生活課題（福祉ニーズ）の解決を地域の中で図っていくこと
という2点の重要性について，それらが連携し，ネットワークを形成していくための仕組みづくりの必要性なども含めて解説する。

〈展開〉──────────────────────────〈60分〉
(1) 学生に予習課題として調べさせておいた「なぜ，地域福祉において住民の主体性（住民主体の原則）や自治が重視されるのか」というテーマについて，5～6名のグループに分かれて，各自まとめてきたことを簡潔に報告し，グループとしての見解をまとめる。　　　　　　　　　　　　　　　　（25分）
(2) 2～3のグループの代表者にグループ討議を通じてまとめたことについて報告してもらう。　　　　　　　　　　　　　　　　　　　　　　　　（10分）

(3) 地域福祉計画づくりのポイントとして，学生によるグループ討議の内容も踏まえながら，
　①住民参加の手法と住民の主体形成，自治・ガバナンスの構築の観点
　②計画の内容について「総合化」「ネットワーク化」「協働」といった概念を確認しながら，制度の狭間の問題や複合多問題といったニーズに対応しうる「総合相談窓口」の設置や「コミュニティ・ソーシャルワーカー」の配置を計画策定を通じて進めていくといった観点に的を絞って解説する。(25分)

〈まとめ〉――――――――――――――――――――――〈10分〉
　地域福祉の理論を歴史的，あるいは原理的にとらえ直すことで，地域福祉の地域福祉たる所以を再確認し，「制度の狭間の問題」や，ある個人があるいはその家族が複数の生活課題を抱えているという「複合多問題」，あるいは「支援拒否」といった問題を解決していくための方向性などと重ねながら地域福祉の理論のエッセンスを解説する。

## 3　到達度評価

　岡村重夫や右田紀久惠が重視した住民や地域の主体性，あるいは自治やガバナンスの構築といった観点および地域において住民の抱える生活課題の緩和・解決を図るための福祉サービスを整備するという観点を踏まえて，学生が自分なりに地域福祉の考え方・とらえ方について理解し，説明できるようにする。

(松端)

## 04　地域福祉の理論Ⅱ：鍵概念の理解

### Ⓐ　教授内容

#### 1　目　標
　地域福祉の理論Ⅰ（岡村理論と学説史）で示した「地域福祉の理論」の解説とは異なり，地域福祉の現実を観察するための枠組みについての理解を深める。そして「地域福祉の方法」への関心が進むように，具体的な援助方法を取り入れた形で地域福祉の概念枠組みを提供する。社会福祉法制定以降の地域福祉の政策的な展開を視野に入れ，実践レベルでの地域福祉の概念構成ではなく，計画や政策をも包括できる概念構成によって作成された枠組みの理解に努める。

#### 2　教授上の基本的な視点
・「地域福祉の理論」の学説的な解説ではなく，「地域福祉の方法」への関心を学生に喚起，醸成させる教育内容とする。地域福祉の新しい動向を取り入れた今日的な定義の理解を通して，援助方法や政策として活用できる内容の学習とする。

・行政計画としての「地域福祉計画」が地域福祉の推進のツールとなっていることもあり，これまで地域福祉の推進の中核的な役割を担った社会福祉協議会だけではなく，市町村や都道府県行政の役割を視野に入れた方法の枠組みを提供することが必要となる。

#### 3　今日的な論点
・社会福祉協議会による地域福祉の推進に加えて，社会福祉法人による施設運営や行政による地域福祉の取り組みについて理解を進めるための地域福祉の方法の枠組みを紹介する。

・社会福祉法制定以降の地域福祉の政策的な展開を視野に入れ，虐待防止を含む権利擁護支援の視点や生活困窮者の支援，介護保険制度の改正など，他の政策課題と地域福祉との関連を認識できるようにする。

## 4 教えるべき内容

①輸入用語（概念）の日本の文脈への置き換え

　地域福祉が日本特有の概念形成をたどっている背景には，絶えず日本の文脈の中に輸入用語を置き換えようとする努力がある。海外からの輸入概念の中で地域福祉の体系化において重要な意味をもったものが「コミュニティケア」であり，地域福祉の方法として取り入れられた「コミュニティ・オーガニゼーション」である。これら2つの輸入用語は，概念化の作業で，「コミュニティケア」は「在宅福祉」への置き換えが進み，「コミュニティ・オーガニゼーション」は，「地域組織化」に加えて，「福祉組織化」の用語としても整理された。これらの概念化は地域福祉の鍵概念を構成するものとなった。

②社会福祉法における「地域福祉の推進」の規定

　社会福祉法第4条（地域福祉の推進）「地域住民，社会福祉を目的とする事業を経営する者及び社会福祉に関する活動を行う者は，相互に協力し，福祉サービスを必要とする地域住民が地域社会を構成する一員として日常生活を営み，社会，経済，文化その他あらゆる分野の活動に参加する機会が与えられるように，地域福祉の推進に努めなければならない。」

③地域福祉における「地域」のとらえ方（地域福祉の現実を観察する枠組み）

　地域福祉における「地域（コミュニティ）」とは，1つは，社会福祉法において「地域住民等」が地域福祉を進める「主体」として規定されていることから，「地域（コミュニティ）によって」という主体を意味する。もう1つは，地域社会を構成する一員としての参加の実現という規定から，「地域（コミュニティ）の中で」暮らせるという空間・場所としての「地域」を意味する。地域福祉における「地域」概念について主体と空間の両面から理解を進める。

　しかし，「地域（コミュニティ）」はいつも福祉課題に共感し解決に協力してくれるとはかぎらず，時には福祉課題を抱える人々を排除する側にさえ立つ。地域福祉はこうした「地域（コミュニティ）」の限界を克服し，差別的な意識を変化させようと「地域（コミュニティ）とともに」歩もうとする福祉の方向性をもつ。

④「地域福祉の方法」としての行政地域福祉計画

　行政計画としての「地域福祉計画」が地域福祉の推進のツールとなり（社会福祉法第107条・108条），これまで地域福祉の推進の中核的な役割を担った社会福祉協議会だけではなく，市町村や都道府県行政の役割が高まったこと，およ

び地域福祉計画の構成が地域福祉の枠組みに影響を与えている点を理解させる。

### 5 授業で理解させる基礎的な知識
□ 社会福祉法第4条（地域福祉の推進）の規定
　地域住民が地域福祉を構成する一員となるためにはあらゆる分野の活動に参加する機会が与えられることが必要である点を理解させる。
□ 主体としての「地域（コミュニティ）」と空間としての「地域」
　地域福祉の「地域」には，主体と空間の2つの意味が含まれている点で，老人福祉や障害者福祉の「対象」を意味する用法と異なることを理解させる。
□ 「コミュニティケア」から在宅福祉へ，あるいは「コミュニティ・オーガニゼーション」から地域組織化や福祉組織化への概念化
　輸入用語がどのように日本語の専門用語へと移行したかについて理解できたことを確認する。
□ 地域福祉計画という「地域福祉の方法」
　「地域福祉の方法」として，地域福祉計画を位置づけることで，援助方法にとどまらない政策づくりの方法への広がりを理解できたかを確認する。

## ⓑ 教 授 方 法

### 1 授業指導案の準備
◆ 教員としての事前の教材開発
・「地域福祉の理論Ⅰ」との関連を明らかにするために，これまでの地域福祉の理論において，在宅福祉・コミュニティケア，あるいは地域組織化や福祉組織化がどのように扱われてきたかを整理し，今日において地域福祉の現実を観察するうえで，どのような枠組みが必要になっているか，教員の視点を明らかにしておく。その視点から，必要な教材を開発する。
・平野隆之・宮城孝・山口稔編『コミュニティとソーシャルワーク〔新版〕』（2008年）の第1章を学習し，地域福祉における「地域（コミュニティ）」概念を習得する。
・いくつかの行政地域福祉計画を収集し，それぞれの計画書の中で，地域福祉をどのように規定し，計画項目をどのように設定しているかについて，紹介できるように準備する。
◆ 学生たちへの予習課題

・事前に社会福祉法第4条における「地域福祉の推進」の内容が印刷された資料を配付し，その意味するところを考えさせておく。授業の導入の中で，かかる事前学習の成果を発言させる。

◆ アクティブラーニング
・上記の社会福祉法第4条における「地域福祉の推進」の内容に関する発言をもとに，グループの中で，条文が意図していることを話し合わせる。その際，活動主体の最初に地域住民が規定されていることや「地域社会を構成する一員として」の参加が意味するところを議論させる。この参加に対して，地域住民が反対する事例を紹介して，その克服方法を考えさせる。

◆ 学生たちへの事後課題，あるいは学習を深めるために促すこと
・学説的な理解を目指す「地域福祉の理論Ⅰ」と，地域福祉の方法を理解するための概念整理を目指す「地域福祉の理論Ⅱ」の2つの学習内容の違いと関連づけについて，学習を深めさせる。

## 2　授業者の自己評価の視点

・社会福祉法第4条における「地域福祉の推進」の内容に関する理解の深まり
・地域福祉における「地域（コミュニティ）」の多面的なとらえ方ができたかどうか

## 3　他の項目との関連

地域福祉の理論Ⅰ（03）　　社会福祉協議会（11）　　地域福祉計画（22）

## 4　読ませたい基本文献

○平野隆之・宮城孝・山口稔編『コミュニティとソーシャルワーク〔新版〕』有斐閣，2008年
○平野隆之・原田正樹『地域福祉の展開〔改訂版〕』放送大学教育振興会，2014年
○社会福祉法令研究会編『社会福祉法の解説』中央法規出版，2001年
〈視聴覚教材〉
○放送大学『地域福祉の展開 '14』

## C　展　開

### 1　本授業のねらい

・地域福祉の現実を観察するための枠組みについて理解を深めるとともに，「地域福祉の方法」への関心が進むように，具体的な援助方法や政策を取り入れた形で地域福祉の概念枠組みを提供する。

・行政計画としての「地域福祉計画」が地域福祉の推進のツールとなったことによる，地域福祉の方法の広がり，それに伴う市町村や都道府県行政の役割を理論的に整理する。

### 2　授業の展開

〈導入〉────────────────────────〈20分〉

・社会福祉法第4条における「地域福祉の推進」の規定に盛り込まれた内容を学生が確認できるようにする。条文上の地域住民についての2つの記述（主体と対象）における理解を深めさせる。

・社会福祉法が成立するまでは，地域福祉に関する法的な規定がなかった点を明確にし，地域福祉の実体化を支えてきたのが社会福祉協議会の活動であったことを理解させる。

・社会福祉法第107条（市町村地域福祉計画）・108条（都道府県地域福祉支援計画）の規定を紹介しながら，そこに盛り込むべき項目について理解させる。また，市町村地域福祉計画において，第4条に規定された地域住民等の者の意見を反映させるための必要な措置を計画策定の過程で講じることを強調する。

〈展開〉────────────────────────〈60分〉

・準備したいくつかの地域福祉計画の内容を紹介しながら，地域福祉が実際の行政計画の中でどのように扱われているのか，その要素の選択について，どのような概念枠組みに依拠しているのか，について解説する。

・地域福祉における「地域（コミュニティ）」は，社会福祉法において「地域住民等」が地域福祉を進める「主体」として規定されていることから，「地域（コミュニティ）によって」という主体を意味し，地域社会を構成する一員としての参加の実現という意味からは，「地域（コミュニティ）の中で」暮らせるという空間・場所としての「地域」を意味している。ただし，こうした参加

の実施に反対する「地域(コミュニティ)」の存在がある。こうした地域福祉をとらえる枠組みが，どのように地域福祉計画の中に反映されているのかを考えさせる。

・演習　　　　　　　　　　　　　　　　　　　　　(20分　報告含む)
・地域福祉計画の中に，新たな課題といえる権利擁護支援や生活困窮者支援が取り入れられているかを点検し，今後どのように入れ込むことが必要なのかを考えさせる。
・地域福祉計画への地域住民等の参加がどのようになされているのか，またなされるべきなのかについて考えさせる。その参加の過程の中で，住民を地域福祉の活動の担い手として育成する方法についても考えさせる。

〈まとめ〉――――――――――――――――――――――〈10分〉
　地域福祉の方法を深めるための，地域福祉をとらえる鍵概念についての理解を確認させる。1つには，社会福祉法第4条に含まれている鍵概念の確認。2つには，地域(コミュニティ)が，主体・空間概念として使い分けられるかを確認する。3つには，地域福祉計画が地域福祉の方法の1つであることを確認する。

## 3　到達度評価
・社会福祉法第4条における「地域福祉の推進」の内容に関する理解が深まったかどうか。
・地域福祉における「地域(コミュニティ)」の多面的なとらえ方，主体と空間としてのとらえ方ができたかどうか。
・かかる多面的なとらえ方で，現実の地域福祉をとらえることができるかどうか。

(平野)

## 05　地域福祉の歴史Ⅰ：地域福祉の源流　COS, セツルメント

### Ⓐ　教授内容

#### 1　目標
　歴史的事実や用語としてではなく，地域福祉の源流として，慈善組織化運動やセツルメント運動を理解させる。

#### 2　教授上の基本的な視点
・民間の活動家による地域を基盤とした先駆的社会福祉実践であることを強調する必要がある。
・こうした活動がどうして「地域福祉の源流」とされているのかを理解させる必要がある。
・慈善組織協会（COS）にしても，セツルメント運動にしても，19世紀後半のイギリスの社会事情，人々のくらしといった背景とともに伝えることで，よりリアリティをもってこうした実践が生まれてきた背景を説明できることに留意する必要がある。
・こうした実践の波及（アメリカ，日本）についても留意し，その意味を連続的に理解させる必要がある。

#### 3　今日的な論点
・慈善組織協会の自由主義的個人主義や救貧法の限界は，「公私関係」を考えるうえでも有効な題材である。
・セツルメントの教育文化活動は，福祉教育の源流としても有効な題材である。

#### 4　教えるべき内容
　①慈善組織化運動やセツルメント運動の背景
　19世紀後半のイギリスの社会状況と，貧困が個人の問題から社会の問題へと転換する時代背景を理解させる（「現代社会と福祉」における「福祉制度の発達過程」との関連を意識する）。
　②慈善組織化運動の思想・歴史

チャールズ・ロックらの思想を踏まえ，ヴィクトリア時代の貧困観や慈善組織化運動の思想と歴史，同時にその自由主義的個人主義の限界を理解させる。

③セツルメント運動の思想・歴史

貧困地区に住み込み，人格的接触を通じて労働者個人の主体的変革と地域の生活環境の改善に取り組んだセツルメント運動の思想と歴史を理解させる。

④慈善組織化運動の地域福祉の源流としての意義

慈善組織化運動の概要と，慈善活動の組織化と友愛訪問が，それぞれコミュニティ・オーガニゼーションとケースワークの源流となったこと（ここでは特に前者）を理解させる。

⑤セツルメント運動の地域福祉の源流としての意義

セツルメント運動の教育文化活動が，グループワーク，コミュニティ・オーガニゼーションの源流となり，社会改良活動が，ソーシャルアクション，社会調査の方法の源流になったことを理解させる。同時に，アメリカでの展開，日本での実践についても触れる。

## 5　授業で理解させる基礎的な知識

☐ 救貧法

他の授業で学習している場合もあるので，その点も踏まえて1834年の新救貧法の貧困観を押さえておく必要がある。

☐ 慈善組織協会

ソーシャルワークの方法の源流としての慈善活動の組織化と友愛訪問の意義を押さえつつ，その貧困観の限界を教授する必要がある。

☐ セツルメント

セツルメントにおける教育文化活動の地域福祉の源流としての意義を，具体的な活動などを通して理解させることが重要である。

☐ トインビーホール

セツルメントの具体例としては，他にジェーン・アダムズによるハル・ハウスの事例や日本での実践活動を取り上げてもよい。

☐ 中央慈善協会

日本における慈善事業の組織化としてその成り立ちなどを理解する必要があるが，全国的な連絡組織であり，また行政主導の官民一体型の組織であった点も教授する必要がある。

## Ⓑ 教授方法

### 1 授業指導案の準備

◆ 教員としての事前の教材開発

・教科書でのこの単元の取り扱いはわずかであるため，市瀬幸平『イギリス社会福祉運動史――ボランティア活動の源流』（川島書店，2004年）や小山路男『西洋社会事業史論』（光生館，1978年）などを参考に，当時の時代背景や救貧法に関する基礎的な知識を補足しておく必要がある。

・歴史の学習は年号や事象を暗記することであるととらえられがちであるので，次に示す学生の関心を喚起するような事前の教材開発が求められる。

・研究書だけでなく，19世紀後半の時代背景や人々の生活が紹介されている小説や写真，エピソード（たとえば，「切り裂きジャック事件」）などを紹介することで学生の理解や関心が高まることが期待できる。具体的には，『写真で見るヴィクトリア朝ロンドンの都市と生活』や『ヴィクトリア時代――ロンドン路地裏の生活誌』，チャールズ・ディケンズの小説などを用いることが考えられる。

◆ 学生たちへの予習課題

・配当年次によるが，それまでの学習で「5 授業で理解させる基礎的な知識」に挙げたような項目をすでに学んでいないか，学んでいる場合はそれらの概要について復習しておくように指示する。それによって，地域福祉の源流としてそれらの項目を学ぶ際の理解が深まると考えられる。

◆ アクティブラーニング

・学生の興味関心を高めるという意味では，先に示したような19世紀後半の時代背景や生活がわかる資料を用いて，慈善組織協会やセツルメントがどうして必要とされたのか，当時の活動などを具体的に示し，小グループでディスカッションを行うことなどが考えられる。

◆ 学生たちへの事後課題，あるいは学習を深めるために促すこと

・事後学習課題としては，当時の社会改良家のうち代表的な人物やその考えに影響を受けた人物を選んで，その人の生涯について簡単にまとめさせることで，自発的社会福祉が社会福祉の発展に大きく影響したことを理解させることなどが考えられる（具体的には，バーネット夫妻，オクタヴィア・ヒル，ウェッブ夫妻，チャールズ・ブース，ウィリアム・ベヴァリッジ，クレメント・アトリー，ジェーン・

アダムズなど)。

## 2 授業者の自己評価の視点
　19世紀後半，他国で開始された実践が現代の地域福祉実践とどのようにつながっているのか，学生が説明できるかどうか。歴史的事実の暗記にとどまってしまわないよう，現代とのつながりを意識しつつ教授できたかどうかがポイントになる。

## 3-1 他の項目との関連
地域福祉の歴史Ⅱ（06）　　社会資源開発／ソーシャルアクション（30）

## 3-2 他の科目との関連
・現代社会と福祉（福祉制度の発達過程）　・社会調査の基礎（社会調査の意義と目的）

## 4 読ませたい基本文献
○金子光一『社会福祉のあゆみ——社会福祉思想の軌跡』有斐閣，2005年
○松村祥子『欧米の社会福祉の歴史と展望』放送大学教育振興会，2011年

## Ⓒ 展　開

### 1　本授業のねらい
・19世紀後半イギリスの社会状況と，貧困観が個人の問題から社会の問題へと転換する時代背景を理解させる。
・チャールズ・ロックらの思想を踏まえ，慈善組織化運動の思想と歴史，同時にその自由主義的個人主義の限界を理解させる。
・貧困地区に住み込み，人格的接触を通じて労働者個人の主体的変革と地域の生活環境の改善に取り組んだセツルメント運動の思想と歴史を理解させる。
・慈善組織運動の概要と，慈善活動の組織化と友愛訪問が，それぞれコミュニティ・オーガニゼーションとケースワークの源流となったこと（ここでは特に前者）を理解させる。
・セツルメント運動の教育文化活動が，グループワーク，コミュニティ・オーガニゼーションの源流となり，社会改良活動が，ソーシャルアクション，社会調査の方法の源流になったことを理解させる。同時に，アメリカでの展開，日本での実践についても触れる。

### 2　授業の展開

〈導入〉────────────────〈15分〉
(1) 慈善組織協会とセツルメントの背景
・写真やチャールズ・ディケンズの小説のエピソードなどを交えて19世紀末のイギリスの状況を説明しながら，なぜ地域福祉の源流としてイギリスの慈善組織協会とセツルメントを取り上げるのか説明する。
・救貧法と当時の貧民救済の概要を説明し，「現代社会と福祉」での学習内容を確認する（「現代社会と福祉」が先行履修されている場合）。

〈展開〉────────────────〈60分〉
(2) 慈善組織協会の活動と地域福祉
・慈善組織協会の活動を，多様な慈善活動を相互調整した組織化と友愛訪問とに分けて，それぞれ具体的な教区での実践例を挙げて説明する。
・こうした活動と現代の地域福祉との「接点」を説明する。
(3) セツルメント（トインビーホール）の活動と地域福祉
・トインビーホールの活動を教育文化活動と社会改良活動に分けて，それぞれ

具体的な活動を挙げて説明する。チャールズ・ブースのロンドン調査などの例も挙げ，社会問題の実態を解明するだけでなく，その結果に基づいてさまざまな問題解決活動を展開したことを説明する。
・こうした活動と現代の地域福祉との「接点」を説明する。
(4) 活動の発展
・慈善組織協会の活動やセツルメントの活動がイギリス国内および国外でどのように発展したかを説明する。また，日本への影響についても説明する。

〈まとめ〉――――――――――――――――――――――〈15分〉
(5) 地域福祉の源流としての慈善組織協会とセツルメント
・クレメント・アトリーやウィリアム・ベヴァリッジを例に，民間の自発的な取り組みがその後の社会立法に大きな影響を与えたことを説明する。
・地域や活動の組織化，福祉教育，社会調査からのソーシャルアクションなど，地域福祉の源流として両活動を総括する。

## 3  到達度評価
・慈善組織協会の活動およびセツルメントの活動について，そうした活動が生まれてきた背景を時代背景と含めて説明できるかどうか。
・慈善組織化運動の概要，思想と歴史およびその自由主義的個人主義の限界を説明できるかどうか。
・セツルメント運動の概要，思想と歴史を説明できるかどうか。
・慈善組織化運動のどのような活動が，地域福祉の源流といえるのか，その具体例と理由を説明できるかどうか。
・セツルメント運動のどのような活動が，地域福祉の源流であるのか，その具体例と理由を説明できるかどうか。
・こうした活動がイギリスを超えて及ぼした影響を説明できるかどうか。

(永田)

# 06 地域福祉の歴史Ⅱ：戦後

## Ⓐ 教授内容

### 1 目　標
　地域福祉の内容や評価は時代とともに変化してきている。本項目では戦後の社会福祉における地域福祉の位置づけの変化を理解させる。地域福祉に関わる制度や実践等には社会的な背景があり，かつ，制度や実践による社会的な影響もある。歴史的な変化がどのような要因によって生じているのかを考えさせる。これにより現在の地域福祉をとらえる観点を形成し，今後のあり方について考察できる力を養う。

### 2　教授上の基本的な視点
・地域福祉の歴史を学ぶということは，地域福祉が何にこだわり，何を重視してきたのかを知ることである。歴史を知ることで地域福祉の基本的な性格を把握できるようにする。
・地域福祉の主要な出来事や制度・実践を知るだけでなく，なぜそれが生じたのか，それによってどのような影響があったのかを意識させる。これにより地域福祉事象の動態的な理解を深めることができる。
・歴史を過去のものと考えるのではなく，これからの地域福祉を構想する視座を形成するのに必要なものと理解させる。

### 3　今日的な論点
・地域福祉の現在に対する評価については議論がある。特に2000年以降については地域福祉が「主流化」したのか，「本格的な展開」が実際になされているのか，見解が分かれている部分がある。
・地域福祉の戦後の歴史の時期区分にはいくつかの考え方がある。
・包括的な歴史だけでなく，援助技術の変遷史，学説史などもある。特に，それぞれの地域の社会や福祉の歴史を考えることには意義がある。そのためには，各地の福祉の歴史を掘り起こし，整理する必要がある。

## 4 教えるべき内容

①地域福祉の歴史を学ぶことの意義

地域福祉の歴史を単に過去のこととするのではなく、地域福祉の現象の意味を理解したり、これからのことを考えたりするうえで重要であることを示して、学習意欲を喚起する。

②戦後の地域福祉の変遷の時期区分

戦前の地域福祉にも多少触れたうえで、戦後の社会福祉における地域福祉の位置づけの変化をおさえる。社会福祉の2つの分権化、すなわち「中央から地方へ」、「官から民へ」という分権化が進み、いまや地域が焦点化されてきていることを説明する。時期にはいくつかの分け方があるが、ここでは以下のように区分する。

(1) 福祉事務所を中心に生活保護制度が主である時期（戦後～1960年代まで）
(2) 施設整備計画が進められ施設入所が中心である時期（1970～80年代）
(3) 社会福祉関係八法改正などにより在宅福祉サービスが整備される時期（1990年代）
(4) 社会福祉法などにより地域福祉が本格化する時期（2000年以降）

③各時期での主要な問題と地域福祉に関わる法律や制度・政策

各時期にどのようなことが問題とされ、それに対してどのような社会的対応、特にフォーマルな対応をしていたかを示す。

④各時期の主要な地域の実践や地域福祉援助

戦後のコミュニティ・オーガニゼーション、高度経済成長期のコミュニティづくり、高齢化を背景とする住民参加型在宅福祉サービス、1990年代の自治体による在宅福祉サービスの整備、2000年代の地域福祉計画や地域を基盤とするソーシャルワークなどを説明する。

⑤歴史が変化していく状況と要因

歴史がある時期から次の時期にどのように変化していくのか。そこにどのような要因があるのかを整理する。

## 5 授業で理解させる基礎的な知識

□ 戦前地域福祉の歴史

「結い」や「講」、セツルメント運動、方面委員制度、慈善事業の組織化（中央慈善協会の設立等）。

☐ 法律，政策，制度

　社会福祉事業法，社会福祉施設の緊急整備，社会福祉関係八法改正，社会福祉法。

☐ 社会的な主要な問題，ニーズ

　戦後の貧困問題，貨幣的ニーズと非貨幣的ニーズ，過密・過疎，高齢化に伴う問題，社会的排除や生活困窮。

☐ 地域福祉実践

　地区社協（校区福祉委員会），福祉コミュニティ，住民参加型在宅福祉サービス，福祉公社，福祉NPO，小地域ネットワーク活動。

☐ 援助技術

　コミュニティ・オーガニゼーション（ハエ・蚊の駆除，かちゃ9時運動〔かつて生活改善の取り組みとして農村で行われたもので，忙しい農家のお母さんに夜9時には寝てもらうことを目指した運動〕），コミュニティワーク，コミュニティケア，ソーシャルアクション，コミュニティ・ソーシャルワーク，地域を基盤としたソーシャルワーク。

## Ⓑ　教授方法

### 1　授業指導案の準備

◆　教員としての事前の教材開発

・社会福祉，地域福祉に関する年表を作成する。

・地元の地域福祉の歴史について資料を収集する。

◆　学生たちへの予習課題

・各自の関心のある戦後の地域福祉の出来事について事前に調べ，小レポートを作成する。

・地元の社協や福祉施設，あるいは自治体の福祉の歴史についてパンフレットやインターネットで調べる。

◆　アクティブラーニング

・学生が調べてきた地域の福祉の歴史について，グループで話し合う。

・地域福祉の視聴覚教材を見てどのような出来事があったのかを理解する。

◆　学生たちへの事後課題，あるいは学習を深めるために促すこと

・地元の福祉の取り組みの歴史について，実践者からの聞き取りを行う。

## 2 授業者の自己評価の視点
・地域福祉の主要な出来事,法,制度,政策の関わり合いを理解させたか。
・社会背景の影響について学生が考えることができたか。
・新たな実践や援助がどのように生じるのかを理解させることができたか。
・歴史を具体的に考えられるような資料や視聴覚教材の活用ができたか。

## 3-1 他の項目との関連
地域福祉の歴史Ⅰ(05)　小地域福祉活動(08)　民生委員・児童委員(09)
社会福祉協議会(11)　基礎自治体(14)

## 3-2 他の科目との関連
・現代社会と福祉　・福祉サービスの組織と経営　・社会福祉法制度　・社会理論と社会サービス

## 4 読ませたい基本文献
○武川正吾『地域福祉の主流化——福祉国家と市民社会Ⅲ』法律文化社,2006年
○三浦文夫・右田紀久恵・大橋謙策編『地域福祉の源流と創造』中央法規出版,2003年

## Ⓒ 展　　開

### 1　本授業のねらい
・地域福祉が歴史的にどのような経過，発展をたどって現在のようになったのかを理解させる。
・社会的な問題やニーズと法律，制度，政策，実践は，ばらばらに存在しているのではなく，関わり合っていることについて理解させる。
・これまでの歴史をもとに（それぞれの地域での）これからの地域福祉のあり方について検討を促す。

### 2　授業の展開

〈導入〉　　　　　　　　　　　　　　　　　　　　　　　　　　　　〈10分〉

(1)「地域福祉の現在」の把握
・今住んでいるところでの地域福祉について，学生の評価を聞いてみる。また，地域福祉に関する歴史的な出来事で印象に残っているもの，関心があることを聞いてみる。
・制度的には，2000年以降地域福祉が本格化してきたとされていることを説明する。社会福祉法，地域福祉計画，地域福祉に関わる専門職の拡大，住民・行政・事業者の連携と協働，ということを挙げる。
・地域福祉がはじめからこのような位置づけだったのではないことを指摘する。どのようにして地域福祉が，現在のようになったのかについて関心をもたせる。

〈展開〉　　　　　　　　　　　　　　　　　　　　　　　　　　　　〈70分〉

(2) 戦前の歴史に触れたうえで，戦後の地域福祉の変遷を整理する（50分）
・戦前にも地域福祉の源流といえる活動があったことを説明する。
・戦後の地域福祉の時期区分を示す。前述の4つの時期として整理する。
・社会背景（問題・ニーズ）とその対応を時期ごとに示していく。
・新たな実践や援助方法がどのように始まったのかについても説明する。
・時期がどのように，なぜ変化していくのかについて考えさせる。
・地元の地域福祉の歴史にも触れて，関心をもたせる。

(3) 資料や視聴覚教材の活用　　　　　　　　　　　　　　　　（20分）
・適宜，各時期の特徴がわかる写真やマスコミの記事，映像資料などを活用し

ながら説明する。1960年代までであれば，ハエや蚊の駆除のための薬品散布（ハエ蚊の駆除）や農作業（カチャ9時運動の必要）の記事や写真。1970～80年代では，障がい者の大規模施設など施設入所型福祉が理解できるもの。あるいは都市部の団地群などの人口集中の状況がわかるもの。1990年代では，ホームヘルプサービスの写真など。
・学生が調べてきたことがあれば発表させる。地元の福祉の歴史など。

〈まとめ〉─────────────────────────〈10分〉
(4) 社会的事象の関連把握と歴史の課題の示唆。
・社会背景，問題，政策，実践等の関わり合いを改めて示して，社会的な出来事のとらえ方を説明する。これからの地域福祉を考えるうえでの基礎となることを示す。
・時期区分や時期ごとの評価については，いくつかの意見があることに触れる。

### 3　到達度評価
・戦後の地域福祉の時期区分を理解できた。
・社会背景や問題，主要な出来事，法，制度，実践等を把握した。
・社会背景と制度，実践等の関わり合いを説明できる。
・歴史をもとにこれからの地域福祉を検討する視座を形成できた。

（小野）

# 2 地域福祉の推進主体

　地域福祉を端的に説明すれば，基礎自治体域における生活課題や福祉課題の解決を通して，住民の主体形成と住民自治，および事業者，行政とのローカルガバナンスを促進する政策と実践ととらえることができる（前節「地域福祉の考え方（概論）」参照）。本節では，この地域福祉の推進に関わる主要な主体の説明を行う。

　また，地域福祉の担い手には，ある意味では基礎自治体域を中心として活動するあらゆる組織が該当する。したがって，地域福祉の推進主体を説明するにあたっては次の点を押さえておく必要がある。

　①第1に，全体を鳥瞰できる主体の分類に沿った説明の必要性である。

　主体の分類方法は政策主体と実践主体として説明できるであろうし，公的機関（政府），民間企業，市民活動という3つのセクターとその混合形態として説明することもできる。

　これらの分類を使って地域福祉の推進主体の全体像を理解させる必要がある。また，ここでは，各項目で説明されない主体があることも理解させておく必要がある。

　②第2には，これらの推進主体の地域福祉における歴史的な登場の仕方と今日的に期待される役割の相互関連の理解である。

　地域福祉は，各主体が生活の場を舞台として協議と協働を進める参加実践であるといえる。したがって，各主体の地域および地域住民に対しての歴史

的な根づき方や受けとめられ方の理解が必要である。そして，そのうえで，地域福祉において期待される各主体の今日的な役割と各主体間相互の関連性を理解することが重要である。これらは前節での「地域福祉の歴史」を踏まえて説明することが望ましい。また，以上の説明については，最初に説明しておくか，または最後に全体を鳥瞰するために説明するなどの工夫が必要である。

　以上の前提に立って，ここでは8つの主体について説明している。地域福祉は当事者・住民主体に基づく社会福祉実践であるので，項目の並びも当事者活動，小地域福祉活動から基礎自治体までを列挙している。特に，今後期待される協同的な福祉開発実践の主体として，社会的企業をめぐるあり方が，従来の生活協同組合と企業セクターとの間で問われることになるであろう。その意味で「協同組合と社会的企業」を取り上げている。また地方分権化における地域福祉政策の主体として基礎自治体の役割がますます重要になってきている。それに伴って社会福祉協議会や社会福祉法人施設の地域福祉の推進主体としてのあり方も改めて問われていることをおさえた教授が必要であろう。

　なお，ソーシャルワーク実践の担い手としての福祉専門職も重要な主体である。これらは，「地域福祉の実践」および「地域福祉の方法」と関連が深いため，それぞれの中項目で説明することになる。

　地域福祉を学ぶ学生にとっては，具体的な機関，団体の活動・事業を通して理解することが最も理解しやすい。また，ここで挙げられた機関・団体はボランティア活動先であったり社会福祉実習先でもある。そのことを踏まえたリアリティのある教授法を心がける必要があろう。

（藤井）

## 07　当事者活動

### Ⓐ　教授内容

#### 1　目　標
　地域福祉における当事者とは誰か，また地域福祉を進めるうえでの当事者活動の意義と実際について基本的理解を深めるとともに，当事者活動が展開できる社会状況や支援についても，国内外の事例の検討をもとに考察できる力を育てる。

#### 2　教授上の基本的な視点
・地域福祉の視点から当事者活動の意義を理解させる。地域福祉における「当事者」とは誰を指すのかについて，さまざまな考え方や主張から学び理解を深められるようにする。
・「当事者活動」を展開する基盤となるグループ・組織や，ネットワーク，それらを支える資源や支援について，現状と課題を理解できるようにする。
・「当事者参加」「当事者主権」，また「利用者参加」「ユーザー（利用者）デモクラシー」「権利擁護」など，当事者活動に関連する概念についての関心と理解を深められるようにする。

#### 3　今日的な論点
・その文字通り「当事者」を「その事に当たる人」ととらえるのであれば，地域福祉における「当事者」は，地域福祉を進めようとする主体であり，地域住民，事業者，関係団体，行政等多様な主体を「当事者」としてとらえることができる。その一方で，「当事者」は，社会福祉において，また地域福祉においても，たとえば，認知症や，障害のある人々など福祉的支援のニードがある人々やそういった支援やサービスの利用者をさして用いられることが少なくない。しかし地域福祉においては，「当事者」は，「（政策やサービス提供の）対象者」や「問題を抱えた人」と同義ではなく，「地域住民」「地域を構成する一員」であり，「主体者」であるという認識が必要である。その認識のもと，何の「当事者」なのかについて，本人らの考えや，取り組んでいる「事」をよく

理解したうえで,「当事者」という言葉を用いる必要がある。
・当事者活動は当事者による組織的活動であり,当事者による活動を展開しているセルフヘルプグループや当事者組織等と,専門職によるグループワークや専門職が介入して運営するサポートグループ等とは違いがある。また当事者活動には,その組織のメンバーの中での支え合いを主に行っているものから,メンバーではない人々への支援を行っているもの,運動体的側面をもつものもあり,それらの組織を支援したり協働する際においては,「当事者組織」「当事者活動」としてひとくくりにした対応ではなく,その多様性を認識して,個別化して対応していくことも必要である。

### 4 教えるべき内容

①地域福祉における「当事者」とは誰か

「当事者」とは何かについて,あらためて考えさせる。その際に「当事者」という概念がどのように用いられているか,それをめぐりどのような議論や主張があるかを紹介し,地域福祉における「当事者」とは何かを,学生が自分自身の言葉で説明できるようにする。

②組織的活動としての「当事者活動」

「当事者活動」が組織的活動であること,その組織や活動の多様性,その他の組織やグループ活動,ソーシャルワーカーによるグループワークとの違い等について説明し,理解させる。

「当事者活動」が活動者にとっての主体的な取り組みであること,その主体性を大切にした支援のあり方や関係性のもち方について,具体的事例から考えられるようにする。

③活動者にとっての当事者活動の意義

活動者にとって,当事者活動の意義はどのようなところにあるのか,ゲストスピーカーの話や,映像・事例などから学ぶ。

④活動者以外の人々や地域社会,地域福祉にとっての「当事者活動」の意義

活動者以外の人々や地域社会にとっての当事者活動の意義について,具体例から学ぶ。

⑤当事者活動に関連する概念

「当事者参加」「当事者主権」,また「利用者参加」「ユーザー(利用者)デモクラシー」「権利擁護」など,当事者活動に関連する概念について理解させる。

5　授業で理解させる基礎的な知識
□　セルフヘルプグループ
　共通した問題や課題をかかえているメンバーが，互いに支え合ってそれらに対応していこうとする，メンバー自身による自発的なグループ。
□　当事者組織
　「当事者」がメンバーとなり，活動する組織である。メンバー同士が同じ立場で支え合うセルフヘルプグループのほかに，メンバー以外の「当事者」へのサポートの提供を行うものも含まれる。
□　当事者主権
　人格の尊厳に基づき，自分自身にかかわることにおいては他の誰でもない自分自身が自己決定権をもち，その権利は誰からも侵されないという考え方。
□　ユーザーデモクラシー
　サービス利用者・住民が，政策決定および実施過程に直接参加できるとする考え方，またその実践。

## Ⓑ　教授方法

### 1　授業指導案の準備

◆　教員としての事前の教材開発
　当事者活動の具体的事例について，資料，映像等をもとに教材を作成する。あるいは，「当事者」をゲストスピーカーとして招聘し，当事者活動実践者の具体的な経験・実践事例から学生が学べるように準備をする。

◆　学生たちへの予習課題
・どのような当事者活動が，自分の地域にみられるか，事前に調べてくる。また，特に関心のある当事者活動については，どういった組織によるどのような活動なのかについて，より具体的に調べてくる。
・ゲストスピーカーを招聘する場合は，学生に事前に当該活動・組織に関する資料等を提示し，当日質問したい点等について整理してくるよう課題を出す。

◆　アクティブラーニング
・予習課題をもとに，ペアあるいは小グループにて分かち合いをする。
・ゲストスピーカーを招聘する場合は，予習課題をもとに，あるいは話を聞いた直後の感想について，簡単にペアまたは小グループで分かち合いをし，ゲストスピーカーに質問，コメントできるようにする。

◆ 学生たちへの事後課題，あるいは学習を深めるために促すこと
・関心のある当事者活動について，さらに詳しく調べる。
・当事者活動に関心のある「当事者」が，どのようにして既存の当事者活動・組織を知ることができるのか，あるいは新しく組織を立ち上げる際にどのような資源や支援があるのかを調べる。また当事者活動・組織のネットワークについても調べる。

## 2　授業者の自己評価の視点
・地域福祉の視点から当事者活動の意義を理解させることができたかどうか。
・当事者活動はその活動主体がそれぞれの目的をもって活動をしており，必ずしも地域福祉の推進をその目的とはしていないこと。その活動や組織，メンバーシップのありよう等は多様であること，当事者活動・組織の「個別性」を大切にすることの必要性を理解させられたかどうか。
・「当事者活動」を展開する基盤となるグループ・組織や，ネットワーク，それらを支える資源や支援について，現状と課題を理解できるように具体的な事例を活用できたかどうか。
・地域福祉における「当事者」の考え方・概念について，自己決定権をもつ問題解決の主体者であり，「問題を抱えた人々」や「対象者」と同義ではない等，関連した議論・主張の紹介から，理解させられたかどうか。

## 3-1　他の項目との関連
地域福祉の意義と固有性（02）　　地域福祉の理論Ⅰ・Ⅱ（03・04）　　ボランティア・NPO（10）　　社会資源開発／ソーシャルアクション（30）

## 3-2　他の科目との関連
・相談援助の基盤と専門職　・相談援助の理論と方法　・福祉行財政と福祉計画

## 4　読ませたい基本文献
○中西正司・上野千鶴子『当事者主権』岩波書店，2003年
○石原孝二編『当事者研究の研究』医学書院，2013年

## Ⓒ 展　　開

### 1　本授業のねらい
　地域福祉における「当事者」「当事者活動」の実際と意義についての基本的な理解を深めることをねらいとする。「当事者活動」の多様性について理解するとともに，具体的な事例を学ぶことで，活動者にとっての意義と，他の人々や地域社会にとっての意義についても考えられるようにする。

### 2　授業の展開
　〈導入〉──────────────────────〈15分〉
・授業のねらいを説明する。
・地域福祉における「当事者」とは何かについて，論点を紹介する。
・「当事者活動」とは何かについて，「当事者」による組織的活動であること，どのような組織，活動があるか，類型化しつつ具体例をあわせて説明する。
・このような当事者活動の地域福祉における意義について，当事者活動の具体的な話（事例）から考えるよう促す。

　〈展開〉──────────────────────〈65分〉
・ゲストスピーカーの紹介。
・ゲストスピーカーのお話。
・ゲストスピーカーへの質問，コメントを学生から引き出す。　　（15分）
　予習課題として質問等を用意しておく。1人では質問しづらい学生が多い場合には，いったんペア，または小グループで5分ほど感想と質問したいことの分かち合いをした後に，全体での質問，コメントの時間をとる。

　〈まとめ〉─────────────────────〈10分〉
　なぜ当事者活動を行っているのか，ゲストスピーカーの話から本人にとってのその活動の意義をみなで確認するとともに，同じような立場の人々や，さらには地域社会，地域福祉にとってのこうした活動の意義について伝える。

### 3　到達度評価
・地域福祉における「当事者」とは誰を指すのかについて，さまざまな考え方や主張から学び，理解を深め，説明できる。

・「当事者活動」を展開する基盤となるグループ・組織や，ネットワーク，それらを支える資源や支援について，現状と課題を具体的事例から学び，説明できる。
・「当事者参加」「当事者主権」，また「利用者参加」「ユーザー（利用者）デモクラシー」「権利擁護」など，当事者活動に関連する概念について理解し，説明できる。

(所)

## 08 小地域福祉活動

### Ⓐ 授業内容

#### 1 目標
・「小地域福祉活動」という住民に身近なくらしの場（日常生活圏域）での住民福祉活動は，住民の主体形成を重視する地域福祉の伝統的かつ基盤的な活動である。したがって，小地域福祉活動の歴史，考え方，実践内容を学ぶことを通して，地域福祉の基礎的理解を深める。
・地域のつながりの希薄化と社会的孤立の問題，また地域自立生活支援が地域福祉の課題として重視されている今日において，それらの課題と小地域福祉活動との関連を，まちづくりや住民と専門職との協働との関連において理解する。

#### 2 教授上の基本的な視点
・小地域福祉活動は「ふれあい・いきいきサロン」や見守り活動などの実際上の活動展開だけでなく，それを進める小地域福祉推進組織の組織化とその基礎的活動としての地域組織化活動が，住民の自治的な福祉基盤をつくるうえで最も重要である。また，そのような住民の主体形成支援が地域福祉実践において重要であることを理解させる。
・小地域福祉活動の特質である地域型コミュニティの活動と，当事者組織やボランティア活動などのアソシエーション型コミュニティの活動の各特質と相違点，および連携のあり方を理解させる。
・小地域福祉活動の基盤となる地域組織の歴史的理解を踏まえた地域診断（地域の個別化のための分析）が地域福祉理解には重要であることを理解させる。
・小地域福祉活動への支援とともに発展した日本のコミュニティ・オーガニゼーションを理解するとともに，今日的な小地域福祉活動の課題に対応した地域福祉の方法の理解を押さえる。

#### 3 今日的な論点
・平成の市町村合併以降に住民自治協議会づくりなどのコミュニティ再編が各自治体によって進められている。このような新しい住民自治組織とそれ以前か

らある地区社協などの小地域福祉推進組織との関連を整理する必要が出てきている。その組織間の整理とともに、これから再編される住民自治組織における福祉活動を発展させるための課題がある。
・中山間過疎集落への施策として仕事づくりなどの地域振興施策に注目が集まる一方で、高齢化・過疎・人口減少に伴う福祉課題や生活課題を担う小地域福祉活動との関係のあり方に関する課題がある。
・住民による見守り活動などの地域支え合い活動が、日本の生活困窮や社会的孤立状況を反映して、セーフティネット施策や介護保険施策の改正などの政策において過度に期待されている。これらの状況に対して、住民の自発的な福祉活動を健全に発展させるための理論や新たな実践方法の開発に関する課題の検討が必要である。

## 4  教えるべき内容

①小地域福祉活動の歴史と社協との関係

社協活動の実践方法としてもたらされたコミュニティ・オーガニゼーションの日本での展開としての保健福祉地区組織活動を通して、小地域福祉活動の成り立ちを理解させる。

②小地域福祉活動と住民の主体形成支援

小地域福祉活動の実践を通して内実化した「住民主体」の理解と、小地域福祉活動における住民の主体形成支援（住民による問題発見と共有、協議・協働と計画、地域福祉学習と人材育成など）の重要性を理解させる。

③圏域に応じた小地域福祉推進組織と活動・財源および活動拠点

組・班、自治会・町内会、地区・小学校区、公民館圏域など、地域の歴史を踏まえた住民の生活圏域とその圏域の特質による多様な活動形態があることを理解させる。

④小地域福祉活動への支援と連携する専門機関と専門職およびその方法

地域包括ケアシステムや地域自立生活支援などの専門職の支援と交流、見守り、支え合いを中心とする地域住民による小地域福祉活動の性質の違いとその両者の協働のあり方を理解させる。

## 5  授業で理解させる基礎的な知識

□ 住民主体原則と福祉コミュニティ

生活主体である住民がくらしや地域のあり方を決める主体であるという「住民主体」という考え方（諸論の整理を踏まえた説明）と，その住民間において，生きづらさを抱えた住民（福祉当事者）を中心に据えるという考え方。
□ 地域の福祉力
　地域コミュニティにおいて福祉コミュニティを形成する住民の福祉的な主体力（沢田清方，大橋謙策）。
□ 小地域福祉推進組織
　小地域福祉活動を担う住民福祉組織の総称。地区社協，自治会福祉部，まちづくり協議会福祉部などがある。全国社会福祉協議会はこれらを「地域福祉推進基礎組織」と名づけている。
□ ふれあい・いきいきサロンと見守り活動
　小地域福祉活動には多様な活動があるが，「ふれあい・いきいきサロン」は地域交流基盤，「住民の見守り活動」は近隣の福祉活動の原点である。

## Ⓑ 授業方法

### 1 授業指導案の準備

◆ 教員としての事前の教材開発
・教員自身が関わっている地域の具体的な実践を事例教材化しておく。
・大学の所在地における小地域福祉活動組織，活動とその拠点について調べておく。

◆ 学生たちへの予習課題
・地域福祉の歴史におけるコミュニティ・オーガニゼーションの導入と社協の歴史を復習させておく。
・各自が居住する自治会の掲示板や社協の広報紙などで，福祉に関するどのような行事，活動が行われているかを確認させておく。

◆ アクティブラーニング
・小グループごとに，各メンバーが在住する近辺で行われている「ふれあい・いきいきサロン」や子育てサロンを取材し，その共通性と相違点を確認し合う。

◆ 学生たちへの事後課題，あるいは学習を深めるために促すこと
・各自の居住する地域における小地域福祉活動組織，活動とその拠点について社会福祉協議会などで聞き取りを行う。
・社会福祉協議会，地域包括支援センター，地域密着型サービスなどの実習で

地域福祉活動，組織，財源，活動拠点などに接し，各機関との関係を理解させるように伝える。

## 2　授業者の自己評価の視点
・地域への具体的イメージが希薄な学生に対して，小地域福祉活動を担う住民の地域への思いや活動への自発性や主体性を生み出す動機を理解させられたか。
・小地域福祉活動を支援するソーシャルワーカーの立ち位置や支援の方法を理解させられたか。
・小地域福祉活動に関して，各地域に応じて多様な圏域と組織，活動があることを理解させられたか。

## 3-1　他の項目との関連
地域福祉の意義と固有性（02）　　地域福祉の歴史Ⅱ（06）　　民生委員・児童委員（09）　　社会福祉協議会（11）　　福祉教育（15）

## 3-2　他の科目との関連
・社会福祉相談援助演習　・社会福祉実習

## 4　読ませたい基本文献
○沢田清方編『小地域福祉活動──高齢化社会を地域から支える』ミネルヴァ書房，1991年
○全国社会福祉協議会『小地域福祉活動の推進に関する検討委員会報告書』2007年
○兵庫県社会福祉協議会『小地域福祉活動の推進方策の手引』2009年
○大橋謙策『地域福祉』放送大学教育振興会，1999年
〈視聴覚教材〉
○藤井博志監修『地域支え合いのすすめ──暮らしの場（日常生活圏域）における福祉のまちづくり』全国コミュニティライフサポートセンター，2012年
○藤井博志監修『見守りネットワークのマトメ』高島市社会福祉協議会／中央共同募金会，2014年
※以上はともにDVD付

## Ⓒ 展　開

### 1　本授業のねらい
①小地域福祉活動がどのような活動かを理解する。
②小地域福祉活動を誰がどのように進めているかを理解する。
③小地域福祉活動を支援するソーシャルワーカーとその機関の考え方や支援方法を理解する。

### 2　授業の展開

〈導入〉――――――――――――――――――――――――――――〈15分〉

(1) 小地域福祉活動のイメージ化
・自治会域における小地域福祉活動のDVDまたは事例の紹介。　　（5分）
・DVDまたは事例における小地域福祉活動の意義とそれを進める組織，担い手を説明する。　　（10分）

〈展開〉――――――――――――――――――――――――――――〈60分〉

(2) 小地域福祉活動の組織，活動，財源の一般的な考え方　　（20分）
・小地域福祉活動の定義と，日本における保健福祉地区組織活動からの歴史についての説明
・小地域福祉活動の圏域の考え方と活動，組織，財源および典型的な活動プロセス
(3) 都市部型と郡部型の小地域福祉活動の事例紹介　　（20分）
・都市部型の事例紹介とその説明（DVDまたは事例）
（ボランティアグループ，地区や小学校区域と自治会域の活動）
・郡部型の事例紹介とその説明（DVDまたは事例）
（地域団体中心，自治会域の活動）
・都市部型，郡部型の2つの共通点を説明する
(4) 住民の主体形成を支援する視点，方法の説明　　（20分）
・小地域福祉活動の発展とともに成長する住民の福祉意識の変化を説明する（DVDまたは事例）
・それに関わるソーシャルワーカーの組織化支援を紹介する（社協活動の事例）

〈まとめ〉――――――――――――――――――――〈15分〉
(5) 小地域福祉活動の今後の課題
・まちづくりと過疎集落問題，ひきこもり等の社会的孤立・排除問題への理解，地域包括ケアと小地域福祉活動の関係等，今日的課題を簡単に説明する。

### 3 到達度評価
・地域型コミュニティ組織の活動である小地域福祉活動組織の特質と目的・意義について理解し，説明することができる。
・小地域福祉活動の今日的な課題について理解し，説明することができる。
・地域住民の小地域福祉活動に関わる思いを理解し，ソーシャルワーカーとしての住民への支援のあり方を説明することができる。

(藤井)

## 09 民生委員・児童委員

### Ⓐ 教授内容

#### 1 目　標

　民生委員・児童委員は制度創設以来，困りごとを抱える住民の相談にのりながら，調査活動やサービスの開発など，その時代のニーズに応じた活動を展開してきている。こうした民生委員・児童委員の制度や活動内容を知ることを通して，生活支援に住民が関わることの意味や，地域で困りごとを抱えている個人・家族を支援する方法（専門職・他の住民とのネットワーキング）を考えさせる。それにより，地域福祉の源流を再確認するとともに，社会福祉の専門職として民生委員・児童委員と連携するための視点や方法，課題についての理解を促す。

#### 2　教授上の基本的な視点

(1) 地域福祉の源流としての民生委員活動

　民生委員制度の前身である済世顧問制度，方面委員制度の創設以来，民生委員は，生活課題を抱える住民の相談・援助を行うだけでなく，常に住民の生活実態を把握することに努め，その時々の住民の抱える問題を国や社会に対して訴えていく活動を展開してきている。民生委員活動が歴史的に展開してきた活動を教材として，地域福祉の視点を伝える。

(2) 住民が行う相談活動の特徴

　民生委員・児童委員制度の特徴の1つは，自らが居住する地域で，区域（小さなエリア）を担当しているという点にある。民生委員・児童委員は，担当区域の中で1人の住民として生活しながら，課題を抱える住民の相談に応じたり，支え合い活動を展開したりしている。また，民生委員児童委員協議会が組織的に，地域包括支援センター，児童相談所など専門機関と連携体制を構築し，専門職と協働で支援をしている点も特徴である。

(3) 制度としての民生委員・児童委員

　民生委員・児童委員は，報酬を受け取らないという点ではボランティアの性格を有しているが，厚生労働大臣からの委嘱を受けて，法に基づく活動をしているという点で，一般のボランティアとは異なる面をもっている。このことに

よる利点と課題の両面からとらえる必要がある。

### 3　今日的な論点
・民生委員・児童委員は，自らが居住する場所の区域を担当しているが，「近所の人には知られたくない」と感じる住民が少なくない。身近な相談窓口としての役割を果たすうえで難しさを抱えている。
・今日の地域における生活課題は，量・質ともに民生委員・児童委員だけでは担いきれず，他の住民や専門職に協力を得る必要があるが，その際の情報共有のあり方についてのルールづくりが課題となっている。
・民生委員・児童委員の担い手の不足が年々深刻化している。引き受け手がいない，短期間でやめてしまうなどの問題があり，どのように制度を継続させるかが課題となっている。

### 4　教えるべき内容
①民生委員・児童委員の制度
　民生委員法および児童福祉法に基づく民生委員・児童委員制度について，「2　教授上の基本的な視点」に沿って基本的な事項を解説する。制度の特徴の1つとして，厚生労働大臣からの委嘱によるボランティアであることが挙げられる。一般のボランティアとの違いと，このような特徴のある制度をつくった意味を学生が考える材料を提供する。
②民生委員・児童委員活動の内容
　個別支援活動として行われている友愛訪問，要援護者の実態調査や見守り・支え合いのためのネットワークづくりなどを解説する。その中では，要支援者の発見や見守りのために「いのちのバトン」「あんしんカード」（これらの名称は地域によって異なる）など，民生委員・児童委員がさまざまな工夫を試みていることを紹介するようにする。あわせて，事例などを用いて地域包括支援センター・児童相談所など専門機関との連携の仕方や，民生委員児童委員協議会として展開しているサロン活動などを紹介する。
③民生委員・児童委員の歴史的な活動
　救護法実施促進運動，世帯更生運動，居宅ねたきり老人実態調査など，歴史的に民生委員児童委員協議会が取り組んできた活動を解説する。
④民生委員・児童委員の担い手の実態と課題

民生委員・児童委員の年齢・職業などの属性を説明し，どのような人が担っているかを理解させる。あわせて，全国民生委員児童委員連合会などが実施している実態調査の結果をもとに，民生委員・児童委員の意識，担い手不足など制度が抱える問題を取り上げる。

### 5 授業で理解させる基礎的な知識

□ 民生委員・児童委員の設置基準

東京都区部・指定都市で220～440世帯ごとに1名，中核市・人口10万人以上の市で170～360世帯ごとに1名，人口10万人未満の市で120～280世帯ごとに1名，町村で70～200世帯ごとに1名，配置することとされている。

□ 民生委員・児童委員の選任

民生委員・児童委員は，厚生労働大臣から委嘱される。市町村に設置する民生委員推薦会が適任者を選任し，都道府県に設置された地方社会福祉審議会が厚生労働大臣に推薦する。民生委員法による民生委員が，児童福祉法の児童委員を兼ねている。

□ 民生委員児童委員協議会（民児協）

民生委員法第20条に基づいて，市町村の区域に設置されている。定例会のほか，要援護者台帳づくり，サロン活動などが行われている。

□ 主任児童委員

児童に関することを専門的に担当する委員で，39人以下の民児協に2名，40人以上の民児協に3名が配置されている。担当区域をもたず，区域を担当する委員と連携して，関係機関との連絡調整などを担当する。

## Ⓑ 教 授 方 法

### 1 授業指導案の準備

◆ 教員としての事前の教材開発

・大学の所在地の自治体の民生委員・児童委員の情報（人数，活動日数など）を収集する。

・要援護者の見守りのための「あんしんカード」など，大学の所在地の民生委員・児童委員が活動に使用しているものを収集する。

◆ 学生たちへの予習課題

・インターネットを活用して，一斉改選の状況や，民生委員・児童委員の実態

調査の結果などを調べる。
◆ アクティブラーニング
・高齢者の孤立の問題などで民生委員・児童委員についての記述がある新聞記事を用いて，小グループで問題点について話し合う。
◆ 学生たちへの事後課題，あるいは学習を深めるために促すこと
・済世顧問制度・方面委員制度の歴史についての文献を読み，制度創設のきっかけや思想などを学習する。
・民生委員・児童委員が開設している地域のサロンなどを訪問して，ボランティアとして一緒に活動したり，インタビューをしたりする。

## 2　授業者の自己評価の視点
①地域で見守りや支え合いのネットワークづくりを進めるうえでの民生委員・児童委員の役割を理解させられたか。
②専門機関と民生委員・児童委員との連携の実際について理解させられたか。
③民生委員・児童委員の活動事例から，地域福祉の開拓性を理解させられたか。

## 3-1　他の項目との関連
地域福祉の歴史Ⅰ・Ⅱ（05・06）　小地域福祉活動（08）　社会的孤立と生活困窮（16）　アウトリーチ（27）

## 3-2　他の科目との関連
・低所得者に対する支援と生活保護制度　・児童や家庭に対する支援と児童・家庭福祉制度

## 4　読ませたい基本文献
○阿部志郎編『小地域福祉活動の原点――金沢―善隣館活動の過去・現在・未来』全国社会福祉協議会，1993年
〈視聴覚教材〉
○DVD『急げ！ふれあいのネットワークづくり』水俣市社会福祉協議会，2007年

## Ⓒ 展　　開

### 1　本授業のねらい
①民生委員・児童委員とはどのような人か（制度の特徴・担い手の実態）を理解させる。
②民生委員・児童委員の活動内容を理解させる。
③地域住民の価値・生活様式の変化などを背景に，民生委員・児童委員が活動するうえで直面している今日的な課題を理解させる。
④③を踏まえて，社会福祉の専門職は，民生委員・児童委員とどのように連携をしたらよいか，その方法と課題を考えさせる。

### 2　授業の展開

〈導入〉――――――――――――――――――――――〈20分〉

(1) 民生委員・児童委員とはどのような人だろうか
・民生委員法，児童福祉法による規定など，制度の概要を解説する。
・事前の課題（民生委員・児童委員の実態調査などの情報収集）をもとに，どのような実態がわかったかを学生に聞きながら，民生委員・児童委員の人数や年齢などの担い手の状況や課題を簡単に解説する。

〈展開〉――――――――――――――――――――――〈50分〉

(2) 民生委員・児童委員はどのような活動をしているのだろうか
①見守り・支え合いのネットワーク
・認知症高齢者の徘徊の問題などの新聞記事をもとに，地域の中で見守りが必要な人の状況や，見守りや支え合いの課題を取り上げる。
・視聴覚教材の上映，新聞記事を活用した小グループの討論，民生委員・児童委員の活動事例の紹介，など。　　　　　　　　　　　　　　（20分程度）
・視聴覚教材や新聞記事の解説をもとにしながら，民生委員・児童委員が担っている役割を整理する。その中で，「あんしんカード」などを紹介しながら，民生委員・児童委員の対象者把握の方法も解説する。
・地域包括支援センターをはじめとする専門機関との連携を解説する。
②サロン活動などその他の活動内容
・サロンの写真などを用いながら，民生委員・児童委員の関わりを解説する。その際，たとえば，オートロックのマンションの増加，表札をつけない世帯の

増加などによって，住民の状況を把握することが困難になっているといった民生委員・児童委員の課題に触れながら，民生委員・児童委員にとってサロンに関わることの意義（ニーズ把握の機会になることなど）を解説する。
③民生委員・児童委員の歴史
・民生委員・児童委員が歴史的に展開してきた活動（特に開拓的であると認められるもの）を紹介する。

〈まとめ〉────────────────────────〈20分〉
(3) 社会福祉の専門職は，民生委員・児童委員とどのように連携したらよいだろうか
①民生委員・児童委員が抱えている課題　　　　　　　　　　　　（10分）
・情報共有の課題：連携の際の課題であるネットワークにおける情報共有の課題やそれに取り組む各地での実践の紹介をする。
②担い手の確保　　　　　　　　　　　　　　　　　　　　　　（10分）
・民生委員・児童委員を対象にしたアンケート結果などを入手して，どのようなことに負担を感じているかなど当事者が感じていることについての資料を提供する。
・「民生委員・児童委員の担い手不足についての意見」を書いて，提出する。
→次回の授業で学生の意見を紹介しながら，地域福祉の担い手の確保の問題に発展させて深めていく。

## 3　到達度評価
①民生委員・児童委員と一般的なボランティアとの違いを説明することができる。
②民生委員・児童委員が要援護者・要支援者をどのように見守っているかを説明することができる。
③地域包括支援センターと民生委員・児童委員がどのように連携しているかを事例的に説明することができる。
④地域で暮らしている人を支援するにあたって，個人情報の取り扱いの留意点や情報共有の仕方について，自分の意見を述べることができる。

（小松）

# 10 ボランティア・NPO

## A 教授内容

### 1 目　標

　かつて，社会福祉サービスは公的な機関からのみ提供されるという考え方が主流であった。また，地域においても，さまざまな生活問題を解決するのは行政であるとする考え方は現在でも根強いものがある。確かに，住民1人ひとりの生活を保障し，最終的な責任をもつのは行政の仕事である。しかしながら，近年では自分が住む地域のことについて自分たちで考え，自分たちで問題を解決していくという主体性をもつことが求められるようになっている。

　福祉の多元化が進む社会において，地域福祉の主要な担い手は，行政や社協などの公的機関のみではなく，ボランティアやNPOでもあることを理解させる。「新たな公共」としての存在の重要性を伝えることが求められる。

　また，ボランティアやNPOは，行政の補足や下請けとしてではなく，活動に先駆性，革新性をもち，社会問題の解決を目指すためのソーシャルアクションとしての役割があることなどについても伝える。

### 2　教授上の基本的な視点

・単なる地域福祉の主体というだけではなく，福祉の多元化との関連をもって指導する。
・「新たな公共」の概念を示し，ボランティアやNPOなどを通じて，一般の国民も地域福祉に向けて活動を行うことが重要であることを理解させる。
・ボランティアやNPOが活動していくことは，「安上がり福祉」や公的機関の責任転嫁ではなく，自らの主体的行動として位置づけられるものであることを理解させる。
・ボランティアやNPOなどの具体的な活動事例を紹介し，実態としてどのような分野で，どのような活動を行っているのかをリアリティをもって伝える。
・特にNPOは，今後の社会問題を解決し，ソーシャルアクションを行う主体としての期待が大きく，社会貢献，社会的企業，社会起業家など，従来とは違った形で展開している実態があることを理解させる。

## 3 今日的な論点

・社会問題が多様化・複雑化する社会において，社会問題を解決するミッションをもったNPOなどの起業の意識が高まっている。
・孤立化が進む社会で，日常生活圏域で見守りや声かけ，生活支援といった地縁型のボランティア活動の重要性が高まっている。
・介護保険での要支援者対策が市町村へ移譲される中で，再び，住民参加型在宅福祉サービス提供団体などのボランティア活動の重要性が認識されている。
・NPOなどの主体が活動を発展・継続していくためには，一般の人々の理解が必要である。公的資金が先細る中で財政的な基盤を支えるためにも，こうした団体に対する助成や寄付が重要となっている。
・NPOやボランティアの進展と「公」の役割の後退という関係性は従来より指摘されているところである。しかし，今後は，どちらが重要ということではなく，「公民協働」の視点が必要である。

## 4 教えるべき内容

①ボランティア・NPOの実態

ボランティアの登録数やNPO法人の認証数の変化，主な活動内容の具体的事例などについて，内閣府の調査などの統計調査を用いて全体像を伝える。

②ボランティアの思想・歴史

ボランタリズムの考え方，日本における善意銀行の誕生から，ボランティアとは何かについて考えさせる。また，ボランティアセンターやボランティア活動などの歴史についても学ばせる。

③福祉社会の中でのボランティアとNPOの位置づけ

ボランティア，特定非営利活動促進法をめぐる政策の変遷や考え方，主要な学説などについて理解させる。

④NPOが登場した背景と意義

1995年のボランティア元年の背景や，それ以降の政策化の過程やその後の法改正に至る取り組みを伝える。さらに，現在，NPOが社会の中で果たしている役割や，今後期待される役割についても理解させる。

⑤ボランティア・NPOの課題

災害時の対応，組織のマネジメント，財政的な基盤，寄附の文化，担い手（活動を行う人）の確保など，ボランティアやNPOが抱えている課題を学ばせ

る。

### 5 授業で理解させる基礎的な知識
□ 福祉多元化
　福祉サービス提供主体は多様であり，行政と民間が協働して行うとする考え方。
□ 福祉社会，市民福祉社会
　市民が主体的に活動し，権利を擁護する社会。
□ 特定非営利活動促進法
　非営利の市民活動を促進するために制定された法律。活動分野として20の領域が決められている。
□ ボランタリズム
　他者からの強制ではなく自主的な活動がもつ精神性。
□ ソーシャルアクション
　社会を変革するための主体的行動・社会運動。

## B　教授方法

### 1　授業指導案の準備
◆ 教員としての事前の教材開発
　現在の社会問題に対応しているボランティア活動やNPOとして，どのようなものがあるかを視聴覚教材，新聞・雑誌記事から見つけておく。
◆ 学生たちへの予習課題
　自分のこれまでのボランティア活動体験をまとめさせる。ボランティアを行う前と後では，どのように気持ちが変化したかを考えさせる。
◆ アクティブラーニング
　今，どのようなボランティア活動やNPOがあるのか，これらはどのように社会に貢献しているのかを話し合わせる。
◆ 学生たちへの事後課題，あるいは学習を深めるために促すこと
　関心のある領域で活動しているNPOを1つ選び，そのNPOのミッション，活動内容，財源，人材について調べてみよう。また，そのNPOの行っている活動が地域福祉とどのように関わっているのかを考えてみる。

## 2 授業者の自己評価の視点
・ボランティアやNPOに代表される自主的活動の重要性が高まっていることが伝えられたか。
・地域福祉は誰かがやってくれるものではなく，自分たち自身もその主体の1つであることが伝えられたか。
・ボランティアやNPOが抱える課題について理解させられたか。

## 3-1 他の項目との関連
社会福祉協議会（11）　協同組合と社会的企業（13）　社会的孤立と生活困窮（16）　地域包括ケアシステム（19）　社会資源開発／ソーシャルアクション（30）

## 3-2 他の科目との関連
・福祉サービスの組織と経営　・福祉行財政と福祉計画

## 4 読ませたい基本文献
○阿部志郎『講演集2　ボランタリズム』海声社，1988年
○金子郁容『ボランティア――もうひとつの情報社会』岩波書店，1992年
○駒崎弘樹『「社会を変える」を仕事にする――社会起業家という生き方』筑摩書房，2011年
〈視聴覚教材〉
○DVD『善意銀行』徳島県社会福祉協議会，1962年

## Ⓒ 展　　開

### 1　本授業のねらい
①特定非営利活動促進法（NPO法）が制定された背景について理解する。
②社会的問題解決のために立ち上げられたNPOがどのような活動を行っているのか，社会の中でどのような機能を果たしているのかについて学ぶ。
③NPOと行政などの公的機関とは，その役割にどのような相違があるのかについて理解する。
④NPOのもつ課題についても考察する。

### 2　授業の展開

〈導入〉─────────────────────────〈10分〉

事例紹介：新聞記事

　　ホームレス支援のために立ち上げられたNPO。結成して10年目でNPO法人となった。行政等と連携しながら生活相談，住まいの提供，金銭管理，就労支援などの事業を行っている。そこでの夜回り，サロン活動，学習支援活動などはボランティアによっても担われている。

〈展開〉─────────────────────────〈75分〉
(1) NPO法人とは何か　　　　　　　　　　　　　　　　　　　　　　(15分)
・法的位置づけ──特定非営利活動促進法
・特定非営利活動促進法に定められている活動領域
・NPOが登場した背景──なぜNPOが必要なのか
　→「事例」のNPOはどのような役割を担っているか。
(2) 社会的起業としてのNPO──活動事例の紹介　　　　　　　　　　(20分)
・具体的にはどのような分野で，どんな活動を行っているのか
　→視聴覚教材あるいは新聞記事で活動を紹介する（特に若年世代で，社会起業家が次々に出てきていることを伝える）。
(3) NPOの抱える問題点　　　　　　　　　　　　　　　　　　　　　(20分)
・財源・人材不足
　→「事例」では，なぜボランティアに頼っているのか。
(4) NPOの今後の課題　　　　　　　　　　　　　　　　　　　　　　(20分)
・社会問題の発掘と対応。今，どんなことが社会問題となっているのか。

・従来の地域資源との連携。
・NPOの育成
　→NPOを育てていくためには，NPOが出てきやすい土壌をつくるためには，何が必要かを考える。

〈まとめ〉────────────────────〈5分〉
今日の授業を振り返る。

**3　到達度評価**
・NPOとは何かが理解できたか。
・今，NPOに求められている役割が何かということが理解できたか。
・NPOには行政や社協とは違う役割があることが理解できたか。
・福祉社会を構築するうえでNPOはどんな役割を果たすかが，理解できたか。
・NPOやボランティアを支える国民全体のコンセンサスが必要であることが理解できたか。

(山本)

# 11 社会福祉協議会

## Ⓐ 教授内容

### 1 目 標
・地域福祉の中核的推進主体として期待される社会福祉協議会の成り立ちと法的な位置づけ，および組織，機能，事業についての基本を理解する。また，全国，都道府県，市区町村ごとの社会福祉協議会の役割の違いを理解する。
・各基礎自治体における社会福祉協議会の多様性を理解するとともに，地域福祉の全般に関与する社会福祉協議会の実践例を通して，今日的な地域福祉実践課題と社会福祉協議会の役割を理解する。
・社会福祉協議会と地域住民，福祉当事者，専門機関・団体，行政との関係と連携のあり方を理解する。

### 2 教授上の基本的な視点
・社会福祉協議会はその歴史的変遷から協議体，運動推進体，事業体としての多様な側面を有している。その総体としての機能を地域福祉の特性とあわせて理解させる。
・社会福祉協議会は住民を基盤とする組織であるとともに事務局を中心とした専門職組織でもある。この場合，前者が社会福祉協議会の組織特性であることを理解させる。また，社会福祉協議会が行政組織ではないことや，社会福祉法人施設との相違点を理解させる。
・一住民としての「自分や家族」と社会福祉協議会との関係について，その現状や理想的な関わりを認識できるようにさせる。

### 3 今日的な論点
・地域福祉は地域の広範な主体の連携によって推進されることが目指されているが，社会福祉協議会にはその協議，協働の場づくり（ネットワーキング）に関する実践方法が問われている。
・生活困窮者自立支援法，障害者差別解消法，子どもの貧困対策法，子ども子育て支援法，介護保険制度改正等の一連の動向を，地域福祉の文脈においてと

らえると，社会福祉協議会の実践課題が拡大しているといえる。
・以上の政策課題と，住民と行政，専門機関・事業者との連携のあり方や仕組みづくりが，地域福祉活動計画や地域福祉計画における政策化との関連で社会福祉協議会に問われている。

## 4 教えるべき内容

①社会福祉協議会の成立過程

戦後の社会福祉の民主化政策と社会福祉協議会の成立過程。

②社会福祉法における社会福祉協議会の法的規定とその機能

社会福祉法における市区町村，都道府県，全国の社会福祉協議会の条文の理解。

③社会福祉協議会の組織と組織運営

社会福祉協議会における理事会，評議員会，各種部会・委員会の機能および小地域福祉推進組織（項目08）との関係の理解。また，社会福祉協議会は住民主体の地域福祉推進組織であることの理解。

④社会福祉協議会の活動・事業の現状

住民の福祉活動支援および総合相談支援と在宅福祉事業など，多様な地域福祉関連の活動，事業を担っていることの理解。

⑤社会福祉協議会の実践課題

社会福祉の関連法の動向と地域福祉との関連を理解させたうえで，社会福祉協議会が求められている実践課題への理解を深める。災害時における福祉的対応と社会福祉協議会との関連についての理解や地域福祉財源の確保に関する課題への理解も重要である。

## 5 授業で理解させる基礎的な知識

□ 社会福祉協議会の法的規定と法人運営

社会福祉法第109条（市町村及び地区社協），第110条（都道府県社協），第111条（全社協）の条文における事業および組織規定と社会福祉法人としての運営。

□ 日常生活自立支援事業，生活福祉資金等の社会福祉協議会関連事業

上記のほか，（災害）ボランティアセンター，善意銀行，心配ごと相談所・総合相談等，社会福祉協議会が担っている特有の事業。

□ 社協発展・強化計画と地域福祉活動計画

社会福祉協議会が地域福祉を推進するうえでの組織強化と，地域福祉を進める民間計画。

## Ⓑ 教　授　方　法

### 1　授業指導案の準備

◆ 教員としての事前の教材開発

　各教員が関わっている社会福祉協議会，または大学所在地の社会福祉協議会の資料と実践事例の収集。

◆ 学生たちへの予習課題

　地元の社会福祉協議会の活動，事業概要の事前調査。特にボランティアセンターでの活動内容を調べる。

◆ アクティブラーニング

　大学所在地の社会福祉協議会が実施している活動・事業について，小グループごとに役割分担をし報告する。そのことによって，社会福祉協議会の各活動，事業間の関連と総体を学ぶ。

◆ 学生たちへの事後課題，あるいは学習を深めるために促すこと

　地元の社会福祉協議会の事業計画・報告書，地域福祉活動計画の入手と職員へのヒアリング。ボランティアセンター等，学生が社会福祉協議会活動と関わることができる接点を探る。

### 2　授業者の自己評価の視点

・社会福祉協議会の組織特性が地域福祉の推進体としての機能を有していることを理解させられたか。

・社会福祉協議会活動の成立過程やその後の展開を2000年までの地域福祉の歴史と重ねて理解させられたか。

・2000年以降の地域福祉の課題に対応する社会福祉協議会の現状と実践課題を理解させられたか。

### 3-1　他の項目との関連

地域福祉の意義と固有性（02）　　地域福祉の歴史Ⅱ（06）　　小地域福祉活動（08）　　民生委員・児童委員（09）等，第2節「地域福祉の推進主体」全般　福祉教育（15）　　コミュニティワーク（24）　　コミュニティ・ソーシャル

ワーク（25）

## 3-2 他の科目との関連
・社会福祉実習　・権利擁護と成年後見制度　・福祉計画

## 4　読ませたい基本文献
○山口稔『社会福祉協議会——理論の形成と発展』八千代出版，2000年
○和田敏明・渋谷篤男編『概説 社会福祉協議会』全国社会福祉協議会，2015年
○藤井博志「これからの社協活動の焦点」『現代の社会福祉 100の論点 Vol.2』全国社会福祉協議会，2012年
〈視聴覚教材〉
○都道府県社会福祉協議会や市区町村社会福祉協議会が社協紹介用DVDを作成している。

## Ⓒ 展　　開

### 1　本授業のねらい
①社会福祉協議会の成り立ちと機能および社会福祉法に位置づけられた社会福祉法人運営の基本を理解させる。
②地域福祉推進組織としての社会福祉協議会の活動・事業を理解させる。
③今日的な地域福祉の動向と関連した社会福祉協議会の実践課題について理解させる。

### 2　授業の展開

〈導入〉────────────────────────〈10分〉
(1) 社会福祉協議会と災害，社会福祉協議会と学生
・阪神・淡路大震災や東日本大震災時とその復興において社会福祉協議会の果たしている役割を説明する。
・ボランティアセンターでのボランティア活動などの簡単な紹介を行い，学生にとって身近な存在であることを説明する。

〈展開〉────────────────────────〈50分〉
(2) 社会福祉協議会の成り立ち　　　　　　　　　　　　　　（15分）
・戦後の社会福祉協議会の成立過程の説明と 2000 年までの地域福祉の発展過程，および社会福祉協議会の実践の概要を説明する。
(3) 社会福祉協議会の法的規定とその内容　　　　　　　　　（35分）
・社会福祉法第 109 条から第 111 条をもとにした，社会福祉協議会の基本説明。
・社会福祉協議会の組織，活動，財政の基本的説明と現状の説明。

〈まとめ〉────────────────────────〈30分〉
(4) 社会福祉協議会が求められている実践課題
・地域生活課題の状況や，社会福祉関連の生活動向の概略説明と，それらの地域福祉の実践課題の中で社会福祉協議会が期待されている役割を説明する。

### 3　到達度評価
・地域福祉推進体としての社会福祉協議会の基本的な組織，機能を理解し，説

明することができる。
・地域福祉の今日的課題と関連して社会福祉協議会が期待されている役割を理解し，説明することができる。
・各学生の居住する地域での社会福祉協議会と自分との望ましい関係のあり方を理解し，説明することができる。

(藤井)

## 12　社会福祉施設

### Ⓐ　教授内容

#### 1　目　標
　社会福祉施設の運営における地域との連携・協働の意義と，社会福祉施設を地域福祉の資源・拠点として位置づけていくことの大切さを理解させる。
　社会福祉施設には，第1種・第2種社会福祉事業に規定する社会福祉施設のみならず，介護サービス・障害福祉サービスの事業所なども含む。

#### 2　教授上の基本的な視点
・時代の変遷の中で，社会福祉施設には，単に施設の中で，その利用者に対してサービスを提供することだけで完結するのではなく，地域への在宅サービスの提供，さらには地域のニーズに応えた制度化されていない事業を行うことが求められるようになってきた，という趨勢を理解させる。
・在宅・入所，非営利・営利を問わず，社会福祉施設には，地域との連携・協働や運営への住民参加等が不可欠である。またそれは，単に地域に貢献するという一方的なことではなく，社会福祉施設自身にメリットがある。
　具体的には，ボランティアの参加で利用者の生活が豊かになる，地域に理解者が増えることで利用者が地域からの無関心や差別にあうことが減る，火災や災害時に地域住民の協力を得て利用者の安全が守られる，地域に根ざした事業体として地域の中で継続的に事業展開できる，職員がモラールアップする，地域によい評判がたち人材確保がしやすくなるなどの効果が期待できる。
・さらに今日では，社会福祉施設（社会福祉法人）には，住民・子どもたちの福祉教育やボランティア活動を支援すること，災害時に福祉避難所を運営すること，地域の生活困窮者への支援活動を行うことなど，直接の利用者のみならず，また制度化された事業を行うだけにとどまらず，積極的に地域の福祉ニーズに応えた活動・事業を展開することが求められている。
・このように地域に根ざし，地域と連携して事業を行うことは，施設の利用者や施設自身のために，本来，行うべきことであるとともに，地域福祉の推進において，社会福祉施設を地域福祉の資源・拠点として，施設のもつ人材，専門

的ノウハウ，施設・設備を活用していくことが重要であることを理解させる。

## 3　今日的な論点
・地域で居住すべきという考え方や，大規模な施設の居住環境や個別処遇が十分ではないことから，障害者入所施設等からの地域移行，地域小規模養護施設，地域密着型特別養護老人ホームの設置などが進められてきた。また，在宅重視という基本的な趨勢の中で，グループホーム，サービス付き高齢者住宅，24時間型の訪問サービス等の普及もあり，在宅と入所施設との違いは小さくなってきている。その中で入所施設の今日的意義や役割が問われている。
・社会福祉法人は，税制等の優遇に見合う公益的な取り組みが不十分であるとたびたび批判されてきた。現在（2016年2月），地域の公益的な活動への取り組みを一層促進する方向で，社会福祉法人制度の見直しの議論がされている。
・生活困窮者自立支援制度における就労訓練事業では，社会福祉法人が中間的就労の機会を積極的に提供することが期待されている。施設の業務への就労だけでなく，さまざまな地域サービスへの就労として展開される可能性もある。

## 4　教えるべき内容
　①社会福祉施設に求められる事業・機能の変遷
・入所機能中心の時代（戦後～1970年代まで），ノーマライゼーション理念の普及と社会福祉施設の社会化への要請（1970～80年代），在宅サービスへの取り組みの普遍化（1990年代～），地域密着型サービスの推進，障害者施設等入所者の地域移行推進，児童虐待防止や子育て支援（2000年代～），地域包括ケアの本格的な展開と生活困窮者支援（2010年代～）等，福祉課題の変化や政策展開の中で，社会福祉施設に対してはますます脱施設的な取り組み，地域福祉的な働きが求められるようになってきていることを理解させる。
・こうした動きは，政策サイドから取り組まれただけではなく，当事者運動や，グループホーム・小規模デイ，共生型施設など，脱施設化に向けた現場の創意工夫も施設機能の変化を進める力となってきたことを理解させる。
　②社会福祉法人に対する批判
・社会福祉施設（その経営主体である社会福祉法人）に対しては，2000年以降，介護・保育分野におけるイコールフッティング論（社会福祉法人と民間企業との競争条件を同じにすべきという議論），内部留保への批判など，さまざまな批判が

されている。これを受けて，社会福祉法人は地域における公益的な取り組みをより意識して行うようになってきている。さらには，今後，社会福祉法人による公益的な活動を強化する法人制度改革が検討されている。社会福祉法人が制度的な面からも，地域の福祉ニーズに一層積極的に対応することが求められていることを理解させる。

③社会福祉施設による地域との連携・協働の実際とその意義

・社会福祉施設が地域と連携・協働して行う活動・事業の実例を提示し，利用者の生活支援・交流・社会参加，住民の福祉教育，ボランティア活動の拠点，制度外のニーズに応えた独自サービスへの取り組みなど，幅広い活動の可能性を考えさせる。

・社会福祉施設は，拠点，専門職等，ボランタリーな活動主体にはない資源をもっている。これが施設利用者以外にも開かれることで，地域福祉に大きな効果を発揮することを理解させる。

## 5 授業で理解させる基礎的な知識

☐ 社会福祉施設に求められる事業・機能の変遷の歴史（前述）

☐ 社会福祉施設の概要（他科目で既習であることが前提）

　主要な施設の事業内容，経営主体（社会福祉法人，NPO，株式会社等）等。

☐ 社会福祉法人制度（他科目で既習であることが前提）

　事業の構造（社会福祉事業と公益事業），税制優遇（営利法人との違い。本来事業に対する原則非課税，介護サービスに対する非課税，固定資産税非課税等）。

☐ イコールフッティング論の概念と論点（前述）

## Ⓑ 教授方法

### 1 授業指導案の準備

◆ 教員としての事前の教材開発

・社会福祉施設，社会福祉法人の役割・機能をめぐり，特に地域福祉に関係する議論，政策の展開を把握する。

・社会福祉施設によるさまざまな地域活動の事例を把握する。また，社会福祉施設による地域活動の実例を理解させるため，記事（福祉関係雑誌・情報誌，報告書等）や視聴覚教材を用意する。

◆ 学生たちへの予習課題

・身近な社会福祉施設を探してみる。
・社会福祉施設でのボランティア経験等がある場合は，社会福祉施設が地域と関わることで，利用者，施設，地域にどんな意義があるかを考えてくる。
◆ アクティブラーニング
・学生に社会福祉施設による地域福祉に関する活動の具体例を列挙させ，利用者，施設，地域にとっての意義を問いかける。
・地域のさまざまな福祉ニーズを考えさせ，社会福祉施設が地域福祉の資源・拠点として地域とともにどのような活動ができるか考えさせる。
◆ 学生たちへの事後課題，あるいは学習を深めるために促すこと
・積極的に地域との交流，地域と連携した事業展開を行っている社会福祉施設の職員に，地域と関わることの意義等について，インタビューさせる。

## 2 授業者の自己評価の視点

豊富な事例により学生に地域福祉資源としての社会福祉施設の多様な活動の可能性を考えさせることができたか。

## 3-1 他の項目との関連

地域のくらしの構造（01） 福祉教育（15） 社会的孤立と生活困窮（16） 地域再生（中山間地域）（17） 防災・減災（18） 社会資源開発／ソーシャルアクション（30）

## 3-2 他の科目との関連

・福祉サービスの組織と経営 ・高齢者に対する支援と介護保険制度 ・障害者に対する支援と障害者自立支援制度 ・児童や家庭に対する支援と児童・家庭福祉制度 ・低所得者に対する支援と生活保護制度

## 4 読ませたい基本文献

○岡本榮一監修『なぎさの福祉コミュニティを拓く』大学教育出版，2013年
○社会保障審議会福祉部会「社会福祉法人制度改革について」2015年
○全国社会福祉協議会「全社協 福祉ビジョン2011 実践事例集」2013年
〈視聴覚教材〉
○JUNTOS（CLC），月刊福祉（全国社会福祉協議会）などから探すこと。

## Ⓒ 展　　開

### 1　本授業のねらい
　社会福祉施設の運営における地域との連携・協働の意義と，社会福祉施設を地域福祉の資源・拠点として位置づけていくことの大切さを理解させる。

### 2　授業の展開

〈導入〉──────────────────────────〈15分〉
・授業のねらい等の説明。
・学生に社会福祉施設による地域福祉に関する活動の具体例を列挙させる。
・列挙された活動を取り上げ，利用者，施設，地域にとっての意義を問いかける。

〈展開〉──────────────────────────〈70分〉
(1) 社会福祉施設による地域福祉実践の事例の紹介　　　　　　　（15分）
・社会福祉施設が地域と連携・協働して行う活動・事業の実例を説明し，幅広い活動の可能性を提示する。
・取り上げる施設の種別に偏りがないよう留意する。
(2) 社会福祉施設による地域福祉実践に関する背景　　　　　　　（30分）
・福祉課題の変化や政策展開の中で，社会福祉施設に対しては脱施設的な取り組み，地域福祉的な働きが求められるようになってきている背景や趨勢を説明する。
・イコールフッティング論や内部留保など社会福祉法人に対する批判の論点，今後予定されている社会福祉法人制度改革のポイント等を説明する。
(3) 社会福祉施設による地域福祉実践の検討(個人課題,意見交換,共有)(25分)
・地域のさまざまな福祉ニーズを考えさせ，社会福祉施設が地域福祉の資源・拠点として地域とともにどのような活動ができるか考えさせる。
・小グループ等で意見交換するとともに，全体でアイディアを共有する。

〈まとめ〉─────────────────────────〈5分〉
・社会福祉施設のもつ拠点，専門職等が，地域福祉に大きな効果を発揮することを確認する。
・生活困窮者の生活支援や就労支援，制度の狭間の問題への対応，地域再生，

防災・減災など，今日的な社会課題の解決においても，社会福祉施設が地域福祉の資源となりうることを確認する。
・発展的な学習に向けた課題や資料を提示する。

### 3 到達度評価
・社会福祉施設が地域と連携・協働する必要性について，多角的（利用者の生活支援・社会参加，差別・偏見・排除への対処，制度・政策上の要請等）に説明できる。
・社会福祉施設による地域との連携・協働の活動や事業の典型例を列挙できる。
・社会福祉施設と地域との連携・協働が求められる背景について，主なできごと，政策などを挙げながら概説できる。

(諏訪)

# 13 協同組合と社会的企業

## Ⓐ 教授内容

### 1 目標

　福祉の多元化が進む社会における地域福祉の推進主体としての企業・協同組合・社会的企業の役割を理解させる。ボランティアやNPOの項目（10）とも関連させながら，民間組織の先駆的・先進的なニーズ発見機能や先駆的・開拓的なサービス提供の役割など，民間組織の位置づけや役割について伝えるとともに，地域福祉を推進するために社会福祉士としてどのように連携していくかを理解させる。また，地域福祉において，「暮らし」と「労働」を一体的にとらえる視点が必要になっていること，すなわち，地域経済へのアプローチを視野に入れ，雇用創出といった地域再生やまちづくりとともに地域福祉を進めていく必要があることを理解させる。

### 2 教授上の基本的な視点

・企業・協同組合・社会的企業などの地域福祉における位置づけについて，ボランティアやNPOの項目とも関連させ，俯瞰的に理解させる。特に法人格では区別できない場合もあるため，切り離さず教授するほうが効果的である。
・社会的企業はまだ明確な定義が定まっていない概念であることから，先行研究等を踏まえて概念を整理して提示する必要がある。特に，「社会」に焦点を当てるか，「企業」に焦点を当てるかで強調点が異なってくる。
・社会起業家個人に焦点を当てるのではなく，地域福祉の視点からそれ以外の要素（社会的・制度的基盤など）にも焦点を当てる必要がある。
・企業の社会的責任や地域に根ざした介護保険等の事業所，あるいは地域の商店など，企業についてはさまざまな論点がありうる。
・具体的な地域福祉における活動事例を紹介し，実態としてどのような分野で，どのような活動を行っているのかをリアリティをもって伝える。

### 3 今日的な論点

・社会的企業をどのようにとらえるのかについては，アメリカ型の企業と

NPOのハイブリッド型組織としてとらえる見方と，EU型の協同組合とNPOのハイブリッド型組織としてとらえる見方が混在している。両者は市場性と社会性のどちらを重視するかという違いともいえる。
・社会的企業や協同組合は，事業化傾向を強めたり行政からの委託を増加させたりしているが，このことは本来のミッションをゆがめる可能性がある。
・社会的排除，限界集落や都市の無縁社会への関心の高まり，介護保険での予防給付の地域支援事業への移管といった背景の中で，企業・協同組合・社会的企業の役割への期待が高まっている。

## 4　教えるべき内容

①協同組合・社会的企業の概念

協同組合や，新しく用いられるようになった社会的企業を含めた企業の概念を明確にするとともに，「ビジネス」という手法によって社会問題を解決することについて考えさせる。

②背景と歴史

ボランティア・NPOの項目と関連づけながら，協同組合や社会的企業に共通する背景と歴史を概観する。また，社会福祉における企業の台頭や企業の社会的責任が問われるようになっている歴史や背景を理解させる。

③福祉社会の中での企業・協同組合・社会的企業の位置づけ

協同組合や社会的企業，企業の地域福祉における位置づけを俯瞰的に理解させる（たとえば，ペストフの「福祉トライアングルモデル」などを用いる）。

④企業・協同組合と地域福祉

地域福祉の観点から，事例なども活用して企業・協同組合・社会的企業の役割を理解させる。必要に応じて地域の商店の役割などについても触れる。

⑤企業・協同組合の課題

それぞれの課題や，社会的企業が活動するための条件などを，ボランティアやNPOの項目とも関連させながら理解させる。

## 5　授業で理解させる基礎的な知識

□　（ボランティア・NPOの項目との関連を意識することを前提に）社会的企業

社会的企業という概念自体が明確に定まっておらず，コミュニティビジネスのような類似の概念もあるため，ボランティアやNPOを含め，こうした類似

する概念を整理しながら提示することが必要である。
□ 企業の社会的責任（CSR）
　企業内ボランティアセンターやマッチングギフトの取り組み，社会福祉協議会による社会貢献に取り組む企業のネットワークづくりなどの事例を示すことも考えられる。
□ 協同組合
　協同組合の役割や意義は，掘り下げれば1コマでは到底教授できないが，可能であれば，単にサービスや支援を提供する主体としてだけでなく，その運動の起源や思想についても伝えることで地域福祉における役割が明確になると思われる。

## Ⓑ　教 授 方 法

### 1　授業指導案の準備
◆　教員としての事前の教材開発
・社会的企業については，突出した「カリスマ」の活動に焦点を当てるだけでなく，そうした活動の地域福祉へのインパクト（住民や当事者の参加，福祉コミュニティの形成，社会的排除への取り組み）とバランスよく教授できるような事例を選定する必要がある。
・企業の社会的責任や協働組合についても同様に，突出した事例だけでなく，地域福祉における意義を教授できるような事例を準備することが重要である。
・「地域の中にニーズはあるが，解決策が見当たらない」という状況に社会的企業などがどのように対応しているかという新聞記事や雑誌記事が本講義では有効である。
・地域福祉論の観点からは，起業家個人に焦点を当てている書籍よりは，神野直彦・牧里毎治『社会起業入門――社会を変えるという仕事』（ミネルヴァ書房，2012年）といった地域社会における役割を論じたものがふさわしいと考えられる。事後学習などで，『人生，ここにあり』（新日本映画社）などの映画を紹介するのもよいと思われる。
◆　学生たちへの予習課題
・社会的企業の取り組み事例について新聞記事を調べる。年度別のヒット件数から，近年注目されるようになった概念であることを理解させることもできる。
◆　アクティブラーニング

・学生の興味関心を高めるという意味では，先に示したような「地域の中にニーズはあるが，解決策が見当たらない」という問題を各自調べたり，教員が具体的に示し，それを解決するためにどのような取り組みが必要か，またそれはどういった主体によって取り組まれることが有効なのかといったことを小グループでディスカッションすることなどが考えられる。
◆ 学生たちへの事後課題，あるいは学習を深めるために促すこと
・授業中に示した「充足されていないニーズ」以外で地域の中に同じような課題がないか考えさせる。

## 2 授業者の自己評価の視点

社会の中には充足されないニーズがあること，それを「ビジネスの手法」で解決しようとする組織が社会的企業であることを学生が説明できるかどうか。「充足されていないニーズ」の存在と解決策を自分の言葉で説明できるかどうか。

## 3-1 他の項目との関連

ボランティア・NPO（10）　　社会福祉協議会（11）　　社会福祉施設（12）
財源と中間支援（21）　　社会資源開発／ソーシャルアクション（30）

## 3-2 他の科目との関連

・福祉サービスの組織と経営

## 4 読ませたい基本文献

○牧里毎治監修／川村暁雄・川本健太郎・柴田学・武田丈『これからの社会的企業に求められるものは何か――カリスマからパートナーシップへ』ミネルヴァ書房，2015年
○藤井敦史・原田晃樹・大高研道編『闘う社会的企業』勁草書房，2013年
○全労済協会監修／中川雄一郎・杉本貴志編『協同組合を学ぶ』日本経済評論社，2012年

## Ⓒ 展　　開

### 1　本授業のねらい
①政府や市場で解決できない社会問題の存在を理解し，協同組合や社会的企業がどのような背景から生まれてくるかを理解する。
②社会的企業・協同組合の概念と地域福祉におけるそれぞれの位置づけを理解する。
③企業・協同組合・社会的企業のそれぞれが地域福祉の推進において実際に果たしている役割を理解する。
④企業・協同組合・社会的企業の地域福祉推進における課題をボランティアやNPOの項目とも関連させながら理解する。

### 2　授業の展開
〈導入〉──────────────────────────〈15分〉
(1) なぜ，協同組合や社会的企業が注目されているのか？
・生活を支える社会資源として，市場（営利企業），政府，コミュニティ，家族などの役割や原則をそれぞれ説明したうえで，こうした資源によっては解決できない問題があることを説明する。
・具体例として，たとえば，「在留外国人の未就学児問題」や「病児保育」，「ホームレス支援」などの新聞記事を用いて，このことを説明する（学生数に応じて，学生に事前課題の新聞記事をいくつか挙げさせる）。
・こうした社会問題を解決する手段の1つとして，ビジネスの手法を用いることが注目されていることを説明する。

〈展開〉──────────────────────────〈60分〉
(2) 企業・協同組合・社会的企業の社会的責任の概念と位置づけ
・まず，NPOも含めた民間の法人制度を復習しながら，協同組合・社会的企業・企業の概念と地域福祉における位置づけをペストフの福祉トライアングル図などを用いて明確にする。必要に応じてアメリカ的な社会的企業とヨーロッパ的な社会的企業との力点の違いを説明する。
(3) 企業・協同組合・社会的企業の地域福祉における役割の実際
・地域福祉における実際の活動例を紹介する。具体的には，地域における新たな支え合いを創り出している事例や社会的排除などの問題に取り組む協同組合

や社会的企業の事例を紹介し，地域福祉の推進における役割を説明する。
・企業の社会的責任および地域福祉における企業の役割について，利害関係者の1つとして地域社会においてどのような貢献を行っているか，事例をもとに説明する（たとえば，見守り活動に参加する取り組みや中間就労など）。
(4) 企業・協同組合・社会的企業の地域福祉の視点から見た課題
・事業化志向を強めると営利企業との境界があいまいになり，行政からの委託事業が増加すると下請け化が進むというジレンマの中で，協同組合や社会的企業が地域課題に応えるためのマネジメントとその課題，支援のあり方について説明する（必要に応じて日本および海外の事例，たとえば，EMESグループの研究成果などを踏まえて説明する）。

〈まとめ〉───────────────────────〈15分〉
(5) 地域福祉の推進主体としての企業・協同組合・社会的企業
・社会的企業が，現行の仕組みでは対応できない生活課題や地域社会再生に（すなわち地域福祉の推進に）他の地域福祉の推進主体と協働で取り組んでいくことが，地域福祉の推進にとっては重要であることを説明する。

## 3 到達度評価

・政府や市場で解決できない社会問題の存在を具体的に説明し，社会的企業の存在理由を説明できる。
・企業・協同組合・社会的企業の社会的責任の概念をその他の地域福祉の推進主体との関係の中で説明できる。
・地域福祉の推進主体としての企業・協同組合・社会的企業が実際に地域社会で果たしている役割について具体例を挙げて説明できる。
・企業・協同組合・社会的企業がそれぞれ地域福祉の推進主体として役割を果たしていくうえでの課題を説明できる。

（永田）

# 14 基礎自治体

## Ⓐ 教授内容

### 1 目標
　ここでは，地域福祉推進における基礎自治体の役割と意義について学習する。社会福祉法成立以後の地方自治体の役割に関して，特に地域福祉を推進する中核である基礎自治体に焦点化する。地域福祉計画や分野別計画の策定などの福祉行政の計画化，地域内分権をも視野に入れた地域包括ケア（トータルケア）システムの構築，総合相談体制の確立，コミュニティソーシャルワーク実践者の養成・配置，地域福祉計画における住民参加の環境づくり，行政と住民とのパートナーシップの推進等を通して，地域福祉推進において基礎自治体が果たす役割が重要であることを理解させることを目的とする。

### 2 教授上の基本的な視点
・歴史的に社会福祉協議会が地域福祉推進に重要な役割を果たしてきたことを踏まえつつ，今日においては地域福祉計画の策定等，地域福祉推進において基礎自治体の責任と役割は大きなものであることを理解させる。
・地方分権が進む中で，福祉に関する権限の多くが基礎自治体にあることを理解させ，地域特性を踏まえて身近な市町村で地域福祉を推進することの重要性を伝える。
・総合相談体制の確立や個人情報の活用等は，自治体でなければ体制整備が難しい内容であることを理解させ，基礎自治体が積極的に地域福祉推進に取り組む重要性を理解させる。
・施設現場で働く志向の強い学生は，行政への関心が低い者が多い。社会福祉現場で働く者は，基礎自治体との関わりなくしてその役割を果たすことは難しいことを伝え，基礎自治体について学ぶことの重要性を理解させる。

### 3 今日的な論点
・地域包括ケアシステムの構築や生活困窮者自立支援における総合相談体制の確立等，地域福祉推進において基礎自治体に求められる役割はますます重要と

なっている。
・基礎自治体における地域福祉計画等の計画化の進展，まちづくりの視点を踏まえた自治体内の横断的な庁内体制づくり，行政権限の地域内分権化等，地域住民の身近なところでの相談体制の構築や住民参加が進むための条例化などのシステムづくり等が求められている。
・社会福祉法人の指導監督，事業所の認可等，これまで都道府県の役割であったものの多くについて，地方分権が進む中で基礎自治体へその権限が移行している。また，総合相談を実施するための専門性の確保も課題となっている。これらを適切に実施するためには，基礎自治体において社会福祉士等の有資格者を採用し，地域福祉の視点を有する人材配置を行うことが必要となってきている。

## 4 教えるべき内容

### ①基礎自治体への行政権限の移行

福祉三法体制および福祉六法体制のもとで中央集権的に福祉を推進していた時代の機関委任事務から団体委任事務への移行期にある基礎自治体の役割を理解させるとともに，地方分権改革における法定受託事務，自治事務への移行を学び，地域福祉推進における基礎自治体の役割の拡大について理解させる。

### ②基礎自治体の計画策定の役割

1990年の社会福祉関係八法改正において，市町村老人保健福祉計画の策定義務化が行われ，基礎自治体の役割拡大と分野別計画策定による福祉行政の計画化がなされたことを理解させる。また，社会福祉基礎構造改革による地域福祉の推進および地域福祉計画の法定化を学び，基礎自治体における計画策定の役割が拡大してきたことを理解させる。

### ③総合相談体制や地域包括ケアシステム等のシステムづくり

地域特性を踏まえた基礎自治体における地域福祉の推進が重視される中で，地域福祉計画等の策定とあわせて，生活困窮者自立支援を踏まえた総合相談体制や地域内分権も含めた地域包括ケアシステムの構築，権利擁護体制の構築，個人情報の活用等，地域福祉のシステムづくりが基礎自治体の重要な役割であることを理解させる。

### ④地域福祉の視点を有する人材の配置と横断的な庁内体制の構築

基礎自治体において，総合相談体制の確立，地域福祉計画の策定，住民参加

による住民と行政のパートナーシップの構築等が求められる中で，役所内の縦割りを乗り越えるために横断的な庁内体制を構築することが必要であることを理解させる。また，そのためには地域福祉の視点を有する社会福祉士等の有資格者を配置するとともに，制度の狭間の問題に取り組むためにも，社協等の関連団体におけるコミュニティソーシャルワークを実践する人材の配置について重視する視点が必要であることを理解させる。

## 5　授業で理解させる基礎的な知識
☐　地方分権改革による基礎自治体の権限強化
☐　地域福祉計画等の計画策定の役割
☐　基礎自治体の責任に基づくシステムづくり

　総合相談体制の確立，地域包括ケアシステムの構築，生活困窮者自立支援，権利擁護体制，個人情報の活用，横断的な庁内体制の確立，住民参加のシステムづくり等。

# Ⓑ　教授方法

## 1　授業指導案の準備
◆　教員としての事前の教材開発

　今日的な基礎自治体の実践の事例について，『月刊福祉』（全国社会福祉協議会），『生活と福祉』（全国社会福祉協議会出版部），『介護保険情報』（社会保険研究所）などから最新の情報を得ておく。

　基礎自治体に関する諸概念や研究動向について，『日本の地域福祉』（日本地域福祉学会），『地域福祉研究』（日本生命済生会）などで確認をしておく。

◆　学生たちへの予習課題

　学生自身が住んでいる市役所等の福祉窓口に行ったことがあるかをふりかえる。市役所等の自治体の福祉窓口に行ったことがない学生は，どのような時に住民は市役所の福祉窓口に行くのかについて考えを整理しておく。

◆　アクティブラーニング

　「基礎自治体の福祉課へ住民が相談に行くというのは，どのような時でしょうか。予想できるものを列挙してみましょう。そのうえで，住民は基礎自治体に何を求めているのか考えてみましょう。」

◆　学生たちへの事後学習，あるいは学習を深めるために促すこと

基礎自治体は，住民に対してどのような役割を果たしているのか。また，福祉施設や他の相談機関とはどのようなつながりをもっているのかふりかえる。そのうえで，将来ソーシャルワーカーとして基礎自治体で働く公務員とどのように自分は関わりをもつのか。あるいは，自分が基礎自治体のソーシャルワーカーとして，住民や福祉施設，社会福祉協議会などとどのように連携していくのか，今後の職業選択との関係で考え，職業意識を高める。

## 2 授業者の自己評価の視点

地域福祉推進には，基礎自治体の役割が不可欠であることを学生が理解できたかどうかがポイントである。社会福祉協議会の役割は地域福祉において重要であることは指摘するまでもないが，基礎自治体の役割を学生に適切に伝えることは，今日の地域福祉の展開において欠かせない点であることに授業者は留意する必要がある。

## 3-1 他の項目との関連

地域福祉の歴史Ⅰ・Ⅱ（05・06）　社会福祉協議会（11）　今日的な地域問題への取り組み（16～18）　地域包括ケアシステム（19）　総合相談と権利擁護（20）　地域福祉計画（22）

## 3-2 他の科目との関連

・福祉行財政と福祉計画　・低所得者に対する支援と生活保護制度　・高齢者に対する支援と介護保険制度　・障害者に対する支援と障害者自立支援制度　・児童や家庭に対する支援と児童・家庭福祉制度　・現代社会と福祉　・社会保障　・社会調査の基礎　・権利擁護と成年後見制度　・福祉サービスの組織と経営

## 4 読ませたい基本文献

○増田寛也編『地方消滅──東京一極集中が招く人口急減』中央公論新社，2014年
○日本地域福祉研究所監修／中島修・菱沼幹男編『コミュニティソーシャルワークの理論と実践』中央法規出版，2015年

## Ⓒ 展　開

### 1　本授業のねらい
①基礎自治体には住民参加によって地域福祉計画等の計画策定を行う責任と役割があることを理解する。
②計画には，自治体に求められる総合相談体制や地域包括ケアシステム等のシステムづくりを盛り込むことが求められており，多くの関係者の参加を得て基礎自治体が計画としてまとめていくことの重要性を理解する。
③効果的な計画策定と実施を進めていくためには，基礎自治体の中での横断的な庁内体制づくりが必要であることを理解する。

### 2　授業の展開

〈導入〉――――――――――――――――――――――――〈10分〉
(1) なぜ基礎自治体について学ぶ必要があるのか
　地域福祉の推進には，改めて地域特性を踏まえた取り組みが必要であることを説明する。そのうえで，地域住民の身近な市区町村である基礎自治体において計画等を策定して進めていくことが重要であり，社会福祉に従事する者すべてが基礎自治体について理解する学びが必要であることを問題提起する。

〈展開〉――――――――――――――――――――――――〈70分〉
(2) 基礎自治体における計画策定の歴史的経緯の確認　　　　（20分）
　1990年の社会福祉関係八法改正により，全市区町村において市町村老人保健福祉計画の策定が義務化されたことを振り返る。この計画策定により，基礎自治体における地域特性を踏まえた計画策定が始まり，地域福祉の必要性が認識され始めたことを説明する。そのうえで，社会福祉基礎構造改革における地域福祉の推進について改めて触れ，社会福祉法第4条の地域福祉の推進，第6条の国・地方自治体の役割，第107条・第108条の地域福祉計画が社会福祉法に法定化されたことを説明する。
(3) 地域福祉計画等に盛り込むべき今日的課題の理解　　　　（20分）
　基礎自治体における地域福祉計画を取り上げ，「これからの地域福祉のあり方に関する検討会報告書」を踏まえた制度の狭間の問題と地域福祉の必要性，地域包括ケア，生活困窮者自立支援，個人情報の活用等に触れながら，基礎自治体の役割を伝える。

(4) 地域福祉計画策定事例による解説　　　　　　　　　〈30分〉
　地域福祉計画策定の先進地域の視聴覚教材や地域福祉計画のイメージ図等を活用して，事例を通して総合相談体制の確立，地域内分権を含めた地域包括ケアシステムの構築，権利擁護体制の確立，個人情報の活用等基礎自治体におけるシステムづくりの取り組みを学ぶ。また，住民参加のシステムづくりについて重点的に説明し，行政のみで計画策定をしているのではなく，社会福祉施設や民生委員・児童委員等多くの関係者が参加をして計画策定を行い，その計画を実施し進行管理していることを学ぶ。その際に，横断的な庁内体制を構築する重要性についても説明する。

〈まとめ〉――――――――――――――――――――――――〈10分〉
　基礎自治体は，地域福祉推進の中核であることを伝え，誰もが役割を担う視点から住民と行政とのパートナーシップが重要であることを説明する。また，行政と社会福祉協議会とが連携して，車の両輪のように地域福祉を推進していくことを説明する。

## 3　到達度評価
・住民に身近な基礎自治体において，地域福祉が推進されていることを理解し，説明できる。
・基礎自治体は，地域福祉推進において積極的に重要な役割を果たすことが求められていることが理解でき，説明できる。
・基礎自治体は，計画策定等を通して地域福祉のシステムづくりを行っていることを理解し，説明できる。

（中島）

# 3 地域福祉の実践

　地域福祉の授業においては，実践活動の理解が肝要である。社協をはじめ，自治会・町内会，地域住民，NPO，ボランティア，企業など，さまざまな主体の実践活動は，当事者，地域住民の思いや願いに加え，さまざまな制度・政策，専門職の果たす機能があわさって目に見える形となって出現した実体である。

　本節では，その中でも「福祉教育」「今日的な地域問題への取り組み：社会的孤立と生活困窮，地域再生（中山間地域），防災・減災」「地域包括ケアシステム」「総合相談と権利擁護」「財源と中間支援」「地域福祉計画」「海外事例との比較」の項目を取り上げることにした。

　「福祉教育」を実践の基盤づくりとしながら，「地域包括ケアシステム」や「総合相談と権利擁護」などが，各地であるいは海外においてどのように展開されているのかを，ここでの授業展開事例を参考に進められたい。

　「今日的な地域問題への取り組み」は，現時点では，社会的孤立と生活困窮への対応，中山間地域における地域再生の取り組み，東日本大震災を契機とする防災・減災への意識啓発と地域づくりが，最も対応が急務な課題となっている。ただし，時代によって，あるいは地域によっても「今日的な地域問題」は異なってくるだろう。この点については，変化していくものであるとの認識をしておく必要がある。

　この地域福祉の実践を学生に伝える際には，次の2点に留意したい。

1つは，ともすれば，授業においては，活動の「見える」側面だけを教えがちになることだ。たとえば，「地域包括ケアシステム」では，一例として町内会・自治会で住民がサロン活動を実施している様子を紹介することがあるだろう。表から見えている部分は，住民の主体的活動の実態であるが，専門的視点から見るとそれだけでは不十分である。そこに至るまでに，どのような活動がなされたかを伝えなければならない。サロン活動の必要性の動機づけ，住民がサロンを開始するまでの準備，継続していくための相談や具体的援助など，コミュニティ・ソーシャルワーカーの「見えない」実践として，どのようなことが，どのように行われているのかに焦点をあてて教える必要がある。視聴覚教材では，通常，活動の「見える」場面だけを映しがちになっているため，指導の際には考慮していく必要がある。

　2つ目は，いかにリアリティをもって伝えられるかという点である。多くの学生は地域との関係が希薄で，地域活動を体験したことがほとんどない。また，自らが住む地域にどのような問題があるのかということにも，多くの場合目を向けていない。「財源と中間支援」や「地域福祉計画」などについては，自分とは関係のない出来事として，テキストを通して文字情報のみの理解にとどまることもある。「なぜ，こうした活動を地域において，地域住民と専門機関が協働して行っていくことが大切なのか」を，自分自身の問題として引き寄せて考えさせる授業を展開することが求められる。　　　（山本）

# 15 福祉教育

## Ⓐ 教授内容

### 1 目 標

　地域福祉を推進していくうえでは，その推進主体の形成が必要である。福祉教育は生涯学習の視点から，さまざまなライフステージで実践されることが重要である。

　推進主体を形成するとは，福祉意識の啓発から始まり，自らの当事者性を高めたり，地域の福祉課題の発見，共有，課題解決に向けた取り組みを行うといった一連の学びの過程である。

　地域福祉の固有性の1つとして「住民主体」が重視されるが，地域住民1人ひとりのエンパワメント（生きる力）を高め，その結果がコミュニティそのもののエンパワメントにつながっていくための主体形成の方法として福祉教育がある。

### 2 教授上の基本的な視点

・「教育」という営みによって，人は成長する・変化するという可能性があることが前提である。人々の興味や関心に委ねて，学びたいことを学ぶだけでは，はじめから社会福祉に関心をもつ人だけを対象にしてしまう。福祉への無関心，あるいは差別や偏見，社会的排除という側面に向き合うためには，意図的なカリキュラムや働きかけが必要である。

・しかしながらそれは一方的な価値観を押しつけるということではない。地域福祉が大切にしてきた共生文化（多様性を認め，異質なものを排除しない）や市民社会（ガバナンスと自治）といった価値を踏まえておくことが重要である。

・福祉教育では，それらを「福祉教育原理」というが，何のために福祉教育を行うのかという目的やねらいを実践者が吟味しておかなければならない。そうでないと，「貧困的な福祉観の再生産」につながる危険性もある。

### 3 今日的な論点

・福祉教育を，学校教育のプログラムだけに限定してしまっている傾向がある。

1977年から始まった「学童・生徒のボランティア活動普及事業」は、福祉教育の普及にあたって重要な役割を果たしてきたが、それゆえに福祉教育が学校の中だけで実施されるものというとらえ方が定着してしまった。現在、この国庫補助事業はなくなっており、都道府県社協や市町村社協の単独事業として継続しているところもある。いずれにしても、生涯学習の視点を踏まえ、地域福祉の推進主体の形成として福祉教育をとらえていく必要がある。

・これまでは障害や高齢による日常生活動作の低下を疑似体験する、福祉施設に「慰問」するといったプログラムが普及してきた。これらのプログラムは対象者の能力低下（disability）の部分のみを注視し、結果として対象者の負の側面だけを認識することに陥りがちであった。最近は、ICF（国際生活機能分類）の視点を踏まえた障害理解など新しいプログラムが開発されている。

### 4　教えるべき内容

①福祉教育の概念

福祉教育に関する概念として代表的なものは、大橋謙策による次のような定義である。「憲法で第13条、第25条等に規定された基本的人権を前提にして成り立つ平和と民主主義社会をつくりあげるために、歴史的にも社会的にも疎外されてきた社会福祉問題を素材として学習することであり、それらとの切り結びをとおして社会福祉制度・活動への関心と理解をすすめ、自らの人間形成をはかりつつ、社会福祉サービスを利用している人々を社会から、地域から疎外することなく、共に手をたずさえて豊かにいきていく力、社会福祉問題を解決する実践力を身につけることを目的に行われる意図的な活動である」。

②福祉教育の領域

福祉教育には、「学校を中心とした領域」「地域を基盤とした領域」「専門職養成の領域」といった３つの実践領域がある。ただしそれらはバラバラにあるのではなく、福祉教育原理に基づいて、体系的に位置づけられている。

③福祉教育の評価

自己形成評価として「リフレクション」が重要である。特に、従来の反省・内省だけではなく、省察的・批判的なリフレクションが大切であるといわれる。さらに最近では「創造的リフレクション」という提案・提唱につながる視点も提起されており、いわゆる自らの行為の「ふりかえり」だけとは異なる。そのための方法としてポートフォリオなどが導入されている。

④福祉教育の歴史

　福祉教育は戦後，社会福祉を教えることで新しい社会を形成していこうという意図から始められた。その中で，社会福祉を学ぶこと，あるいはボランティア活動が，子どもたちの成長や健全育成に効果的であるという教育場面を中心にした実践や研究が生まれてきた。もう一方には社協を中心に，地域福祉の推進との関連から展開された実践や研究がある。

⑤福祉教育の実践

　最近の福祉教育実践では新しいプログラム開発がなされている。見えにくい障害や合理的配慮の理解，ICFの視点からの当事者参加，社会的排除や包摂を意図したロールプレイ，世代間交流やまちづくりにつながる学びのプログラム，防災・減災と福祉教育など，工夫されている実践を伝える。

## 5　授業で理解させる基礎的な知識

□　福祉教育事業と福祉教育機能

　福祉教育事業とは，事業計画等に予算や担当等が位置づけられた福祉教育の取り組みである。一方で，さまざまな地域福祉活動や計画策定等の過程の中にある学びを意識化した取り組みを福祉教育機能という。

□　福祉教育とボランティア学習

　社会福祉問題を素材として学ぶことが福祉教育であるのに対して，幅広いボランティア活動を通しての学びをボランティア学習という。

□　ボランティアとコミュニティサービス

　ボランティアでは本人の自由意志が尊重されるが，コミュニティサービス（地域貢献活動）には地域で生活する一員としての義務やノルマがある。

□　サービスラーニング

　地域貢献活動を活用して市民性を育むことを目的にした学習活動。

## Ｂ　教授方法

### 1　授業指導案の準備

◆　教員としての事前の教材開発

　今日的な福祉教育実践の事例について，雑誌『ふくしと教育』（大学図書出版），『月刊福祉』（全国社会福祉協議会）などから最新の情報を得ておく。

　福祉教育に関する諸概念や研究動向について，『新福祉教育ハンドブック』

や『福祉教育・ボランティア学習の新機軸』などで確認をしておく。

◆ 学生たちへの予習課題

　これまでの学校教育で，どのような福祉教育を受けてきたか振り返らせる。授業経験の有無，プログラムの内容，今振り返っての感想などを整理する。

◆ アクティブラーニング

　以下の質問シートに記入させる。「将来，障害者施設の職員になったとします。小学生たちが福祉教育の授業で，施設に来ました。職員として，あなたは『障害』について，子どもたちにどのように伝えますか。」

◆ 学生たちへの事後課題，あるいは学習を深めるために促すこと

　自分たちが受けてきた福祉教育の授業について振り返り，将来ソーシャルワーカーとしてどのような福祉教育を実践してみたいか，プログラムを開発してみる。

## 2　授業者の自己評価の視点

　現在の福祉教育プログラムの課題（「貧困的な福祉観の再生産」など）について，学生が問題意識を有することができたか。それによって，地域福祉を推進していくうえでの福祉教育の必要性や意義について理解させることができたか。さらには，ソーシャルワーカーとしてどのような福祉教育を展開すればよいか具体的なプログラム例を提示できたかどうか。

## 3-1　他の項目との関連

地域福祉の意義と固有性（02）　　小地域福祉活動（08）　　ボランティア・NPO（10）　　社会福祉協議会（11）　　コミュニティワーク（24）

## 3-2　他の科目との関連

・相談援助演習　・現代社会と福祉　・相談援助の基盤と専門職

## 4　読ませたい基本文献

○大橋謙策『地域福祉の展開と福祉教育』全国社会福祉協議会，1986年
○原田正樹『共に生きること　共に学びあうこと』大学図書出版，2012年
○上野谷加代子・原田正樹監修『新福祉教育ハンドブック』全社協，2014年

## Ⓒ 展　開

### 1　本授業のねらい

　地域福祉の推進にあたって福祉教育の必要性を理解し，今日の福祉教育プログラムの課題に気づき，新しいプログラムの可能性について検討する。

### 2　授業の展開

〈導入〉————————————————————————〈15分〉

・大学に入学するまでに福祉教育の授業を受けたことがあるかどうか。受けた学生たちはどんな内容だったか。その印象や気づきについて報告をしてもらう。

・最近の福祉教育の実践例についてスライドを用いて紹介する。

　例：「ICFの視点を用いた福祉教育」

　視覚障害のあるAさんの日常について，子どもたちが本人との交流を通して学び合う。

　　　Aさんは視覚に障害があるが，今は一人暮らしをしている。ホームヘルパーなどのサービスを利用している。趣味は野球観戦で，阪神の大ファン。昼間は作業所で仕事をしている。昨年，貯金を貯めてアメリカへ大リーグの観戦に行ってきた。とても行動的なAさんで何でも1人でできそうであるが，実は「知らないところで困っていたら声をかけてほしい」と話す。

　　　子どもたちはAさんとの交流を通して，自分たちと同じところ，違うところを考える。

　この授業を受けた子どもたちの感想と，従来のアイマスクをして「目が見えない」疑似体験をするような授業の感想との違いについて考えてみる。

〈展開〉————————————————————————〈60分〉

(1) 障害や高齢による日常生活動作の低下を疑似体験するという従来のプログラムの問題点を整理する。疑似体験はICIDHにおける能力低下を強調するものである。結果として「何ができないか」という負の側面を強調して認識させてしまう。それに対して，ICFの視点を導入した場合，生活機能におけるストレングスを意識し，何ができて何ができないかを1人ひとりの違いとして認識できる。　　　　　　　　　　　　　　　　　　　　　　　　　　（10分）

(2) 地域における不便なこと，また偏見や差別，社会的排除について，どうす

れば解消していくことができるかを考える。　　　　　　　（10分）
　→どうしたらバリアフリーが推進されるか，合理的配慮のあり方や課題を話し合う。また地域福祉におけるコンフリクトや福祉意識の「総論賛成・各論反対」といった側面にも言及する。
(3)「住民主体」による地域福祉を推進していくためには，そのための主体形成が必要であり，エンパワメントを促す方法として福祉教育があることを確認する。福祉教育の定義，領域，歴史について整理する。　　　（15分）
(4) 新しい福祉教育プログラムについて事例を紹介する。
　・知的障害や精神障害といった目に見えにくい障害の理解を促す事例
　・防災・減災教育と福祉教育を関連させて展開している事例
　・過疎化が進む地域の中でまちづくりとして多世代交流を行っている事例
　・社会的排除（認知症高齢者の徘徊，ゴミ屋敷，ホームレスなど）をテーマにした福祉教育の事例など
　こうした事例における実践者（ソーシャルワーカー）の意図や工夫などを伝える。　　　　　　　　　　　　　　　　　　　　　　　　　　　（15分）
(5) 福祉教育におけるリフレクションの方法について整理する。　（10分）

〈まとめ〉――――――――――――――――――――――――〈15分〉
「将来，障害者施設の職員になったとします。小学生たちが福祉教育の授業で，施設に来ました。職員として，あなたは『障害』について，子どもたちにどのように伝えますか。」
という質問に対して，学生に配付したプログラムシートを完成させるように指示する。その際に，授業で学んだポイントに留意して，豊かな福祉観を醸成するような内容にするよう促す。

## 3　到達度評価
・地域福祉の推進にとって福祉教育が必要な理由について説明できるか。
・福祉教育のプログラムを実施するにあたっての留意点について理解し，自分が実践する際に注意することができるように意識化できたか。

（原田）

# 16 今日的な地域問題への取り組み：社会的孤立と生活困窮

## Ⓐ 教授内容

### 1 目　標

　現代を代表する社会問題の1つが，孤独死を引き起こす「社会的孤立」である。地域福祉における社協をはじめとした主体の主な活動も，この「社会的孤立」への対応といってよい。「社会的孤立」の要因の1つには，生活困窮が挙げられる。今日でいう生活困窮は，単なる経済的困窮にとどまらず，家族や友人・知人，地域などの人間関係が希薄あるいはほとんどもたない孤立化の側面が大きい。孤立と生活困窮が非常に密接な関係にあるといえよう。

　2015年度から施行された「生活困窮者自立支援制度」においても，生活困窮を「経済的困窮」のみならず「社会的孤立」を含めてとらえている。「社会的孤立」は，話し相手がいないということだけではなく，緊急時にも頼れる人をもたず生存の基盤すらあやうい状態であることを認識させていくことが重要である。しかし，現代社会は「社会的孤立」や「生活困窮」に関して，自己責任であるとの見解をもつ人も決して少数派ではない。「社会的孤立」が何に起因しているのか，どのような生活実態があり，どのようなニーズを抱えているのか，どのような支援が求められているのかを1人ひとりに考えさせていきたい。

### 2　教授上の基本的な視点

・「社会的孤立」状態にある人の実態と，そのニーズについてリアリティをもって考えさせる。
・「社会的孤立」状態にある人への対応として，行政・民間・地域はそれぞれ何ができるのかを考えさせる。
・社会的孤立やその要因ともなる生活困窮が生み出されてくる構造的要因を考察させる。

### 3　今日的な論点

・「社会的孤立」は，必ずしも経済的な生活困窮から生み出されるものではな

い。しかし，経済的困窮が，他者との交流の疎外要因となっていることも事実である。格差が広がる社会において，経済的困窮問題を社会的孤立に結びつけないようにするための新しい対応策が求められている。

・「社会的孤立」の原因の1つは「セルフネグレクト」にある。「セルフネグレクト」は，時に精神的疾患や認知症の結果から起こっているといえ，こうした側面にも目を向けておく必要がある。

・「社会的孤立」をしている人々への対応は，従来から，町内会・自治会などが小地域において取り組んできた。しかし，「社会的孤立」状態にある生活困窮者に対しては十分な対応ができてきたとはいえず，その方法論は今後の課題である。

## 4　教えるべき内容

①「社会的孤立」状態にある人の生活実態とニーズの把握

行政やさまざまな民間機関が行っている実態調査などを活用して，生活実態とニーズを把握し，理解させる。「社会的孤立」にある人は，どのような生活を送っているのか，家族や友人関係はどうか，地域での交流は行われているのかなどの人間関係を把握する。また，孤立した状態にある場合，病気や緊急時にはどのような対応策が考えられているのかなども把握させる。

②社会的孤立状態になった経緯についての考察

社会的孤立状態は一朝一夕につくられたのではなく，多様な要因の結果と考えられる。

本人の生育歴をはじめとしてこれまでの人生をたどり，現在の状態となったことを認識させる。

③行政・民間による支援の現状と課題

社会的孤立状態にある人々に対して，行政・民間（社協，民生委員・児童委員，町内会・自治会，NPO，ボランティア，地域住民など）がどのように対応してきたのか，その現状を認識し，問題点と今後の課題を理解させる。

## 5　授業で理解させる基礎的な知識

☐ 社会的排除

　貧困や社会的つながりの断絶など社会的に不利な状態にあること。

☐ 孤独死防止対策

各自治体などが実施している孤独死を防止する対策。
□ 自治会・町内会などによる見守り対策
　孤立しがちな高齢者等に対する見守りや声かけなどの活動。
□ ふれあい・いきいきサロン事業
　高齢者や子育て世帯のための交流の場。地域住民等によって取り組まれている。

## Ⓑ　教 授 方 法

**1　授業指導案の準備**
◆ 教員としての事前の教材開発
・社会的孤立の実態に関する行政や民間の調査の収集と加工。
・社会的孤立の状態にある人への支援についてのドキュメンタリー番組など視聴覚教材の準備。
◆ 学生たちへの予習課題
・新聞やネット記事，調査報告書などで，社会的孤立状態にある人の実態とニーズを調べてこさせる。
◆ アクティブラーニング
・支援について取り上げた視聴覚教材を用いて，小グループに分かれ，専門機関や地域住民がそれぞれ果たす役割について議論する。
◆ 学生たちへの事後課題，あるいは学習を深めるために促すこと
・社協や自治会・町内会，NPO などによる，社会的孤立に対する取り組みを各自調べてくる。

**2　授業者の自己評価の視点**
・社会的孤立は多様な要因の結果生じるもので，社会的構造の中から生み出されてくるものであることを伝えられたか。
・新聞や雑誌記事，視聴覚教材などを使って，「社会的孤立」状態にある人を取り巻く現実を等身大に伝えられたか。
・「社会的孤立」状態にある人の問題は自己責任として放置できる問題ではなく，社会として地域住民として何ができるかを，学生1人ひとりが考えることができるよう指導できたか。

## 3-1　他の項目との関連

地域のくらしの構造（01）　小地域福祉活動（08）　民生委員・児童委員（09）　ボランティア・NPO（10）　社会福祉協議会（11）　地域包括ケアシステム（19）　総合相談と権利擁護（20）

## 3-2　他の科目との関連

・低所得者に対する支援と生活保護制度　・相談援助の理論と方法　・現代社会と福祉

## 4　読ませたい基本文献

○中沢卓実・淑徳大学孤独死研究会編『団地と孤独死』中央法規出版，2008年

○東洋大学福祉社会開発研究センター編『地域におけるつながり・見守りのかたち――福祉社会の形成に向けて』中央法規出版，2011年

〈視聴覚教材〉

○DVD『サイレント・プア』NHKエンタープライズ，2015年

## Ⓒ 展　　開

### 1　本授業のねらい

①現在，ゴミ屋敷が単なる個人の問題ではなく，社会問題となっていることについて考えさせる。

②ゴミ屋敷などの不適切な状態に陥るのは，多くの場合，「社会的孤立」の結果であることを理解させる。

③「社会的孤立」状態にある人の多くが，経済的な困窮や精神的な問題を抱えており，それらに対する対応策が必要であることを理解させる。

④「社会的孤立」に対しては，行政のみならず，社協などの民間組織のほか，地域住民も協力していくことが重要であることを理解させる。

### 2　授業の展開

〈導入〉──────────────────────────〈15分〉

視聴覚教材『豊中市　福祉ゴミ処理プロジェクト』を視聴する。社会的孤立の結果，ゴミ屋敷になってしまった人のケースと，それに対して専門機関と住民が連携して問題解決にあたっている実例を見る。

〈展開〉──────────────────────────〈70分〉

　　　　　　　　　　　　　　　　　　　　　　　　（1～6　50分）

(1) なぜ，事例の人々はゴミ屋敷になってしまったのか，その原因についてグループで議論させる。

(2) 事前学習してきた「社会的孤立にある人の生活実態とニーズ」と，今回の事例に共通する要素があるかについても考えさせる。

(3) 豊中市の「福祉ゴミ処理プロジェクト」には，どのような機関が関わっていたか，各機関がどのような役割を果たしていたかについて伝える。

(4) 関わっていた住民の役割について考えさせる。

(5) 住民がなぜこうした活動に関与するのか，どのような気持ちで参加しているのかについても考えさせる。

(6) ボランティアの養成に関して，豊中市社会福祉協議会がどのような活動を行ってきたのかについて考える。

(7) 各グループから，話し合いの内容を報告させる。　　　　　　（20分）

〈まとめ〉─────────────────────〈5分〉
　社会的孤立状態にある人の実態とニーズ，これからの支援のあり方について理解することができたかを，いま一度，全員で確認する。

## 3　到達度評価
・「社会的孤立」の結果，さまざまな生活問題が起きてくることが理解できた。
・「社会的孤立」は，経済的困窮を基盤として多様な要因が絡んでいることを理解できた。
・「社会的孤立」に対しては，行政や民間の専門機関のほか，地域住民などの多くの支援が必要であることを理解できた。

(山本)

# 17 今日的な地域問題への取り組み：地域再生（中山間地域）

## Ⓐ 教授内容

### 1 目　標
・今日的な地域問題の1つは，地域経済・社会の衰退であり，その結果としての人口の減少である。地域福祉はこの問題解決に無関心ではいられないし，特に中山間地域においては，福祉課題と地域課題が相互に絡み合って生じていることから，地域福祉においても地域再生の取り組みが求められる。当然，地域再生を目指す地域振興においても，地域福祉との連携が必要となっている。
・今後の地域福祉のあり方として，こうした地域問題の解決，地域再生への貢献を積極的に進めるための，新たな地域福祉実践，さらには政策を打ち出すことが重要になっている。そのための取り組みのヒントを，どのような実践の中に，またどのような政策の中に見出すことができるのか，先行する実践や政策の事例をもとに地域福祉の新たな役割を展望する。

### 2　教授上の基本的な視点
・地域再生＝地域福祉ということはできない。一般的には地域再生＞地域福祉という関係のもとに，地域福祉の役割を理解させる。
・地域再生への地域福祉の貢献については新たな課題であり，また地域振興との連携が必要となっていることもあって，市町村をバックアップする都道府県の役割が大きくなっている。この点を踏まえた実践や事例についても教材として取り入れる必要がある。

### 3　今日的な論点
・高度成長期における過疎や挙家離村などの現象が近年さらに進行し，集落や自治体そのものの維持が問題となっている現実がある。その中で，「限界集落」や「消滅自治体」といったような衝撃的な用語に注目が集まっている。そのような用語が先行した現実理解に注意を払いながら現実を知る。
・リアリティある地域福祉の実践や政策を出発にして，いいかえれば地域住民が主体的に自分たちの地域の将来をどうしていきたいのか，そのための自分た

ちの自治的な取り組みとはどのようなものなのか，現実的な取り組みを理解しながら，問題の解決を考えるという地域福祉の発想法を学習上重視する。
・「まち・ひと・しごと創生総合戦略」(2014年。2015年改定) への理解を深めるとともに，その中で中山間地対策として導入されている「小さな拠点」(多世代交流・多機能型拠点) に着目する。
・中山間地域の問題だけではなく，地方都市で進むシャッター商店街の問題も事例として紹介し，いわゆる「都心過疎問題」を理解させることも求められる。

## 4 教えるべき内容

①地域の衰退のメカニズム

中山間地域を抱える地域の衰退のメカニズムを，中身の「人」の減少と容器としての生活インフラを含む「集落機能」の衰退との悪循環として理解させる。この理解を通して，集落が消滅しないための支援策が成立する意味を認識させる。

②地域福祉の固有の役割

地域再生のための幅広い実践や政策を教えるとともに，その中での地域福祉の固有の役割を展望するための示唆を与える。たとえば，先の「集落機能」の強化については，中山間地域では小地域福祉に代替する概念として「集落福祉」が成立しうる。小地域福祉活動を理解するうえで，都市と農村との違いを意識させる。

③地域福祉と地域振興との融合

地域再生は福祉行政ではなく，地域振興などの行政分野が担ってきた政策課題であり，従来の福祉行政と地域振興行政との間に，地域福祉の分野が位置し，地域振興との融合を目指す役割をもつことを理解させる。中山間地域を抱える都道府県，たとえば，高知県や島根県・熊本県などの地域福祉政策の動向を見ると，地域福祉の新たな役割が模索されており，特に高知県において，それらの融合が進んでいる。

## 5 授業で理解させる基礎的な知識

□ 限界集落

65歳以上の高齢者が集落人口の50％を超え，独居高齢者が増加し，そのため集落の共同活動の機能が低下し，社会的な共同生活の維持が困難な状態にあ

る集落（大野晃『山村環境社会学序説』農山漁村文化協会，2005年）。このネーミングには，消滅集落にさせないための集落支援の必要を喚起する意図が盛り込まれている。

□ まち・ひと・しごと創生総合戦略

地方の人口減少の悪循環に歯止めをかけるために，「しごと」が「ひと」を呼び，「ひと」が「しごと」を呼び込む好循環を地域に生み出し，地方への新たな人の流れをつくりだすことで，「まち」の活性化を目指す戦略。

□ 集落福祉

都市で用いられてきた小地域福祉に相当する取り組みを，中山間地域では集落福祉と呼ぶことでより実体を表すことになる。集落維持に必要となる総合的な福祉機能のことで，住民同士の支え合い活動を含む。

## Ⓑ　教 授 方 法

### 1　授業指導案の準備

◆　教員としての事前の教材開発

・「限界集落」や「消滅自治体」といった衝撃的な用語が注目されるが，そのような用語に引きずられた現実理解では，なぜ地域福祉の理解が進まないのか，その点を考えさせるための授業の準備を行う。

・中山間地域を抱える都道府県が実施している地域福祉政策の内容について，高知県や島根県などの取り組みに関する情報を収集し，学生が理解しやすいように資料づくりを行う。特に，高知県における「あったかふれあいセンター」については，国の「小さな拠点」のモデルになっていることを，『厚生労働白書（平成27年版）』で確認しておく。

◆　学生たちへの予習課題

・中山間地域をめぐって，問題の深刻さを象徴的に示す「限界集落」や「消滅自治体」といった用語がどのように用いられているかに関する資料について，予習課題として学習させる。

・高知県や島根県，熊本県などのホームページから，地域福祉政策に関連するプログラムを学習させる。そのためのキーワードを提供する。

◆　アクティブラーニング

・予習課題による資料をもとに，「限界集落」において地域福祉の役割を生み出すことができるのか，住民，民生委員，社会福祉協議会職員，行政職員など

の役割に分かれて討論を行う。
◆ 学生たちへの事後課題,あるいは学習を深めるために促すこと
・紹介された高知県の地域福祉政策が,市町村においてどのように実施されているかについて,ホームページ等を活用して確認する。

## 2　授業者の自己評価の視点
・「限界集落」や「消滅自治体」というセンセーショナルな用語について,その意味するところを十分に理解させられたか。
・中山間地域を抱える都道府県が実施している地域福祉政策の内容について,高知県や島根県・熊本県などの取り組みの事例を通して,現実味のある理解が進んだかどうか。
・地域福祉と地域振興との融合といった新しい課題について理解が進み,新たな地域福祉のあり方を発想する契機をつくりだせたかどうか。

## 3-1　他の項目との関連
地域のくらしの構造（01）

## 3-2　他の科目との関連
・現代社会と福祉　・福祉行財政と福祉計画

## 4　読ませたい基本文献
○増田寛也編『地方消滅——東京一極集中が招く人口急減』中央公論新社,2014年
○小田切徳美『農山村は消滅しない』岩波書店,2014年
○平野隆之・原田正樹『地域福祉の展開〔改訂版〕』放送大学教育振興会,2014年
○穂坂光彦・平野隆之・朴兪美・吉村輝彦編『福祉社会の開発——場の形成と支援ワーク』ミネルヴァ書房,2013年
○中山間地域の生活問題や人口減少に関連する新聞記事等
〈視聴覚教材〉
○放送大学『地域福祉の展開〔改訂版〕』での中山間地域に関する映像
○DVD『やねだん——人口300人,ボーナスが出る集落』MBC,2009年

## C 展開

### 1 本授業のねらい

・中山間地域を抱える地域の衰退のメカニズムを理解し,それを防ぐための地域福祉の取り組み,特に中山間地域を抱える都道府県における地域福祉政策の動向やそれを実施している市町村や地域の実践事例を理解する。地域再生のための幅広い政策や実践と比較して,地域福祉の固有の役割,また地域振興と地域福祉の融合した取り組みを理解する。

・中山間地域を抱える都道府県における地域福祉政策の共通点と相違点について理解する。

### 2 授業の展開

〈導入〉――――――――――――――――――――〈20分〉

・授業のねらいの説明を行う。その中で,中山間地域をめぐって,問題の深刻さを象徴的に示す「限界集落」や「消滅自治体」といった用語の用いられ方について解説を加える。

・「限界集落」という用語が生まれた高知県における集落の現状を解説する。そして,高知県として,地域福祉政策によってどのようにその解決に取り組んでいるか,方向性を紹介する。

〈展開〉――――――――――――――――――――〈60分〉

・「ひと・まち・しごと創生総合戦略」について紹介しながら,その中で中山間地対策として導入されている「小さな拠点」(多世代交流・多機能型拠点)の説明を行う。なぜ,そのような拠点を地域の中に整備することが必要となっているかについて説明する。そして,その「小さな拠点」のモデルが高知県の地域福祉政策として取り組んでいる「あったかふれあいセンター」であることに触れる。

・高知県の地域福祉政策の特徴を,他の中山間地域を抱える都道府県と比較することを通して教える。教員による事前の資料作成や学生による予習課題を活用し,島根県や熊本県などの資料をもとに比較して,特徴を整理する。

・それぞれが取り組んだ予習課題の内容を発表させながら,政策的な展開を紹介する。　　　　　　　　　　　　　　　　　　　　　　　　(40分)

・演習　　　　　　　　　　　　　　　　　　　(20分　報告含む)

課題:今あなたが中山間地域の町村の首長であるとして,地域福祉を強化することを都道府県に対して求めるかどうか。求める場合には,先に学んだ政策のどれを選択するのか。
①中山間地域の町村の首長として,地域福祉の強化を優先政策とみなし,都道府県に対してどのような対策を求めるのか?
②先に学んだ各県の政策のどれを選択するのか。その理由は?

〈まとめ〉――――――――――――――――――――――〈10分〉
・地域再生における地域福祉政策の役割について事例を挙げながら解説する。
・これまで福祉分野に限られていた地域福祉の範囲について,より地域再生の領域へと広がりをもつことが求められている理由を解説する。

## 3 到達度評価
・中山間地域を抱える地域の衰退のメカニズムを理解できたか。「限界集落」や「消滅自治体」といった用語に引きずられた現実理解ではなく,集落に住み続けようとする地域住民の意向を踏まえた現状の理解ができたか。
・他の中山間地域を抱える都道府県と比較することを通して,高知県の地域福祉政策の特徴を理解することができたか。
・国が地方創生として進める幅広い政策や実践を教えるとともに,その中での地域福祉の固有の役割を展望するための示唆を得ることができたか。

(平野)

# 18 今日的な地域問題への取り組み：防災・減災

## (A) 教授内容

### 1 目　標

　地域福祉が取り組むべき今日的な課題として，地震や集中豪雨による土砂災害など，災害が発生した際の支援方法について，東日本大震災における取り組みなどを通して理解する。

　今後の地域福祉のあり方として，普段から防災や減災に取り組むことが重要になっている。そのためにどのようなことに取り組むべきか，演習などを通して自ら考察することを促す。

### 2 教授上の基本的な視点

・地震や異常気象によって災害に対するリスクが増しており，ソーシャルワークを学ぶ者にとって災害に対する関心を高め，学習を深める必要性があることを認識させる。

・災害によって被害が発生した際，被災者の支援に対するニーズは，時間的な経過や状況によって変化していき，そのニーズに応じた的確な支援の内容や方法が問われることを理解させる。

・自分の居住する地域の災害のリスクを調べたり考えさせたりするなど，災害が決して特別なことではなく，普段から備えるべき課題であることを実感させるような工夫を行う。

### 3 今日的な論点

・東日本大震災以後も，首都直下型地震や南海トラフ巨大地震などの発生が予測され，異常気象がもたらす集中豪雨による土砂災害などが頻発している。普段からの地域住民の参加や協力による地域における防災・減災への取り組みがますます重要となっている。

・災害は，高齢者や障害者など身体的・精神的なハンディキャップのある人々に，より過酷な状況をもたらす。超高齢社会において，災害発生時の避難支援のあり方や，避難所や仮設住宅でのくらしにおける支援のあり方，被災した地

域の復興，再生に向けた支援のあり方が問われている。

### 4 教えるべき内容
①災害の状況

近年の震災などの自然災害（阪神・淡路大震災，中越地震，東日本大震災，熊本地震，大島集中豪雨による土砂災害，広島市豪雨による土砂災害，木曾御嶽山噴火など）の状況，被害などの概略を説明する。

②被災者のニーズとその変化

災害によって被害が発生した際，被災者の支援のニーズは，時間的な経過や状況によって以下のように変化していく。そのニーズに応じた支援の内容や方法について，過去の災害等を例示し説明する。

　　発生直後…避難の支援と救援など，支援者間の連絡・調整の必要性
　　復旧時…被災者が避難所等でくらす段階（被災地においてライフラインの復
　　　旧がなされるまで）での避難所における支援・住宅避難者への支援など
　　復興準備期…被災者が仮設住宅でくらす段階における仮設住宅居住者への
　　　支援など
　　本格復興期…住宅が再建され，復興住宅等に移転しくらし始める段階にお
　　　ける地域再生への支援など

③ハンディキャップのある人への支援

自然災害が多発する時代，また超高齢社会において，心身にハンディキャップのある人たちに対する災害発生時の避難支援のあり方や，避難所や仮設住宅でのくらしにおける支援のあり方，被災した地域の復興，再生に向けた支援のあり方などが地域福祉の重要な課題となっていることを理解させる。

④地域福祉における防災・減災活動の必要性

災害への対応は，平常時からの防災・減災対策が重要となる。今後の地域福祉のあり方として，独居高齢者や障害者など災害時避難行動要支援者の把握と支援方法の検討，地域による防災・減災活動への支援，災害ボランティアセンターの立ち上げ訓練などの防災・減災活動が重要となることを説明する。

### 5 理解させる基礎的な知識
□ 被災者の支援ニーズ

近年の震災などの自然災害の状況と内容，被災者の支援のニーズに応じた支

援の内容や方法。
　□　災害時の福祉的支援
　　災害救助法に基づく避難所・福祉避難所・仮設住宅，災害ボランティアセンター，災害支援NPO，生活支援相談員，災害復興公営住宅，災害対策基本法による災害時避難行動要支援者支援計画などについての基本的な知識。

## Ⓑ　教授方法

### 1　授業指導案の準備

◆　教員としての事前の教材開発
・東日本大震災や集中豪雨災害，今後の災害等に関連する新聞記事の収集，演習のためのワークシート作成など。

◆　学生たちへの予習課題
・東日本大震災や，異常気象から起こる集中豪雨による土砂災害などについて，インターネットや新聞記事などで調べてみる。
・災害救助法や災害対策基本法について調べる。また，現在居住している地域の災害リスクについて，地方自治体の防災計画などを通して事前に調べてみる。

◆　アクティブラーニング
・新聞記事や下記の例のようなワークシートによる演習を通して，地域福祉における災害時の支援や防災・減災のあり方について理解を深める。

　　ワークシート例：
　　　学生が居住する地域において防災・減災の視点から下記の内容を記述させる。
　　　・高齢者や障害者自身や家族に必要なこと
　　　・近隣住民，自治会などに必要なこと
　　　・サービス提供者，地方自治体に必要なこと

◆　学生たちへの事後課題，あるいは学習を深めるために促すこと
・過去の災害や今後の災害に関する文献や新聞記事を読み，地域福祉における災害時の支援や防災・減災のあり方について考察を深める。
・自分の居住する地域における災害リスクを想定して，どのような課題があるのか，地域福祉の視点から，平常時に必要なことなどを整理させてみる。

## 2　授業者の自己評価の視点

・今後の地域福祉にとって災害への対応が重要であることの意義について，十分に理解させられたか。
・地域福祉に関連する災害時の支援の内容，防災・減災に必要な知識について，理解させられたか。
・ソーシャルワークを学ぶものとして，自らの身を守る防災・減災の意義，今後起こりうる災害時の支援の内容，防災・減災の知識の必要性について十分に動機づけがされたか。

## 3-1　他の項目との関連

地域のくらしの構造（01）　　地域福祉の歴史Ⅰ・Ⅱ（05・06）　　社会的孤立と生活困窮（16）　　地域再生（中山間地域）（17）

## 3-2　他の科目との関連

・現代社会と福祉　・社会調査の基礎　・相談援助の基盤と専門職　・相談援助の理論と方法Ⅰ・Ⅱ　・相談援助演習・実習

## 4　読ませたい基本文献

○日本社会福祉士養成校協会編『災害ソーシャルワーク入門——被災地の実践知から学ぶ』中央法規出版，2013年
○日本地域福祉学会東日本大震災復興支援・研究委員会編『東日本大震災と地域福祉——次代への継承を探る』中央法規出版，2015年
○東日本大震災や集中豪雨災害，今後の災害等に関連する新聞記事等
〈視聴覚教材〉
○東日本大震災や集中豪雨災害における被災者のくらしの課題や困難性に関するテレビ報道等

## Ⓒ 展　開

### 1　本授業のねらい
・地震や集中豪雨による災害が，地域福祉が取り組むべき重要な課題となっていることを理解する。
・災害が発生した際に，被災者のニーズの内容と変化に応じた支援の方法が求められていることを理解する。
・今後の災害に事前に対応するための，地域において住民が参加する防災・減災活動の必要性とそれらを支援することが地域福祉に求められていることを理解する。

### 2　授業の展開

〈導入〉――――――――――――――――――――――――〈20分〉

授業のポイントとして
・近年発生している自然災害（阪神・淡路大震災，中越地震，東日本大震災，熊本地震，大島集中豪雨による土砂災害，広島市豪雨による土砂災害など）の概要の解説。
・災害時の避難支援や救援，避難所，仮設住宅，住宅再建などにおいて，高齢者や障害者などが過酷な状況に置かれることなどを解説。
・今後の地域福祉のあり方として，災害に事前に対応するために，地域において住民が参加する防災・減災活動とそれらを支援することが重要であることについて解説する。

〈展開〉――――――――――――――――――――――――〈50分〉

・災害時には，被災地の状況と被災者の支援ニーズの変化の段階（フェーズ）に応じた支援内容と方法があることを，各ステージを示して解説する。(30分)
　（例）
　　発生直後　　　　　避難支援・救援と課題
　　避難時　　　　　　避難所における支援・在宅避難者への支援等と課題
　　復旧時　　　　　　仮設住宅における閉じこもり支援等と課題
　　復興準備期　　　　地域再生への支援と課題
　　本格復興期　　　　地域再生への支援と課題
・演習　　　　　　　　　　　　　　　　　　　　（20分　報告含む）

課題：今あなたが住んでいる地域において，大地震や集中豪雨が発生すると想定した際に，高齢者や障害児・者の命を守るために，普段からどのような対策が必要とされるか，下記に整理しなさい。
　①高齢者や障害者自身や家族に必要なこと
　②近隣住民，自治会などに必要なこと
　③サービス提供者，地方自治体に必要なこと

〈まとめ〉――――――――――――――――――――――〈20分〉
・演習について解説し，理解のフィードバックを図る。
・今後地域福祉が取り組むべき課題として，災害時の支援方法についてのさらなる展開，また，地域における防災・減災活動の取り組みが重要であることを解説する。

**3　到達度評価**
・地震や集中豪雨による災害が，地域福祉が取り組むべき重要な課題となっていることを理解し，説明できるか。
・災害が発生した際の，被災者のニーズの内容と変化に応じた支援の方法の内容を理解し，説明できるか。
・今後の災害に事前に対応するために，地域において住民が参加する防災・減災活動とそれらを支援することが地域福祉に求められていることを理解し，説明できるか。

（宮城）

# 19 地域包括ケアシステム

## (A) 教授内容

### 1 目 標

　現在，国は地域包括ケアシステムの構築を目指してさまざまな施策を行っている。この言葉は主に高齢者を対象とした総合的な支援の意味で使われているが，地域福祉においては，以前から地域トータルケアシステム等の言葉が使われてきた。これは高齢者支援だけでなく，支援を必要とするすべての人々を対象とした多機関・多職種の連携・協働のシステムを意味している。こうした観点は，2015年9月に厚生労働省のプロジェクトチームがまとめた「新たな時代に対応した福祉の提供ビジョン」と重なるものであり，全世代・全対象型の地域包括支援体制の構築の重要性が提言されている。この項目では，国の政策としての地域包括ケアシステムを理解するとともに，すべての国民を支えていく「地域包括支援体制」のあるべき姿を考える力を養うことが重要である。

### 2 教授上の基本的な視点

　国の政策として使用されている地域包括ケアシステムの内容については，高齢者福祉関連の科目で学ぶ内容であるが，改めてその内容を整理したうえで，高齢者だけでなく，支援を必要とするすべての人々を対象としたシステムの重要性を伝え，「地域包括ケアシステム」と「地域包括支援体制」の違いについて学習者が混乱しないように留意する必要がある。

　また，国が進めている地域包括ケアシステムの構築は，実は全国画一的なものでなく，地域の社会資源等の状況によって異なることに留意しなければならない。自助，互助，共助，公助の連携といっても，各地で制度化されている公的サービス，行われている助け合いの住民活動，調達できる市場サービスの状況はさまざまである。そのため，たとえば公的機関や社会資源の多い都市部と，社会資源が限られている過疎地や中山間地でのシステムは同じものにはならず，事例を取り上げる際には，地域特性もしっかりと教授しなければならない。

　なお近年，国は共助の意味について，介護保険などの社会保険制度として整理している。共助は従来は地域住民の助け合いの意味として使われていたが，

国の地域包括ケアシステムの中では異なる使われ方がされていることに留意する必要がある。そのうえで，互助の重要性については，公的サービスの補完としてだけでなく，住民相互の助け合い活動を通して，地域内の社会関係が広がり，社会的役割が生まれ，相互理解による問題解決力が高まっていくという積極的な意味合いからとらえることの重要性を伝える。

### 3　今日的な論点

地域包括ケアシステムの構築が政策的に取り上げられてきた背景には，保健・医療側から介護・福祉分野との連携を中心に取り組まれてきた実践と，福祉側から分野横断的な多職種連携を中心に取り組まれてきた実践の蓄積がある。これは各地で積み重ねられた実践の違いによるものであり，中心となって実践を進めてきた機関・団体や人材の取り組みに影響を受けているため，全国一律で進められるものではない。

また，システムを構築する場合，サービス提供圏域の設定が重要となる。専門職配置や専門職間の横断的連携を図る圏域としては，医療圏や広域組合のように市区町村自治体の範囲を超えた圏域，市区町村自治体の圏域，中学校区や小学校区を単位とした圏域がある。システムを論じる際には，こうした圏域設定にも注目する必要がある。

### 4　教えるべき内容

①国の地域包括ケアシステムと地域包括支援体制の内容

国では地域包括ケアシステムの構成要素として5つ挙げている。(1) 医療との連携強化，(2) 介護サービスの充実強化，(3) 予防の推進，(4) 見守り，配食，買い物等の多様な生活支援・福祉サービスの確保や権利擁護，(5) 高齢期になっても住み続けられるバリアフリーの高齢者住まいの整備であり，これらの基本的内容について教える。また，「新たな時代に対応した福祉の提供ビジョン」において提言されている全世代・全対象型の地域包括支援体制の内容もあわせて教える。

②地域福祉計画・地域福祉支援計画

多機関・多職種の連携システムを構築する場合，市区町村行政が策定する地域福祉計画や都道府県行政が策定する地域福祉支援計画に，どう位置づけるかが重要となる。これらの計画は住民主体の活動を支援する計画であると同時に，

多様な専門職の横断的な連携を支援する計画でもある。市区町村レベルにおいては，保健，医療，福祉だけでなく，地域の実情に応じて住宅，教育，司法，公共交通，経済産業も含めて幅広く連携を考え，またサービス提供圏域を整理することが重要となる。都道府県レベルにおいては，広域医療や都道府県が所管する機関（福祉事務所，児童相談所，精神保健福祉センター等）との連携について考慮する必要がある。

③生活支援コーディネーターと協議体

介護保険法の改正に伴い，地域の助け合いを推進する人材として，生活支援コーディネーターの配置が進められている。第1層は市区町村圏域，第2層は中学校区圏域となっており，地域によって，行政直営型，社協委託型，NPO委託型，民間事業者委託型などさまざまである。地域の助け合い活動を支援するという役割は，従来の市区町村社会福祉協議会の活動と重なるものであり，地域によって新たに配置された生活支援コーディネーターと既存の専門職の役割分担は，今後各地で整理すべき重要な課題である。

## 5　授業で理解させる基礎的な知識

□　医療介護総合確保推進法

持続可能な社会保障制度の確立を図るための改革の推進に関する法律に基づく措置として，効率的かつ質の高い医療提供体制を構築するとともに，地域包括ケアシステムを構築することを通じ，地域における医療および介護の総合的な確保を推進するため，関係法律の整備等を行うものである。

## Ⓑ　教　授　方　法

### 1　授業指導案の準備

◆　教員としての事前の教材開発

「地域包括ケアシステム」と「地域包括支援体制」の具体的な実践例を収集・分析し，教材をまとめる。

◆　学生たちへの予習課題

自分の出身地や現在生活している地域において介護保険事業計画や地域福祉計画がどのように策定されているかを調べさせる。これにより，授業で紹介する事例との共通点や相違点などを比較でき，学習者自身が理解を深めることにつなげられる。

◆ アクティブラーニング

　地域包括ケアにおける連携を考えるグループワークとして，たとえば，①複合ニーズ世帯の事例を通して，この世帯を支えるためには，どのような機関や人々の連携が求められるかを話し合う，②医療機関と介護支援専門員の連携など，具体的な連携先を提示して，その連携を進めるための工夫を話し合う，などのテーマが挙げられる。前者で想定されるアイデアとしては，総合相談支援窓口の設置やコーディネーターの配置などがあり，後者では定期的な連携会議の開催，合同研修の開催，情報共有シートの開発，社会資源リストの作成，異業種交流会の開催などが考えられる。

◆ 学生たちへの事後課題，あるいは学習を深めるために促すこと

　文献を紹介し，読む際のポイントを伝えたり，必要に応じてレポート課題を課す。また，学習者が福祉分野でのボランティア活動やインターンシップ，あるいは社会福祉士などの資格取得に伴う実習を行う際に，複合ニーズ世帯への支援の現状と課題について注目し，実践現場の実情を学んでくるように促す。

## 2　授業者の自己評価の視点

　高齢者支援に限定されず，広くすべての国民を対象としたシステムを構築するために，何が重要であるかを学生自身が考えることができているかどうか，また取り上げた事例は受講者にとってイメージしやすい地域での取り組みであったかどうかをリアクションペーパー等で確認し改善につなげる。

## 3-1　他の項目との関連

地域福祉計画（22）　　ネットワーク（29）

## 3-2　他の科目との関連

・高齢者に対する支援と介護保険制度

## 4　読ませたい基本文献

○大橋謙策・白澤政和編『地域包括ケアの実践と展望――先進的地域の取り組みから学ぶ』中央法規出版，2014年
○東京大学高齢社会総合研究機構編『地域包括ケアのすすめ――在宅医療推進のための多職種連携の試み』東京大学出版会，2014年

## Ⓒ 展　　開

### 1　本授業のねらい

　国が高齢者支援において進めている地域包括ケアシステムの構成要素を踏まえたうえで，広く地域で生活するすべての人々を対象とした地域包括支援体制を構築していく重要性を具体的な事例を通して理解させる。

### 2　授業の展開

〈導入〉――――――――――――――――――――――――――――〈25分〉

　①国の地域包括ケアシステムの定義と5つの構成要素，(1)医療との連携強化，(2)介護サービスの充実強化，(3)予防の推進，(4)見守り，配食，買い物等の多様な生活支援・福祉サービスの確保や権利擁護，(5)高齢期になっても住み続けられるバリアフリーの高齢者住まいの整備について学習者の履修状況に応じて講義する。

　②国の整理する自助，互助，共助，公助の内容について講義する。特に，共助については，「介護保険に代表される社会保険制度およびサービス」とされており，地域住民の助け合い活動は，互助として整理されていることについて解説する。また，介護保険法の改正に伴い，互助を支援する人材として生活支援コーディネーターが配置されていくことについて解説する。

　③2015年9月に厚生労働省プロジェクトチームがまとめた「新たな時代に対応した福祉の提供ビジョン」において提言されている全世代・全対象型の地域包括支援体制の構築について講義し，従来，地域福祉では対象者を限定しない地域生活支援のシステム構築に取り組んできたことを解説する。

〈展開〉――――――――――――――――――――――――――――〈50分〉

・アクティブラーニングとして展開する場合

　高齢者が安心して幸せに暮らすためには何が必要かを学生たちに挙げてもらい，その内容と国が高齢者支援において進めている地域包括ケアシステムの内容を照らし合わせながら，国の施策を理解させる。

　次に，要介護の高齢者と精神疾患をもった介護者，不登校の孫が一緒に生活し，多重債務を抱えているような複合ニーズ世帯の事例を教材として用意し，この家族を支えるためにどのようなシステムが必要かを考えさせる。

　たとえば……

・家族全体に関する問題を相談できる窓口や専門職の設置
  ・関係機関によるネットワーク会議の開催
  ・関係機関で情報を共有するシート
・実践紹介を中心に展開する場合
　高齢者に限定せず，すべての地域住民を対象とした支援システムを構築している地方自治体の取り組みを紹介し，ワンストップで対応できる総合相談支援窓口の設置や多機関多職種連携システムの具体例を伝える。
　またその地域の地域福祉計画や地域福祉活動計画にどのように位置づけられているかについても取り上げる。
　例）長野県茅野市，静岡県富士宮市，山梨県南アルプス市等

〈まとめ〉─────────────────────〈15分〉
　高齢者支援を中心とした「地域包括ケアシステム」や支援対象者を限定しない「地域包括支援体制」の構築にあたっては，横断的な連携が要であり，介護保険事業計画や地域福祉計画において仕組みを整える重要性について伝える。
　また，システム構築にあたっては，地域の社会資源の状況を踏まえて考える必要があることを解説し，全国一律ではなく，それぞれの地域に応じた創意工夫が大切であることを伝える。
　自己学習として，自分の出身地や暮らしている地域の取り組みについて調べてみることを促す。

## 3　到達度評価

　学期末テストまたは授業内の小テストにより，国が進める地域包括ケアシステムの構成要素を理解しているか確認する。また，高齢者支援に限定しないシステムを構築するために何が必要かを記述させて理解度を確認する。

（菱沼）

# 20 総合相談と権利擁護

## Ⓐ 教授内容

### 1 目　標

　「権利擁護」の概念は広がりつつあり，また同時にその担い手も多岐にわたる。地域における権利擁護の推進は，地域における総合相談（地域を基盤としたソーシャルワーク）の具体的な展開によってもたらされることの理解を促す。この実践は，地域福祉の推進と深くつながるものである。

　具体的には，「権利擁護」の広範な概念についての理解，総合相談（地域を基盤としたソーシャルワーク）の機能と権利擁護の推進が密接に関係していることの理解，予防的な観点からの権利擁護の推進のあり方についての理解を深めることを目標とする。

### 2　教授上の基本的な視点

・「権利擁護」の概念を広くとらえることによって，その担い手も多岐にわたることになり，それが地域福祉の推進につながることを理解できるようにする。
・「権利擁護」の理解として，成年後見制度や日常生活自立支援事業等の制度活用や虐待対応という狭い範囲に収まらないように配慮するとともに，予防的観点を重視する。
・広義の権利擁護は総合相談の推進と密接な関係をもつが，その「総合相談」を展開するには地域を基盤としたソーシャルワークに関する基本的理解が前提となる。
・総合相談の実践が権利擁護の推進と重なるという内容については，具体的な事例を取り入れながら教授する。
・「相談援助の基盤と専門職」や「権利擁護と成年後見制度」等，他の科目の受講状況や内容の整合性について配慮する。

### 3　今日的な論点

・虐待等の権利侵害事例や認知症高齢者の増加等を背景として，地域における成年後見制度の活用が不可欠となっている。

・「権利擁護」の概念は，虐待を未然に防ぐことの重要性等，予防的観点も含めて広がりつつある。
・ソーシャルワーク実践は，本人の主体性の喚起を重要な価値として位置づけ，またアドボカシーやソーシャルアクションを包含するものであるがゆえに，権利擁護と深く重なる。
・専門職ではない一般市民が選任される「市民後見人」の養成と活動支援が市町村において取り組まれるようになり，権利擁護のみならず地域福祉の担い手として注目されるようになっている。

## 4　教えるべき内容

①総合相談における権利擁護の位置づけ

総合相談（地域を基盤としたソーシャルワーク）においては，権利擁護の推進が理念的にも実践的にも重要な位置にあることを教授する。

②総合相談の推進における成年後見制度等の活用の視点

総合相談における成年後見制度の活用の視点について，成年後見人等との連携・協働やネットワークの重要性について教授する。

③権利擁護と地域福祉の推進との接点

権利擁護の概念の広がりについて押さえたうえで，代弁機能や本人を主体に置いたソーシャルアクションと地域福祉とのつながりについて教授する。

## 5　授業で理解させる基礎的な知識

☐ 地域で展開する総合相談（地域を基盤としたソーシャルワーク）の機能
　地域を基盤としたソーシャルワークの機能に関する包括的理解。
☐ 総合相談（地域を基盤としたソーシャルワーク）における権利擁護の位置づけ
　広義の権利擁護が総合相談と深く関係していることの理解。
☐ 予防的な観点と権利擁護の関係
　広義の権利擁護には予防的な観点が含まれることの理解。
☐ 成年後見制度の基本的理解
　成年後見制度に関する基本的知識および日常生活自立支援事業の制度的理解。市民後見人の意義と動向についての理解。

## Ⓑ 教授方法

### 1 授業指導案の準備

◆ 教員としての事前の教材開発
・権利擁護施策に関する制度的動向の把握。
・先進地域における法人後見や市民後見の取り組みに関する情報収集。

◆ 学生たちへの予習課題
・成年後見制度および日常生活自立支援事業の動向について調べる。できれば，自分の居住地の状況についても調べる。
・市民後見人の養成と活動支援に取り組んでいる自治体が身近にあれば情報を得ておく。

◆ アクティブラーニング
・「権利擁護とは何を擁護することなのか」「専門職後見，法人後見，市民後見の相違点」等について，グループ討議を経て，プレゼンテーションをさせる。
・ゲスト講師として市民後見人を招聘し，地域における社会貢献活動として権利擁護活動の実際を学ぶ。

◆ 学生たちへの事後課題，あるいは学習を深めるために促すこと
・自治体等が主催する一般公開の権利擁護関係のセミナーやシンポジウムへの参加を促し，権利擁護の実際について派生的に見聞を深める。

### 2 授業者の自己評価の視点

・「権利擁護」の概念と地域福祉の推進とが密接に関係していることを伝えることができたか。
・「権利擁護」の概念と総合相談（地域を基盤としたソーシャルワーク）とが密接に関係していることを伝えることができたか。

### 3-1 他の項目との関連

小地域福祉活動（08）　民生委員・児童委員（09）　ボランティア・NPO（10）　社会福祉協議会（11）　福祉教育（15）　社会的孤立と生活困窮（16）

3-2 他の科目との関連

・相談援助の基盤と専門職 ・相談援助の理論と方法 ・権利擁護と成年後見制度

4 読ませたい基本文献

○大阪市成年後見支援センター監修／岩間伸之・井上計雄・田村満子・梶田美穂編『市民後見人の理念と実際——市民と専門職と行政のコラボレーション』中央法規出版, 2012年
○岩間伸之・原田正樹『地域福祉援助をつかむ』有斐閣, 2012年
○岩間伸之「『市民後見人』とは何か——権利擁護と地域福祉の新たな担い手」『社会福祉研究』第113号, 2012年
○岩間伸之「権利擁護の推進と地域包括ケア——地域を基盤としたソーシャルワークとしての展開」『地域福祉研究』公2 (通算42), 2014年
〈視聴覚教材〉
○DVD『成年後見の新たな担い手・市民後見人 (大阪市成年後見支援センターと市民後見人の活動)』大阪市社会福祉協議会, 2009年

## Ⓒ 展　　開

### 1　本授業のねらい
「権利擁護」の概念が広がりつつあることを理解し，その具体的な展開においては，総合相談（地域を基盤としたソーシャルワーク）の推進と密接な関係があること，さらにそのことが地域福祉の推進につながることを理解する。

### 2　授業の展開

〈導入〉──────────────────────────〈5分〉

地域生活上において，権利擁護の観点から支援を要する事例が増えていることを具体例をいくつか挙げながら紹介し，そのアプローチとして総合相談（地域を基盤としたソーシャルワーク）の展開は大きな可能性を有することを伝える。

〈展開〉──────────────────────────〈75分〉

(1)「権利擁護」の概念について（講義）　　　　　　　　　　（20分）

地域における「権利擁護」の概念は広がりつつあり，「虐待等の権利侵害状態からの脱却」のみならず，「積極的権利擁護」や「予防的権利擁護」，さらには「権利侵害を生み出す環境の変革」までを含むようになっている。その傾向は，ソーシャルワーク実践そのものと限りなく近づいていくことを解説する。

(2) 地域を基盤としたソーシャルワークの8つの機能について（講義）（15分）

8つの機能の中に，広義の権利擁護と密接な関係をもつ「予防的支援」と「支援困難事例への対応」が含まれること，さらには，「権利擁護活動」は，すべての機能と網羅的に接点をもつことを解説する。

(3) 予防的な観点からの権利擁護の推進のあり方について（講義）　（20分）

「予防的支援」と「個と地域の一体的支援」の2つの機能を取り上げ，深刻な事態に陥ることを未然に防ぐという予防的な観点からの権利擁護の推進のあり方に焦点をあてて解説する。

(4) 予防的な観点からの権利擁護の実際について（講義）　　　（20分）

予防的な観点からの権利擁護の実際について，事例を通して具体的に解説しながら実践的理解を促す。このことは，個と地域の一体的推進を基調とする地域を基盤としたソーシャルワークの推進につながることを伝える。

〈まとめ〉──────────────────────〈10分〉
　地域における広義の意味での権利擁護の推進は，地域福祉の推進と密接な関係をもつ。そのためのアプローチとして地域を基盤としたソーシャルワークの展開は有効な方法となる。とりわけ予防的な観点からの権利擁護の推進には個と地域の一体的支援は極めて重要となる。
　また，近年の動向として，市民後見人活動が注目されるようになり，各自治体での取り組みも盛んになっている。地域住民が直接家庭裁判所から成年後見人等として選任されるというこの取り組みは，地域における権利擁護の推進において新たな展開を指向するものである。

## 3　到達度評価

・地域において権利擁護を要する事例が増加していることを具体例を挙げて説明できる。
・権利擁護の取り組みにおいて，予防的な観点が重要であることを説明できる。
・予防的な権利擁護の推進において，住民の参画が不可欠であることを説明できる。
・広義の権利擁護の推進と総合相談（地域を基盤としたソーシャルワーク）とは密接に関係していることを説明できる。

（岩間）

# 21　財源と中間支援

## Ⓐ　教授内容

### 1　目　標
　地域福祉の推進基盤としての中間支援機能（組織）の重要性と活動の実際，財源の種類や概要を理解させ，財源造成や活動支援の基本的な視点について考えさせる。

### 2　教授上の基本的な視点
・大部分のボランタリーな組織には大きな資金は必要ではない。他方，事業型のNPO等にとっては財政基盤の確立は重要な課題だが，地域福祉を目的とした資金のほとんどは一時的な助成金であり，事業継続のためには事業収入や会員・寄付等の収入が必要となる。このことを出発点にしつつ，各種の地域福祉財源の性格や意義を考えさせる。

・先駆的な実践は，財源はなくても，ニーズに応えて，無償のボランティアや寄付，自らの持ち出し等の資源を使って開始され，その必要が認められた後に社会的支援が得られたり，制度化される。財源は極めて重要だが，まず財源ありきという姿勢からは，地域福祉の開発性は生まれないことを強調する。

・制度的な福祉では財源が公的に供給されたほうがよいという考えが一般的だが，地域福祉では必ずしもよいとはいえない場合も多い。公的財源などが供給されることで活動の主体性・自律性，柔軟性，地域福祉の開発性が損なわれる恐れがあるためである。このため，活動主体には，財源を自らつくりだす姿勢，多様な財源を組み合わせて過度に1つの財源に依存しないバランスが求められる。また，社協や行政など推進主体は，活動の自発性・主体性を損ねないような助成・委託等のスキームを設計する必要がある。

・社協等が行っている，活動主体への働きかけ，支援，調整，新たな活動主体の掘り起こしなどは，中間支援組織としての働きである。中間支援機能は，ボランタリーな活動主体の誕生と活性化，活動主体間の協働の促進に大きな影響を与える，重要な地域福祉推進機能である。

## 3　今日的な論点

・近年は，ボランタリーな組織が市民からの寄付を集めやすいよう，認定NPO法人制度の創設や寄付税制の拡大（認定要件の緩和や税額控除制度の導入）等が行われている。ただし，法人格を取得したり認定を受ける団体はごく一部であり，大部分の草の根の小規模な団体にとっては，伝統的な地域福祉財源である共同募金，助成財団等による助成などの仕組みが重要である。

・1990年代半ばまでは，ボランタリーな組織が公的な資金を得ることはほとんどなかったが，NPO法施行，介護保険制度施行，指定管理者制度導入，緊急雇用助成金などによって，事業収入，委託金収入等の形でNPOが公的資金を得る途が開かれた。このことはNPOの発展に大きく寄与したと同時に，その自立・自律性に負の影響を与えてもいる。

・2015年度から順次開始される介護予防・生活支援サービス総合事業は，より小規模な団体に公的資金が流れるきっかけとなる可能性があるが，それがボランタリーな活動に与えうる正負の影響両面をよく認識する必要がある。

## 4　教えるべき内容

①多様な地域福祉財源の種類と規模と性格

・多様な財源の種類と資金規模を理解させる。

| 財源活動主体から見た | ・会費，個人による寄付<br>・貸付…信用金庫，NPOバンク，自治体等による貸し付け<br>・助成金…共同募金，民間助成（助成財団），公的な助成金（福祉医療機構助成金，年賀寄付金助成，地域福祉基金・ボランティア基金等）<br>・事業収入…委託費（行政等の事業，指定管理制度等による委託収入），事業収入（自主事業，介護保険事業，障害者自立支援事業等） |
|---|---|

| 制度的な地域福祉財源 | ・地域福祉推進を目的とした財源…共同募金，地域福祉基金，ボランティア基金等<br>・地域福祉に活用しうる他施策の財源…地域支援事業，地域政策支援事業，地域子ども・子育て支援事業等<br>・国，都道府県のモデル事業…時々でメニューが変わる |
|---|---|

・各財源について，制度に基づくものか否か，活動主体からの視点（自己資金か他者資金か，自由に使えるかどうか，安定的かどうか等），地域にとっての視点（地域で調達・コントロール可能か，他に依存的か等）から，資金の性格を多面的に

理解させる。
　②中間支援機能を担う多様な組織とその働き
・社協や NPO 支援センターなど中間組織の種類・設置形態・設置数・活動圏域などについて理解させる。
・中間支援組織の機能（ボランティアの育成，組織の立ち上げ支援，情報提供，活動拠点の提供，助成，セクター間の協働やネットワーキング促進等）を理解させる。
　③財源造成・活動支援の視点
・各種の財源の性格や中間支援組織の働きを踏まえたうえで，ボランタリーな組織が自律的に発展していくうえでの財源造成の視点（寄付者・資金提供者・ボランティア参加者などの参加や共感を得られる方法，活動の報告などルール等），社協や行政などの視点を考えさせる。

## 5　授業で理解させる基礎的な知識
☐ 地域福祉財源の種類・概要（前述）
☐ 中間支援組織の種類・活動内容（前述）
☐ 共同募金の設置根拠と活動・組織，配分
　社会福祉法における共同募金の規定，活動・組織の実態（赤い羽根，歳末，共同募金委員会はほとんどの地域で市町村社協が設置，7 割は当該市町村内で配分）。
☐ 寄付税制
　共同募金，認定 NPO 法人，社会福祉法人等への寄付にかかる税額控除・所得控除等の仕組み。

## Ⓑ　教 授 方 法

### 1　授業指導案の準備
◆ 教員としての事前の教材開発
・各種資金の種類，財政規模，助成先等を調べる。
・中間支援組織の種類，活動実態や支援の視点等についてヒアリングする。
・NPO の活動実態調査や個別団体のヒアリング等により，ボランタリーな組織の財政構造を調べる。事業拡大のきっかけとなった時の外部の支援者との関わり，助成金獲得，収益の柱となる事業の実施など，組織の発展の歴史の節目の出来事や，それにより団体がどのように変わっていったかを聞くと，各種財源の性格・意義や中間支援の意義がわかる。

◆ 学生たちへの予習課題
・共同募金，各種民間助成金などの情報を調べる。
・社協や NPO 支援センターなどの事業内容を調べる。
◆ アクティブラーニング
・事前・事後の調査学習，調査結果の共有。
・助成金申請書の作成やロールプレイ（資金提供者とのやり取り）等。
◆ 学生たちへの事後課題，あるいは学習を深めるために促すこと
・興味ある NPO の財政状況の調査，ヒアリングなど。

2 授業者の自己評価の視点
・地域福祉の財源として設置された財源（共同募金等）だけでなく，地域福祉に活用しうるさまざまな財源（たとえば介護保険の地域支援事業等）を，地域福祉財源としてとらえているか。
・中間支援機能の意味を，グループの発展，地域全体の地域福祉活動の発展と関連づけて説明できているか。

3-1 他の項目との関連
地域福祉の歴史Ⅰ・Ⅱ（05・06）　ボランティア・NPO（10）　社会福祉協議会（11）　協同組合と社会的企業（13）　コミュニティワーク（24）

3-2 他の科目との関連
・福祉行財政と福祉計画　・福祉サービス組織と経営

4 読ませたい基本文献
○P. F. ドラッカー著／上田惇生訳『非営利組織の経営』ダイヤモンド社，2007年
○社会福祉法人中央共同募金会企画・推進委員会『参加と協働による「新たなたすけあい」の創造――共同募金における運動性の再生』2016年
○内閣府による NPO についての実態調査（複数あり）
○日本ファンドレイジング協会『寄付白書』（2010年以降毎年発行）
〈視聴覚教材〉
○DVD『やねだん――人口300人，ボーナスが出る集落』MBC，2009年

## Ⓒ 展　　開

### 1　本授業のねらい
　地域福祉の推進基盤としての中間支援機能（組織）の重要性とその活動の実際，財源の種類や概要を理解させ，財源造成や活動支援の基本的な視点について考えさせる。

### 2　授業の展開

〈導入〉――――――――――――――――――――――――〈20分〉
・授業のねらい等の説明
・学生が事前学習として調べてきた助成金の種類，中間支援組織の活動を挙げさせて，板書するなどして共有する。
・挙げられたもののほか，地域福祉財源についての学生のイメージなどを発言させる。
・中間支援組織の活動として挙げられたものが，団体や地域にとってどのような意味をもつか考えさせ発言させる。

〈展開〉――――――――――――――――――――――――〈60分〉
(1)　主要な地域福祉財源の種類の説明　　　　　　　　　　　（15分）
・多様な財源の種類と資金規模等を説明する。
・資金の性格を説明する。
(2)　主要な中間支援組織とその機能の説明　　　　　　　　　（15分）
・社協やNPO支援センターなど中間組織の種類・設置形態・設置数・活動圏域などについて説明する。
・中間支援組織のさまざまな機能（ボランティアの育成，組織の立ち上げ支援，情報提供，活動拠点の提供，助成，セクター間の協働やネットワーキング促進等）を説明する。
(3)　事例に基づく検討（個人課題と共有）　　　　　　　　　（30分）
・ある団体（NPOなど）の活動の発展経過を説明し，活動のステージごとの課題，発展の契機となった出来事（新しいネットワーク，助成金の獲得，事務所や拠点の確保，収益事業の実施など）とその際の外部の支援者，外部からの資金の獲得など，財形規模やその構成の変化，団体の活動や経営の変化などを説明する。

・各種の財源の性格や中間支援組織の働きを踏まえたうえで，ボランタリーな組織が自律的に発展していくためにはどのような視点で財源を造成したらよいか（寄付者・資金提供者・ボランティア参加者などの参加や共感を得られる方法，活動の報告などのルール等），社協や行政などの支援側はどのような視点で活動支援をしていくべきかなどを考えさせる。

〈まとめ〉―――――――――――――――――――――〈10分〉

地域福祉財源の重要性とともに，団体の自立・自律性を損ねる危険性，先駆的・開拓的な事業は財源ありきという姿勢では生まれないことなど，財源をとらえる際の基本的な視点を説明する。

発展的な学習に向けた課題や資料を提示する。

## 3　到達度評価

・主たる地域福祉財源について種類・提供主体を列挙でき，規模・使途の自由度など地域福祉活動の推進に果たす機能について説明できる。
・中間支援機能の意味と，地域福祉推進における中間支援機能の意義について説明できる。
・中間支援機能をもつ組織について列挙でき，それぞれの活動圏域，機能の特性などを説明できる。

（諏訪）

# 22 地域福祉計画

## Ⓐ 教授内容

### 1 目　標
　地域福祉計画あるいは地域福祉活動計画の策定は，地域福祉を推進していくうえで極めて重要な役割を果たしている。地域福祉計画づくりそのものを地域福祉活動の一環としてとらえて，地域福祉計画を策定することの意義や目的，具体的な計画の内容について理解させる。

### 2　教授上の基本的な視点
・地域福祉計画あるいは地域福祉活動計画の策定は，その取り組みそのものが地域福祉活動であるということについての認識を共有する。
・具体的な事例を用いて，策定委員会や作業部会などの策定体制，策定プロセスにおける住民参加の状況，およびそのための手法について考察する。
・地域福祉計画の内容について，総合相談体制の構築や専門職の配置，住民参加の促進のための方策，そしてネットワーク化や協働を進めていくための仕組みなどについて，具体的な事例の比較検討を通じて理解を深める。

### 3　今日的な論点
・地域福祉計画づくりと福祉のまちづくりや福祉コミュニティづくり，さらには自治やガバナンスの確立という課題とを結びつけてとらえる。
・地域福祉計画の策定を通じて，市町村における各種の福祉施策や事業の総合化や各部署間の連携，さらには地域の多様な機関・団体などを含めたネットワーク化の状況について，総合相談の仕組みやコミュニティ・ソーシャルワーカー（以下，CSW）などの専門職の配置の状況などと関連づけて考察する。
・住民の参加・参画の状況，計画策定のプロセスおよび計画策定後の実践において住民の参加・参画がどのように行われているのか考察する。

### 4　教えるべき内容
　①社会福祉法における地域福祉計画に関する規定について

2000（平成12）年の社会福祉法の改正において，地域福祉の推進が明示され，市町村における地域福祉計画の策定が規定されたことについて，その内容も含めて説明する。また，社会福祉協議会が中心となって策定する地域福祉活動計画についても，両者の共通点や違いを中心に説明する。
　②市町村における地域福祉計画の策定状況および具体的な事例について
　厚生労働省のホームページなどを用いて全国の市町村における計画の策定状況を確認し，その傾向について説明する。また，具体的な事例を用いて，策定プロセスや計画の内容について説明する。
　③地域福祉計画を策定することの意義について
　計画づくり自体が地域福祉活動であり，そのことが市町村における自治やガバナンスの構築という課題と密接に結びついているということを説明する。
　④地域福祉計画の策定プロセスにおける住民参加の手法について
　地域福祉計画の策定プロセスにおける住民参加の手法（たとえばワークショップの手法を用いての地域の課題整理の仕方など）について説明し，計画策定のプロセスが単に「住民の声」を聞くことだけにとどまらず，住民の主体形成のプロセスとも重ねることの重要性について説明する。
　⑤地域福祉計画における地域福祉推進のための仕組みづくりについて
　地域福祉計画の内容において，地域福祉を推進していくための仕組みについて，具体的な事例（たとえば地区社会福祉協議会の組織化，総合相談窓口の設置，CSWの配置，ボランティア活動を促進するための方策など）を用いて説明する。また，災害時などの要援護者の支援体制づくりや生活困窮者自立支援法に基づく生活困窮者支援を通じた地域づくりの方策などについても説明する。

## 5　授業で理解させる基礎的な知識
□　地域福祉計画
　社会福祉法第107条の規定に基づき市町村が策定する計画。
□　地域福祉活動計画
　福祉活動を行う地域住民やボランティア，NPOなどが社会福祉協議会とも連携しながら策定する地域福祉に関する民間活動の自主的な行動計画。
□　各種施策やサービスの総合化
　対象別に縦割りになっている法制度を市町村において地域福祉を推進していくうえで分野横断的に再編していくこと。

□ 総合相談窓口の設置

　法制度の規定に基づき，分野を問わず，ワンストップで対応する相談窓口のこと。各種施策やサービスを総合化するうえで，住民の立場から各種施策や事業，サービスを総合化していくための方法の1つである。

□ 市町村における自治・ガバナンスの構築

　地域福祉計画の策定において住民の参加・参画を促進することで，住民自らが具体的な福祉活動を通じて，地域を治めていけるようになっていくこと。

□ 住民参加の手法

　住民懇談会を開催したり，住民が議論する際にワークショップの技法を用いるなどして，住民の参加を促進し，住民自らが福祉にコミットし，福祉の活動を担うようになること（住民の主体形成）を促すための手法。

□ コミュニティ・ソーシャルワーカー

　個々の住民の相談支援（個別支援）を担いながら，必要に応じて地域づくり（地域支援）も視野に入れて実践する福祉の専門職。

## Ⓑ　教授方法

### 1　授業指導案の準備

◆ 教員としての事前の教材開発

・教員自身が策定委員として関わっている計画，あるいは大学が所在する市町村の計画について，その策定プロセスや内容を整理し，よりリアリティをもって地域福祉計画を例示できるようにしておく。

◆ 学生たちへの予習課題

・学生の居住する市町村の計画について，ホームページ等で調べたり，市役所や社会福祉協議会を訪問させて担当者から計画について資料をもらい，説明を聞いてくるといった予習課題を（1ヵ月くらい前に）与えておく。

・A4用紙1枚程度に，①計画の目標，②計画の体系，③重点プログラムなど計画で力点の置かれていること，④計画策定のための組織体制，⑤計画策定に要した期間と住民参加の状況，といった項目について整理させる。授業の際にグループで報告させ，授業終了後，提出させる。

◆ アクティブラーニング

・5～6人程度のグループワークを通じて，学生が調べてきたそれぞれの市町村の計画について紹介させ，共通点や相違点を確認させる。

◆ 学生たちへの事後課題，あるいは学習を深めるために促すこと
・計画づくりが住民の主体形成を促すような地域福祉活動となるためには，専門職としてどのような専門性を身につけておく必要があるのか考えさせ，2週間くらいを目途にレポートにまとめ提出させる。

## 2 授業者の自己評価の視点
・地域福祉計画では説明することが多くなるため，学生がリアリティをもって学べるように授業を設計することができたか振り返ることが重要となる。
・地域福祉の計画では，他の福祉計画に比べて，それ自体が地域福祉活動であるとの観点が重視されるため，計画策定のプロセスにおいて住民が参加・参画し，主体形成していけるようにいかなる工夫がなされているのかということを，学生が学べるよう授業を設計することができたか振り返ることが重要となる。

## 3-1 他の項目との関連
地域福祉の理論Ⅰ・Ⅱ（03・04）　当事者活動（07）　小地域福祉活動（08）　ボランティア・NPO（10）　社会福祉協議会（11）　基礎自治体（14）　地域包括ケアシステム（19）　総合相談と権利擁護（20）　コミュニティワーク（24）　コミュニティ・ソーシャルワーク（25）　ニーズ把握とアセスメント（26）　プランニング（28）　ネットワーク（29）　社会資源開発／ソーシャルアクション（30）

## 3-2 他の科目との関連
・社会調査の基礎　・相談援助の基盤と専門職　・相談援助の理論と方法
・福祉行政と福祉計画　・福祉サービスの組織と経営

## 4 読ませたい基本文献
○武川正吾編『地域福祉計画』有斐閣，2005年
○上野谷加代子・杉崎千洋・松端克文編『松江市の地域福祉計画——住民の主体形成とコミュニティソーシャルワークの展開』ミネルヴァ書房，2006年
○茅野市の21世紀の福祉を創る会・日本地域福祉研究所編『福祉21ビーナスプランの挑戦——パートナーシップのまちづくりと茅野市地域福祉計画』中央法規出版，2003年

## Ⓒ 展　　開

### 1　本授業のねらい
①地域福祉計画，地域福祉活動計画の概念および全国的な策定状況について理解させる。
②具体的な事例を用いて，策定委員会や作業部会などの策定体制と，策定プロセスにおける住民参加の状況および住民の参加・参画を促進させていくための手法について理解させるとともに，地域福祉の計画づくりの取り組みそのものが地域福祉活動であるということについて，市町村における自治やガバナンスの構築の課題に関連づけて理解させる。
③地域福祉計画の内容について，総合相談体制の構築や専門職の配置，各種の施策やサービスの分野横断化の状況，地域福祉推進のための住民参加の促進に向けた方策，そしてネットワーク化や協働を進めていくための仕組みなどについて，具体的な事例の比較検討を通じて理解させる。

### 2　授業の展開
〈導入〉────────────────────────────〈20分〉
・社会福祉法における地域福祉計画に関する規定について確認する。
・社会保障審議会福祉部会「市町村地域福祉計画及び都道府県地域福祉支援計画策定指針の在り方について（一人ひとりの地域住民への訴え）」2002年，および全国社会福祉協議会『地域福祉計画・支援計画の考え方と実際』2002年をもとに「地域福祉計画」と「地域福祉活動計画」の概念について説明する。
・また，厚生労働省のホームページより「地域福祉計画」の策定状況について都道府県別の違いや市町村別の違いなどを確認する。

〈展開〉────────────────────────────〈60分〉
(1) 学生に予習課題として調べさせておいた，居住する市町村の地域福祉計画や地域福祉活動計画について，5～6名のグループに分かれて，①計画の目標，②計画の体系，③重点プログラムなど計画で力点の置かれていること，④計画策定のための組織体制，⑤計画策定に要した期間と住民参加の状況について簡潔に報告し，それぞれの市町村の特徴や共通点，相違点について確認する。
(25分)
(2) 2～3のグループの代表者にグループ討議を通じて気づいたことについて

報告してもらう。　　　　　　　　　　　　　　　　　　　　（10分）
(3) 地域福祉計画づくりのポイントとして，①住民参加の手法と住民の主体形成，自治・ガバナンスの構築の観点，②計画の内容について「総合化」「ネットワーク化」「協働」といった概念を確認しながら，制度の狭間の問題や複合多問題といったニーズに対応しうる「総合相談窓口」の設置や「コミュニティ・ソーシャルワーカーの配置」を計画策定を通じて進めていくといった観点に的を絞って解説する。　　　　　　　　　　　　　　　　（25分）

〈まとめ〉────────────────────────〈10分〉
　地域福祉の計画づくりは，単なる計画づくりではなく，その取り組み自体が地域福祉活動であるということを住民の主体形成や自治，ガバナンスの構築といった観点から確認するとともに，計画の内容においても「総合化」を1つの切り口として，計画策定を通じて今日的なニーズに対応する新たな福祉の仕組みづくりに寄与するものであることを確認する。

## 3　到達度評価
・地域福祉計画と地域福祉活動計画との違いと，それぞれの特徴について理解して，説明することができる。
・市町村が地域福祉計画を策定することの意義について，自治やガバナンスの構築，住民の主体形成という観点から，それを促進するための手法も含めて理解し，説明することができる。
・地域福祉計画の内容について，制度の狭間の問題や複合多問題といった今日的ニーズを踏まえつつ，各種施策や事業・サービスの総合化やネットワーク・協働の推進の必要性について確認し，計画策定を通じてそれを推進していくための仕組みとしての総合相談窓口の設置やコミュニティ・ソーシャルワーカーの配置などを盛り込むべきであることを理解し，説明することができる。

　　　　　　　　　　　　　　　　　　　　　　　　　　　　（松端）

# 23　海外事例との比較

## Ⓐ　教授内容

### 1　目　標
・事例を活用した国際比較を通じて，地域福祉とは何か，地域福祉の固有性，地域福祉を志向した実践とはどのようなものかについて理解できるようにする。
・地域の中で住民が生活困窮に直面している状況や社会的に孤立している状況がある時，そういった状況に対してそれぞれの国・地域では，どのような人たちによるどのような対応がなされているのかについて，事例，国際比較調査等を活用して具体的に学ぶ。
・比較を通じて，日本の地域福祉実践についての理解を深める。

### 2　教授上の基本的な視点
・他国・他地域での実践事例を単に先進事例として学ぶのではなく，地域福祉実践とは何か，何に視点を置いて実践し，検証する必要があるのかを理解できるようにする。
・地域福祉やローカル福祉ガバナンスのダイナミズム（当事者・地域住民の参加を含む），その中でのソーシャルワークの機能と役割について学べるように留意する。
・比較を通じて，各国の特徴，日本の地域福祉の特性について，考えられるようにする。

### 3　今日的な論点
・支援を必要とする人のニーズに対応する制度やサービスがある場合には，制度やサービスにつながる窓口や，どのような専門機関や専門職が関わって対応していくのかが比較的明らかであるが，制度の狭間の問題に見られるようなケースについて，発見から解決まで，どのような主体が関わり，連携・協働して解決している，あるいは解決しようとしているのかについて，具体的な実践事例の蓄積，検討からその方法論を構築していく必要がある。
・個別の課題が地域の課題として位置づけられているか。計画や政策への反映

が行われ，地域的な取り組みとして展開ができているか。個別ケースの解決にとどまらない実践方法論，すなわち，仕組みやシステムづくり等につなげる方法論が必要である。

## 4　教えるべき内容

①実践を見るための視点

他国・他地域での実践事例を単に先進事例として学ばせるのではなく，地域福祉実践とは何か，何に視点を置いて実践を見る必要があるのかを理解できるようにすることを主眼とする。そのために，実践を見ていくうえでの枠組みをある程度示す必要がある。たとえば，制度の狭間の問題に該当するケースへの地域における支援について，取り上げる国・地域においては，a.そのケースを誰が最初にどのように発見したか（発見），b.個別の支援において中心的な役割を果たすのは誰か（キーパーソン），c.支援のプロセスにおいてどのような連携・協働があるか（連携），d.支援のプロセスにおいてどのような資源が導入されたか（導入された資源），e.個別の課題を地域の課題として位置づけているか，計画や政策への反映，地域での取り組みの拡大ができているか（マクロな支援）等の枠組みを用いて，実践を比較分析する。

②地域福祉のダイナミズム

地域福祉や福祉ガバナンスのダイナミズム（当事者・地域住民の参加を含む），その中でのソーシャルワークの機能と役割について学べるように留意する。そのために，ビネットを活用して，学習者が「こういうケースがある場合，日本そして他の国では誰がどのように関わって解決しているのだろう」と関心とリアリティをもって考えられるようにする。その際には，取り上げる事例とそれを見ていく上記①で示したような枠組みにひきつけて，その国・地域の制度・施策やソーシャルワークの特徴について説明し，理解を深めるようにする。

③比較から見る日本の地域福祉

比較を通じて，各国の特徴，日本の地域福祉の特性について考えられるようにする。比較からわかる共通点・相違点の整理にとどまらず，改めて日本の地域福祉の特性について関心をもち，理解できるようにする。国別の比較を通じて，各国の中に地域による違いがあり，そうした違いの背景にある国と地方との関係，分権化等についての理解も学習課題として必要なことを伝え，関心をもたせる。

5 授業で理解させる基礎的な知識
□ 比較を通して実践を理解する方法
　ビネット（事例）の活用等による比較を通じて，海外の実践についての理解を深めることができるだけではなく，比較を通じた共通性や相違点の分析等から，日本の実践についての客観的理解が深まることについて，またそのための方法を理解させる。
□ 福祉ガバナンスの形成
　福祉に関わる関係者の相互作用または意思決定により規範や制度を形成，強化，あるいは再構築するプロセスについて理解させる。
□ 各国の実践の背景
　背景を理解するうえで必要最低限の，取り上げる国・地域についての概要と，取り上げるビネットに関係した福祉施策等についての知識を理解させる。

## Ⓑ 教授方法

1 授業指導案の準備
◆ 教員としての事前の教材開発
　ビネット（事例）の作成を行う。またはすでにあるビネットで活用できるものを準備する。比較する国・地域の選定と，それらの国・地域の概要についての情報収集と資料作成を行う。
◆ 学生たちへの予習課題
　講義で用いるビネット（事例）を事前に読んで，自分の暮らす地域で同じようなケースがあった場合，地域の中でどのような人たちがそのケース（個人・家族）を発見し，どのような人々や機関・団体等と，解決に向けてどのようにアクションするかを考えてくる。
◆ アクティブラーニング
　予習課題をもとに，ペアまたは小グループで，各自が考えてきたことについてディスカッションする。
◆ 学生たちへの事後課題，あるいは学習を深めるために促すこと
・ビネット（事例）で示されたケースについて，個別支援と地域課題としての取り組みとして総合的に取り組んでいくうえで，どのようなことが重要であり，また課題であるかについて，比較からの学びを活かし，地域の実情を調べて，レポート等で説明できるようにする。

・比較から関心をもったこと，海外の事例等でもっと知りたいことについて調べる。

## 2 授業者の自己評価の視点
・国際比較を通じて，地域福祉（実践）とは何かについて学生に関心をもたせ，理解を深めることができたか。
・地域福祉実践として検証する場合に，どのような点に着目する必要があるかを学生に理解させることができたかどうか。
・当事者・住民を含め，どのような主体がどのように問題を解決しようとしているのか，リアリティをもって学生自身が考えられるような教材の作成と提示ができたかどうか。

## 3-1 他の項目との関連
地域のくらしの構造（01）　地域福祉の意義と固有性（02）　社会的孤立と生活困窮（16）　地域包括ケアシステム（19）　総合相談と権利擁護（20）　ニーズ把握とアセスメント（26）　アウトリーチ（27）　プランニング（28）　ネットワーク（29）　社会資源開発／ソーシャルアクション（30）

## 3-2 他の科目との関連
・相談援助の基盤と専門職　・相談援助の理論と方法　・現代社会と福祉　・福祉行財政と福祉計画　・社会保障　・障害者に対する支援と障害者自立支援制度　・低所得者に対する支援と生活保護制度　・保健医療サービス　・権利擁護と成年後見制度　・高齢者に対する支援と介護保険制度　・児童や家庭に対する支援と児童・家庭福祉制度　・就労支援サービス　・更生保護制度

## 4 読ませたい基本文献
○上野谷加代子・斉藤弥生編『福祉ガバナンスとソーシャルワーク──ビネット調査による国際比較』ミネルヴァ書房，2015年

## Ⓒ 展　　開

### 1　本授業のねらい
・事例から考えてみよう：事例を活用した比較を通じて，地域福祉実践・ローカル福祉ガバナンスの基盤や文脈を理解する。
・実践の実際を知ろう：取り上げる国（地域）のビネットを用いた国際比較調査の結果等から見える地域福祉実践，ソーシャルワークの実際を理解する。
・比較によって得られた視点を踏まえて，改めて日本の地域福祉とその実践の特徴をつかむことで，地域福祉についての理解を深める。

### 2　授業の展開

〈導入〉――――――――――――――――――――――――〈15分〉
・授業のねらいについて説明。
・ビネット（事例）の提示。困難を抱えた個人や家族等のケースについて，自分の地域では誰が発見し，どのような人たちが関わって，どのように解決していると思うか，問いかける。または，事前課題として考えてきたことについて，ペアまたは小グループで報告し合う。

〈展開〉――――――――――――――――――――――――〈65分〉
(1) 取り上げる国の概要についての簡単な説明。
(2) どんな視点から比較するのか，比較分析するうえでの枠組みを提示し説明。
(3) ビネットで示されたケースに対する対応について，取り上げる国で実際に行われているかあるいは想定できる対応について，枠組みにそって伝える。
(4) (3)の背景にある制度・施策やサービス提供のあり方，当事者・住民の参加がどのように進められているのか，関係者の連携・協働を支える仕組み等について解説し，比較を通じて見える共通点・相違点の背景についての理解を促す。
(5) 比較を行う国におけるソーシャルワークやコミュニティワークを担う専門職の役割と機能についてその特徴を整理して伝える。

〈まとめ〉―――――――――――――――――――――――〈10分〉
・国際比較を通じて，そもそも地域福祉実践とは何を大切にし，どのような人

たちとともに進めていくものなのかについて，確認する。
・地域福祉，ローカル福祉ガバナンスにおけるソーシャルワーカーの役割と機能，その実践の基盤となる状況等について，国による共通点・相違点を確認する。
・比較から理解する日本の地域福祉・ローカル福祉ガバナンスの特徴について確認するとともに，より深い学習のために必要な知識等について伝える。

**3 到達度評価**
・地域福祉の実践についての比較をする際に，何に着目するのか。地域福祉実践とは何か，何に視点を置いて実践を見る必要があるのかを理解し，説明できる。
・地域福祉や福祉ガバナンスのダイナミズム（当事者・地域住民の参加を含む），その中でのソーシャルワークの機能と役割について，基本的な点を説明できる。
・比較を通じて，各国の特徴，日本の地域福祉の特性について説明できる。

（所）

# 4
# 地域福祉の方法

　地域福祉に携わる者としてどのような援助方法を学び，実践していく力を養っていく必要があるか。こうした視点から30項目の中で「地域福祉の方法」の内容が選定された。

　まずは従来，地域福祉における主要な援助方法として位置づけられてきた「コミュニティワーク」を学ぶことを取り上げた。海外においてはコミュニティ・インターベンションやコミュニティ・プラクティス等のように概念的な発展も見られるが，住民主体による地域福祉活動を支援する方法として国内外で積み重ねられたコミュニティワークの理論と方法は，時代的背景とともに理解していくことが求められる。また今日的には，「コミュニティ・ソーシャルワーク」も地域福祉における主要な方法として社会的に注目されており，コミュニティ・ソーシャルワークの展開を欠かすことはできない。コミュニティ・ソーシャルワークは，チームアプローチによる個別支援と地域支援の統合的実践であり，各地でコミュニティ・ソーシャルワーカーや地域福祉コーディネーターの配置も進められている。コミュニティワークとの違いを踏まえつつ，国内各地で展開されている実践を取り上げていくことが望まれる。

　そして，ソーシャルワークの展開プロセスや主要な機能の中で「ニーズ把握とアセスメント（個と地域）」「アウトリーチ」「プランニング」「ネットワーク」「社会資源開発／ソーシャルアクション」を取り上げた。これらを

教授する際には，専門職として住民の地域生活を支援する方法と，住民主体の活動を支援する方法との違いを学習者が理解できるように工夫することが求められる。さらに地域福祉における援助方法の特徴として，住民とともに問題解決に取り組んでいく視点が欠かせないことを各授業の中で繰り返し伝えていく必要がある。これらは具体的な事例を教材としていくことが求められ，その事例は他の科目では取り上げられないような制度の狭間の問題や，多様な生きづらさに焦点を当てていくことが大切である。

　各項目の特徴を挙げるならば，「ニーズ把握とアセスメント（個と地域）」では，個別のニーズ把握とあわせて，そのニーズを地域全体でとらえていくこと，「アウトリーチ」では特にニーズキャッチに焦点を当て，地域に潜在している声にならないニーズへ接近していくこと，「プランニング」では，既存のサービスを組み合わせるサービスマネジメントだけでなく，本人や家族，地域住民の力を高める視点をもつこと，「ネットワーク」では，その重要性を認識するだけでなく情報共有のルールやツールを明確にしてネットワーキングやネットワーク・マネジメントについても理解すること，「社会資源開発／ソーシャルアクション」では，既存の社会資源の枠の中だけで支援を考えず，開発と変革に向けた行動の展開を学ぶこと等が挙げられる。

　これらは例示にすぎないが，できるだけ教授者自身が関わっていたり，また直接ヒアリングをした経験がある事例を取り上げていくことが，リアリティある授業につながる。地域福祉を理念にとどめず，1人でも多くの人々が幸せに暮らせる地域社会を創っていく具体的な方法として，学生たちが魅力を感じる内容としていただきたい。

（菱沼）

# 24 コミュニティワーク

## Ⓐ 教授内容

### 1 目標

「地域福祉の方法の体系」として、コミュニティワークとコミュニティ・ソーシャルワークについて取り上げる。地域福祉の組織化として伝統的なコミュニティワークと、地域自立生活支援としてのコミュニティ・ソーシャルワークの相違点について正確に理解をしておくことが不可欠である。ただし本書では、地域福祉を日本的な背景から誕生したものとして位置づけているので、その方法としてのコミュニティワークとコミュニティ・ソーシャルワークも、日本の文脈に即して、学生が理解できるように整理する。

### 2 教授上の基本的な視点

・地域において福祉コミュニティを構築していくための方法として、コミュニティワークがある。岡村重夫はコミュニティについて、福祉コミュニティ（地域福祉組織化）と一般コミュニティ（一般地域組織化）という整理を行った。コミュニティワークはそうした地域福祉の基盤づくりの方法である。

・戦後（1951年）、3団体統合によって社会福祉協議会が設立される。社協は地域組織化の方法として、アメリカのコミュニティ・オーガニゼーションの理論と方法を取り入れる。日本における地域福祉の推進主体は社協から始まったが、その時の理論や方法論はコミュニティ・オーガニゼーションに依拠していた。

・アメリカにおけるコミュティ・オーガニゼーションはソーシャルワークの技法の1つとして位置づけられ、発展してきた。一方でコミュティワークは、イギリスで発展してきた。1970年代にイギリスにおけるコミュニティケアという考え方が日本に導入される中で、コミュニティワークも用いられるようになった。コミュニティ・オーガニゼーションとコミュニティワークは類似語だといわれるが、イギリスではガルベンキアン報告（1968年）に見られるようにソーシャルワークの分野だけではなく、地域に関わるさまざまな専門職やボランティアにとってのアプローチの1つであるという認識があった。

・日本では1970年代に入り、コミュニティケアをはじめとするイギリスの政

策の影響が大きくなり，1990年代以降はカリキュラムでも，コミュニティ・オーガニゼーションよりもコミュニティワークのほうが多く用いられるようになった。

## 3 今日的な論点

・コミュニティワークの機能は，発展的にコミュニティ・ソーシャルワークに内包されるという学説と，コミュニティワーク（地域組織化）とコミュニティ・ソーシャルワーク（地域自立生活支援）は重なる領域はあるが，それぞれ固有の目的や方法論を有しているという学説がある。

・地域福祉における「住民主体」という側面を重視した場合，ソーシャルワーカーが中心になるコミュニティ・ソーシャルワークがパターナリズムに陥ることを防ぎ，専門職と地域住民が対等な関係性を構築していくためにも，コミュニティワークが必要という立場がある。

・さらにコミュニティワークがソーシャルワークの方法論として，ソーシャルワーカーによる固有な専門技術なのか，ソーシャルワーカー以外の専門職や地域住民のリーダー層が，地域へアプローチする際に用いることができる技法なのかという論点がある。

・最近では，地域づくりやまちづくり，都市計画などが社会福祉との関連のもとに進められるようになってきた。またコミュニティデザインといった手法とコミュニティワークは，類似した点が多い。つまり社会福祉援助としてのコミュニティワークというだけではなく，広がりをもつようになっている。

## 4 教えるべき内容

①コミュニティワークの歴史

コミュニティワークの源流は，19世紀のCOS（Charity Organization Societies）やセツルメント運動において，地域を意識した援助をしてきたところにある。その後，地域改良や地域開発といった取り組みを通して，ソーシャルワークの方法として確立されてきた。また，地域へ働きかけていく方法として，保健，教育，住宅，都市計画といった他分野の人たちにも用いられるようになっていく。

②コミュニティワークの理論

コミュニティ・オーガニゼーションの理論として，レイン委員会報告，M. G. ロス，あるいはJ. ロスマンといった代表的な理論を整理する。日本の文献

としては，牧賢一による『コミュニティ・オーガニゼーション概論』(全国社会福祉協議会，1966年) や永田幹夫『地域福祉組織論』(全国社会福祉協議会，1985年) は初期の理論かつ社会福祉協議会における地域組織化との関連で重要である。

③コミュニティワークの展開

問題把握（地域アセスメント）→解決に向けた計画→実施→評価というプロセスの中で，どの段階で「組織化」を行うかが展開プロセスとしては重要な選択である。まず「組織化」をした後に地域の問題を把握していくか，あるいは問題が生じた後に，解決のための組織化をしていくか，などの違いがある。

④コミュニティワークの技法

地域アセスメント，ネットワーク，住民参画（ワークショップ，カードワーク），住民参加型調査，地域福祉懇談会，広報・情報発信，啓発・福祉教育，社会資源開発，地域福祉計画，コミュニティ・アクション，コミュニティワーク記録，事例検討など。

## 5 授業で理解させる基礎的な知識

□ 地域福祉の発展と地域組織化

戦後の日本における地域福祉の発展と社会福祉協議会の役割を理解するうえで，コミュニティ・オーガニゼーションの理論と方法が果たしてきた変遷を理解する。

□ コミュニティワークの今日的な意義と現状

今日的な地域福祉の課題解決，その基盤づくりを進めていくうえでコミュニティワークが必要とされている現状。たとえば，中山間地域などの地域再生，災害地復興。

## Ⓑ 教授方法

### 1 授業指導案の準備

◆ 教員としての事前の教材開発

大学が所在する地域の地域組織化の歴史や現状を知る。たとえば地区社会福祉協議会の有無，組織概要，その組織化の経過，活動内容などについて把握しておく。

◆ 学生たちへの予習課題

事前に地域アセスメントのワークシートを配付し，自分が暮らしている地域の社会資源や地域特性について調べたり，地域の生活課題やニーズについて調べてみる。
◆　アクティブラーニング
　学生たちがコミュニティワーカーとして，担当地区で地域福祉行動計画を策定することを想定する。そのうえで，住民参加を重視してどのように計画を策定していくかをシミュレーションしてみる。
◆　学生たちへの事後課題，あるいは学習を深めるために促すこと
　実際に地域踏査をしてみて，地域特性を把握する。そのうえで民生委員など地域福祉の関係者にインタビューなどを行い，地域でのフィールドワークを体験してみる。

## 2　授業者の自己評価の視点

　事例を用いて，コミュニティワークの展開プロセスを理解させられたか。その際に，「組織化」をどのように図るかを具体的に考えさせられたか。
　コミュニティワークの技法を紹介し，相談援助演習の授業と関連づけることができたか。

## 3-1　他の項目との関連

地域のくらしの構造（01）　　地域福祉の歴史Ⅰ（05）　　当事者活動（07）
小地域福祉活動（08）　　地域福祉計画（22）

## 3-2　他の科目との関連

・相談援助演習　・社会福祉調査

## 4　読ませたい基本文献

○高森敬久・髙田眞治・加納恵子・平野隆之『地域福祉援助技術論』相川書房，2003年
○濱野一郎・野口定久・柴田謙治ほか編『コミュニティワークの理論と実践を学ぶ』みらい，2004年
○武川正吾編『地域福祉計画——ガバナンス時代の社会福祉計画』有斐閣，2005年

## Ⓒ 展　開

### 1　本授業のねらい

　地域福祉の推進にあたって，コミュニティワークが必要なことを理解し，その具体的な展開プロセスと技法について整理する。その際に相談援助演習との関連を意識して，本授業の内容を通じて，演習でより実際的な技法を身につけられるようにする。

### 2　授業の展開

〈導入〉─────────────────────────〈15分〉

DVD視聴（地域住民向けの啓発ビデオ）

　『急げ！ ふれあいネットワークづくり』（水俣市社会福祉協議会）

　DVDを視聴しながら，気づいたことをノートさせる。

　例：登場人物（地域のどんな人たちが何人くらい登場しているのか）。
　　　このDVDで制作者（社協）が住民に伝えたいことは何か。
　　　そのことが，効果的に伝わっているかどうか。

学生たちが気づいたことを報告した後に，DVDの製作の意図や工夫について解説する。コミュニティワーカーの視点として，どのようなことを工夫しているのか。

〈展開〉─────────────────────────〈60分〉

(1) コミュニティワークの展開プロセス　　　　　　　　　　　（20分）

　展開プロセスについて基本的なパターンを示す。そのうえで「組織化」をどのように進めていくか，コミュニティワーカーとしての判断や選択の必要性について理解する。その際に，「課題共有型」「課題解決型」「プロセス重視型」という基本パターンを知る。

図　コミュニティワークのプロセス

問題解決型の組織化
　問題把握 → 計画 → 実施 → 評価
　　　　　組織化

問題共有型の組織化
　　問題把握 → 計画 → 実施 → 評価
　組織化

プロセス重視型の組織化
　　問題把握 → 計画 → 実施 → 評価
　準組織化　組織化

(2) コミュニティワークの理論　　　　　　　　　　〈20分〉
　こうしたコミュニティワークの歴史と基本的な理論を整理する。COS，セツルメント運動の復習をしながら，地域組織化の意味について考える。それがやがて日本におけるコミュニティ・オーガニゼーションからコミュニティワークへと発展していった過程を，主な理論や社協の変遷を踏まえて解説する。

(3) コミュニティワークの技法と実際　　　　　　　　〈20分〉
　展開プロセスに基づいて，そこで用いられるコミュニティワークの技法について紹介する。その際に，実際に地区で地域福祉行動計画を策定することを想定して，その策定手順とコミュニティワークの技法を重ねながら，解説をする。

〈まとめ〉───────────────────────〈15分〉
　身近な地域で，地域福祉を推進するために計画化を進めることを想定して，コミュニティワーカーとして，どのようなことに注意していけばよいかを考える。コミュニティ・エンパワメントの視点から，地域住民が援助の対象にとどまるのではなく，やがて推進主体になっていくことで，住民主体の地域福祉が構築されるようにすることを目標として，コミュニティワークをどう実施すればよいかを考える。

## 3 到達度評価
・コミュニティワークの変遷を踏まえて，今日的な役割が理解できたか。
・授業で提示されたコミュニティワークの技法について，演習でさらに深めたいという関心が湧いたかどうか。
・コミュニティワークとコミュニティ・ソーシャルワークの相違点を整理することができたか。

　　　　　　　　　　　　　　　　　　　　　　　　　　　（原田）

# 25 コミュニティ・ソーシャルワーク

## (A) 教授内容

### 1 目標
　地域福祉の組織化として伝統的なコミュニティワークと，地域自立生活支援としてのコミュニティ・ソーシャルワークの相違点について正確に理解をしておくことが不可欠である（項目24を参照）。

### 2 教授上の基本的な視点
・コミュニティ・ソーシャルワークは，イギリスのバークレー報告（1982年）に初めて登場する。この報告は制度によるサービスを活用した専門的な個別支援と，近隣住民によるインフォーマルなサービスを統合的に提供するアプローチが必要だとする提言である。その背景にはソーシャルワークの方法論の統合化に向けた論議があった。
・日本ではこの考え方を参考に，1990年に「生活支援事業研究会」（座長：大橋謙策）が当時の厚生省に組織され，コミュニティ・ソーシャルワークについての研究がなされた。この報告書によって1991年からは「ふれあいのまちづくり事業」が創設された。しかしながら，当時は措置行政の中でコミュニティ・ソーシャルワークという考え方が十分に浸透しなかった。
・1990年の社会福祉関係八法改正，2000年の社会福祉基礎構造改革において，地方分権が進み，地域福祉のシステム化が図られるようになり，一方で福祉ニーズの潜在化，多様化，複合化などが進展する中で，コミュニティ・ソーシャルワークという機能，コミュニティ・ソーシャルワーカーという役割が注目された。
・2008年の「これからの地域福祉のあり方に関する研究会」報告書では，地域福祉コーディネーター（コミュニティ・ソーシャルワークの機能）について提案がなされ，やがて「安心生活創造事業」や「生活困窮者自立支援制度」へと発展してきた。
・コミュニティ・ソーシャルワークの発想は，バークレー報告に始まるが，日本では，イギリスからの単純な導入ではなく，むしろ日本における問題状況や

地域福祉との関連の中で，独自の発展をしてきたといえる。
・NHK 連続ドラマ『サイレント・プア』は大きな反響を呼び，視聴した学生たちも多い。ゴミ屋敷に住む人たちやひきこもりの人たち。制度の狭間で悩む人たちや貧困や排除によって苦しんでいる人たちなど，学生たちの社会問題への意識を喚起し，コミュニティ・ソーシャルワークが必要とされる社会的背景を考えさせる。

## 3　今日的な論点

・コミュニティ・ソーシャルワークは，個別支援とケアリングコミュニティづくりを一体的・連続的に展開する方法・機能・技術である。ジェネラリスト・ソーシャルワークの理論に基づき，地域の中で自立生活支援が求められている。
・コミュニティ・ソーシャルワークの機能は，従来のカウンセリング重視のケースワークでもなく，福祉コミュニティを組織化するコミュニティワークとも違う。むしろ新しい地域福祉を再編する方法論としての可能性がある。

## 4　教えるべき内容

①コミュニティ・ソーシャルワークの概念と機能

コミュニティ・ソーシャルワークについては，大橋謙策による定義が代表的ではあるが，定説にはなっていない。むしろ現段階では，他の援助方法と異なる固有性を概念としてまとめられている状況である。さらに，コミュニティ・ソーシャルワークの機能については実践研究に基づき分析されている。ちなみに大橋は CSW の 11 の機能としてまとめている。

②コミュニティ・ソーシャルワークの展開方法

コミュニティ・ソーシャルワークの最大の固有性は，個別支援と地域支援を一体的・連続的に展開することである。よって個別支援のためのアセスメントだけではなく，近隣の状況も含めて地域アセスメントを並行して実施する。それらを総合的に判断してプランニングを行う。さらには支援が個別の生活支援だけに向かうのではなく，ソーシャルサポートネットワークをはじめ，最終的には地域福祉計画も含めたシステム構築に向かう。

③コミュニティ・ソーシャルワークを活かす視点

コミュニティ・ソーシャルワークでは，アウトリーチを通して，ストレングス・アプローチを意識的に行う。支援においてはチームが大切で，ネットワー

クによる社会資源開発が重要になる。また福祉教育など地域住民への働きかけが不可欠である。

　④コミュニティ・ソーシャルワークの実践事例

　新しい支援方法であるが，すでに各地で実践が試みられてきた。今の段階では，そうした先進地の取り組みにおいて経験知の中から生まれてきたノウハウを学んでいくことが重要である。学生たちへ実践事例を伝えることで，コミュニティ・ソーシャルワークの内実をつくりだしていく必要がある。

## 5　授業で理解させる基礎的な知識

□　バークレー報告（1982年）

　イギリスにおいて社会福祉に影響を与えた主要な報告書について整理する。バークレー報告はソーシャルワーカーの役割と任務について報告をしている。

□　「これからの地域福祉のあり方に関する研究会」報告（2008年）

　地域において生活のしづらさを抱えている人たちを支援するために，行政と住民の協働が必要であり，そのための機能としてコミュニティ・ソーシャルワークが必要であることを打ち出した。

□　生活困窮者自立支援制度とCSW

　本制度は2015年度から始まった。制度の目標として「生活困窮者の自立と尊厳の確保」と「生活困窮者支援を通じた地域づくり」が掲げられている。前者では本人の内面からわき起こる意欲や想いを主役にするといったエンパワメントが重視されており，後者では「支える，支えられる」という一方的な関係ではなく，「相互に支え合う」地域を構築するといったケアリング・コミュニティの考え方が位置づけられている。

## Ⓑ　教　授　方　法

### 1　授業指導案の準備

◆　教員としての事前の教材開発

　コミュティ・ソーシャルワークそのものが新しい概念であり，かつ新しい援助方法のため，きちんとした説明が求められる。2000年以降になって先行研究や文献が出始めているので，きちんと先行研究を確認したうえで実践事例を紹介し，説明できるようにする。

◆　学生たちへの予習課題

コミュニティ・ソーシャルワークについての事例を渡し，当該事例のどこがコミュニティ・ソーシャルワークらしい支援なのかについて，自分の見解をノートに整理させておく。

◆ アクティブラーニング

　近所でゴミ屋敷への苦情が起こっている。本人は面会を拒絶しているが，ご近所からは転居してほしいという声も自治会長に届いている。今後，ソーシャルワーカーとしてどう対応していくか，支援のプランを考えてみる。

◆ 学生たちへの事後課題，あるいは学習を深めるために促すこと

　コミュニティ・ソーシャルワークの事例を集め，事例研究ができるようにする。

## 2　授業者の自己評価の視点

　新しい概念や実践であるので，学生に伝えるためには授業者が教材研究をしておく必要がある。他の援助方法との相違点について正確に理解ができているかどうか，自己点検しなければならない。

### 3-1　他の項目との関連

地域のくらしの構造（01）　　社会的孤立と生活困窮（16）　　地域包括ケアシステム（19）　　総合相談と権利擁護（20）　　ニーズ把握とアセスメント（26）

### 3-2　他の科目との関連

・相談援助の基盤と専門職　・相談援助の理論と方法

## 4　読ませたい基本文献

○日本地域福祉研究所監修／中島修・菱沼幹男編『コミュニティソーシャルワークの理論と実践』中央法規出版，2015年
○大橋謙策ほか編『コミュニティソーシャルワークと自己実現サービス』万葉社，2000年
○岩間伸之・原田正樹『地域福祉援助をつかむ』有斐閣，2012年
〈視聴覚教材〉
○ DVD『プロフェッショナル 仕事の流儀』第232回（2014年7月7日放送）
　コミュニティ・ソーシャルワーカー　豊中市社協　勝部麗子さん

## Ⓒ 展　　開

### 1　本授業のねらい
　コミュニティ・ソーシャルワークについて，日本において期待されている背景や実践，また数少ないがモデル的な事例の紹介を通して，展開方法や視点について学習する。

### 2　授業の展開
〈導入〉──────────────────────────〈15分〉
　DVD『仕事の流儀 プロフェッショナル』第232回（2014年7月7日放送）
　コミュニティ・ソーシャルワーカー　豊中市社協　勝部麗子さん
　コミュニティ・ソーシャルワーカーの業務，仕事の難しさややりがいについて，CSWのモデルになった勝部さんの実践に基づいて，その固有性や視点を整理する。

〈展開〉──────────────────────────〈65分〉
(1) 日本においてCSWが求められている背景について　　　　（10分）
　1990年以降の取り組みについて解説する。
　今日的な福祉ニーズ，制度の狭間，複合的な問題，社会的孤立等について，事例を用いて説明する。
(2) CSWの代表的な概念と変遷について　　　　　　　　　　（10分）
　定説にはなっていないが，主な論者の概念定義について紹介し，それぞれの研究者による力点の相違点を比較する。
(3) CSWの展開方法について　　　　　　　　　　　　　　　（10分）
　個別支援のアセスメントと地域アセスメントを統合する視点，支援計画，実施，評価といったCSWの展開方法について整理する。
(4) CSWを活かす視点について　　　　　　　　　　　　　　（10分）
　アウトリーチ，ストレングス，ネットワークを中心に概念とアプローチの方法について解説する。
(5) CSWが大切にしてきた事例について　　　　　　　　　　（10分）
　CSWたちが大切にしている「逃げない」「断らない」「寄り添う」といった経験や実践知によるキーワードについて紹介する。
(6) グループワーク　　　　　　　　　　　　　　　　　　　（15分）

「近隣でゴミ屋敷に暮らしている住民への支援について」
　近隣の住民役，ひきこもっている本人役，ソーシャルワーカー役に分かれてロールプレイをしてみる。

〈まとめ〉――――――――――――――――――――――――〈10分〉
　グループワークを通して，それぞれの立場の言い分を整理する。そのうえで，CSWはどう調整していけばよいのか，その難しさと意義について整理を試みる。

**3　到達度評価**
　コミュニティ・ソーシャルワーカーについて，その必要性と意義について理解し，自らの言葉で説明することができる。
　ゴミ屋敷の住民への対応について，ロールプレイを通して，それぞれの立場の意見と協働して支えていくための道筋をつくることができたか。

（原田）

# 26 ニーズ把握とアセスメント（個と地域）

## Ⓐ 教授内容

### 1 目　標

　地域福祉が目指すのは，さまざまな生きづらさを抱えながら生活している人々が生きる意欲をもって生活を再建していける環境を整え，時には直接的な支援を行いながら，地域での生活を支えていくことである。そのためには，個々の生きづらさの背景にあるニーズを明らかにし，必要な支援を見極めていく力が求められる。またその人々が暮らす地域社会に目を向けて，支援に活用できる社会資源を把握し，結びつけ，社会資源がなければ開発に向けて行動していく力も求められる。こうしたニーズ把握とアセスメントを個別支援レベルと地域支援レベルにおいて展開していくうえでの視点と方法を理解させる。

### 2　教授上の基本的な視点

　支援を必要とする個々人のニーズ把握とアセスメントについては，相談援助関連の科目でも学ぶが，この項目では個人だけでなく，その個人を取り巻く環境（家族，友人，近隣関係，地域の社会資源等）についても目を向けることの大切さを教えていく。また，地域には相談窓口につながってこない潜在的なニーズがあり，そのニーズへの気づきとアウトリーチの方法，あるいは自ら支援を訴えてこない人々との関係構築についても教えていく。

　地域のニーズ把握とアセスメントについては，地域特性（地域の歴史，産業，人口動態，住民間の力学等）や社会資源（機関・団体・施設やサービス，人材，ネットワーク，財源等）の把握とともに，地域全体としての住民ニーズを把握していく重要性と方法を教えていく。その際には，漠然とした地域アセスメントでなく，その地域で暮らす1人ひとりを支えるため，また地域の力を高めるために必要な地域アセスメントを行うことが重要であることを教える。

### 3　今日的な論点

　支援を必要とする人が制度による支援の対象となっている場合は，対応する専門職が明確であるが，制度の狭間の問題に対しては，対応する専門職がいな

いため，そのニーズが置き去りになってしまいかねない。そのため，制度の狭間にあるニーズを抱える人に対して，誰がニーズ把握やアセスメントを行うかが重要であり，こうした活動を担う専門職を配置する必要がある。

### 4 教えるべき内容
①ニーズのとらえ方

ニーズについては，本人や家族が訴えているものだけでなく，専門職から見た支援の必要性の双方からとらえることが大切である。そのため，ブラッドショウの4つのソーシャルニードを教えることが大切である。また，ニーズ解決の優先順位については，マズローの欲求階層説における下層から対応していくことを他科目で教授されることがあるが，これは適切ではない。マズローはそれぞれのニーズが相互に関連していることを述べており，優先順位は本人の思いや福祉専門職等との話し合いによって異なってくるものである。

②潜在的ニーズとその背景

地域には相談支援窓口につながらず，埋もれているニーズがある。相談する意欲や相談できる力がなければ，相談支援窓口を増やしても対応ができない。生活を支えるさまざまな制度やサービス，民間活動等があるが，そこにつながらず埋もれてしまうニーズの背景には次のようなことがある。a.援助対象になっていない。b.援助の要請ができない。c.援助を受けたくない。d.援助の制度を利用できない。e.援助の必要性を感じていない。授業ではこうした潜在的ニーズとその背景について具体的な事例を通して教えることが大切である。

③住民ニーズの把握方法

住民ニーズの把握方法には，a.日常業務を通しての地域状況の把握，b.行政統計資料の分析，c.ヒアリング調査，d.アンケート調査，e.住民座談会，f.戸別訪問，g.地域踏査等，さまざまな方法がある。ここで留意しなければならないのは，自らニーズを訴えることができない人々の声を把握する方法である。アンケート調査では支援を必要とする人々は回答が困難な場合が多い。また住民座談会に参加できる人も限られている。そのため，ニーズを代弁する者として福祉専門職を対象とした調査を行ったり，住民座談会等に出席してもらうことが大切である。また，調査はニーズ解決に必要な手立てを考えるために必要な情報を集めるという観点から行うことが重要であり，調査項目の設計が要となる。

## 5　授業で理解させる基礎的な知識

□　ブラッドショウ（1972）による4つのソーシャルニード

　ブラッドショウは，ソーシャルサービスの提供におけるソーシャルニードを以下の4つに整理している。エクスプレスド・ニード（表明されたニード），ノーマティブ・ニード（規範的ニード），フェルト・ニード（感得されたニード），コンパラティブ・ニード（比較的ニード）。出典：J. Bradshaw (1972) "The Concept of Social Need," *New Society*, 30, pp.640-643

□　ジェネラリスト・ソーシャルワーク・モデルにおける一般アセスメント項目

　渡部律子（2011）は，アメリカのソーシャルワークにおいて活用されている一般アセスメント項目を紹介しており，アセスメントの枠組みとして重要である。

---

1.何がクライエントの問題なのか？　2.問題の具体的な説明　3.この問題に関するクライエントの考え，感情および行動は何か？　4.この問題はどのような発達段階や人生周期に起こっているのか？　5.この問題はクライエントが日常生活を営むのにどれほど障害となっているのか？　6.この問題を解決するためにクライエントが使える人的・物質的資源　7.この問題解決のためにどのような解決方法あるいは計画がすでに考えられたり，とらえられたりしたか？　8.なぜクライエントは援助を受けようと思ったのか？　進んで援助を受けようと思っているのか？　9.問題が起こるのに関係した人や出来事，それらの人間や出来事は問題をよりわるくしているか，あるいはよくしているか？　10.クライエントのどのようなニーズや欲求が満たされないためにこの問題が起こっているのか？　11.だれが，どんなシステムがこの問題に関与しているのか？　12.クライエントのもつ技術，長所，強さは何か？　13.どのような外部の資源を必要としているか？　14.クライエントの問題に関する医療・健康・精神衛生などの情報　15.クライエントの生育歴　16.クライエントの価値観，人生のゴール，思考のパターン。

---

## Ⓑ　教授方法

### 1　授業指導案の準備

◆　教員としての事前の教材開発

　ニーズ把握やアセスメントを考えるための個別事例を用意する。また住民と専門職が協働でニーズ把握を行っている先進事例を調べて教材としてまとめる。

◆　学生たちへの予習課題

事前に個別事例とワークシートを配付してアセスメントを行ってくる。また，自分の地域ではどのようなニーズ把握を行っているかを調べる。
◆　アクティブラーニング
　例1：教材として提示した個別事例に対して，アセスメントすべき項目をグループで話し合う。そのうえで，同様なニーズをもっている人々の状況を把握するために考えられる調査方法を話し合う。
　例2：地域の中で埋もれている潜在的ニーズについて，グループで話し合いを行う。その時には，自ら相談窓口に来ることができない，あるいは来ない人々は誰かという観点で考えてもらう。
◆　学生たちへの事後課題，あるいは学習を深めるために促すこと
　先駆的取り組みを行っている自治体等，他の地域の自治体の地域福祉計画や地域福祉活動計画を調べて自分の地域の自治体との比較を行ってみる。

## 2　授業者の自己評価の視点
　グループでの話し合いの状況やリアクションペーパーの内容により，提示した教材が適切であったかを自己評価する。

## 3-1　他の項目との関連
総合相談と権利擁護（20）　　地域福祉計画（22）　　アウトリーチ（27）

## 3-2　他の科目との関連
・相談援助の理論と方法　・社会調査の基礎

## 4　読ませたい基本文献
〇渡部律子『高齢者援助における相談面接の理論と実際〔第2版〕』医歯薬出版，2011年
〇藤里町社会福祉協議会・秋田魁新報社共同編集『ひきこもり　町おこしに発つ』秋田魁新報社，2014年

## Ⓒ 展　開

### 1　本授業のねらい
・地域生活を送るうえで重要な個別アセスメントの視点について理解する。
・地域で埋もれている潜在的ニーズの把握方法について理解する。
・地域アセスメントの内容と方法を理解する。

### 2　授業の展開

〈導入〉――――――――――――――――――――――〈15分〉

　個別事例（たとえば認知症の症状が見られ始めた独居高齢者，地域の中で孤立している精神障害者等）を紹介しながら，地域生活を支えるために必要なニーズ把握やアセスメントの重要性や，その人々がくらしている地域にも目を向けていくことの大切さを話し，学習意欲を喚起する。

　※個別事例については事前にワークシートとともに配付しておき，各自がワークシートを作成したうえで授業に臨むようにすることもできる。

〈展開〉――――――――――――――――――――――〈60分〉
展開例1：
(1) ブラッドショウの4つのソーシャルニードを解説し，事例の登場人物のニーズとして考えられるものを学生に挙げていってもらう。
(2) 次にアセスメントすべき項目について，考えられるものを挙げてもらい，その内容をジェネラリストソーシャルワークモデルの一般アセスメント項目と対比させていきながら，個別アセスメントの枠組みを理解させる（あるいは，アセスメント項目を最初に提示し，その枠組みから事例の情報を整理させていくこともできる）。
(3) 事例と同様なニーズをもつ人々の状況を把握するためには，どのような方法が考えられるかを挙げてもらい，地域アセスメントにおけるニーズ把握の方法を考える力を養う。地域アセスメントには，地域特性の把握，社会資源の把握，住民ニーズの把握があることを理解させる。

展開例2：
(1) 生活ニーズを抱えながら地域の中に埋もれている人々（自ら相談窓口へ電話や訪問したり，周りの人々へ困りごとを訴えられない人々）として，思いつ

く限りの人々を挙げてもらう。
(2) このようなニーズに対して，どのように把握・接近していけるか考えられる方法を挙げてもらう。たとえば地域住民や専門職，ライフライン業界からの連絡や，行政データの分析による絞り込みが考えられ，地域アセスメントから家庭訪問等のアウトリーチができることを解説する（具体的な事例として，秋田県藤里町社会福祉協議会によるひきこもり者の把握とアウトリーチの実践等を紹介する）。
(3) 学生たちがくらしている地域では，どのような地域アセスメントが行われているか，事前に調べてきたことを発表してもらう。その際に，潜在的ニーズの把握や接近が行われているかという観点からも内容を整理し，望ましい地域アセスメントについて考える視点を養う。

〈まとめ〉――――――――――――――――――――〈15分〉
　専門職は自らが所属する機関や担当業務の立場から，対応できる範囲内でのニーズ把握やアセスメントにとどまりやすく，サービスの枠内で支援を考えていく「サービス志向」になりがちになることを伝える。そのうえで，サービスの枠にとらわれず1人ひとりの生活ニーズに向き合って支援を考えていく「ニーズ志向」が大切であることを伝える。特に制度の狭間の問題等は，対応する専門職がいないため，ニーズ把握やアセスメント自体が行われない場合があり，地域福祉のコーディネーターが担う役割の重要性についても解説する。
　また，ニーズ把握やアセスメントは，支援に生かすために必要な取り組みであり，このこと自体が目的となり，支援につながらないことがないように留意することの大切さを話す。

## 3　到達度評価
　個と地域のニーズ把握とアセスメントの視点と方法を理解したかどうかや，事例に即して，必要なニーズ把握とアセスメントを考えることができたかどうかをリアクションペーパーやテスト等で確認する。

（菱沼）

# 27 アウトリーチ

## A 教授内容

### 1 目標
　地域における生活課題が多様化，深刻化，潜在化する中で，支援の1つの方法としての「アウトリーチ」の重要性が強く認識されるようになっている。この項目では，近年の地域における生活課題の変化を理解するとともに，アウトリーチの重要性や目的等の概念整理，さらに実践的な方法論的観点からアウトリーチの機能について習得する。また，生活困窮者自立支援法の施行によって，制度の狭間の課題や潜在化したニーズへのアウトリーチが制度的にも具体化しつつあることについての理解を促す。

### 2 教授上の基本的な視点
・アウトリーチとは，単なる「訪問支援」ではなく，できる限り本人たちのいるところ，つまり居所等を拠点として展開する支援の方法として，広義に理解する必要がある。
・現代社会における地域生活上の課題が変化してきており，援助専門職が相談所等で待ち，情報が入ってきてから動き出すというパターンでは，支援が後手後手に回ることになる。アウトリーチは，これを回避する方法となる。
・現行の制度から漏れ落ちる「制度の狭間」にある人たちへの対応においても，アウトリーチは有効な方法となる。
・現代ソーシャルワーク実践である予防的支援の推進にあたって，アウトリーチは不可欠な方法となる。
・生活困窮者自立支援法の施行により，アウトリーチが総合相談における1つの方法として位置づけられるようになっている。

### 3 今日的な論点
・アウトリーチは，従前からソーシャルワークの1つの機能として位置づけられてきたものであるが，十分に遂行されてこなかった機能である。
・地域を基盤としたソーシャルワークの実践においても，アウトリーチは「個

と地域の一体的支援」の前提となる方法である。
・アウトリーチの概念は、単なる「訪問支援」ではなく、もっと広範な機能であるが、その具体的な機能についてはまだ十分に理論化が進んでいるわけではない。
・アウトリーチは、制度の狭間にある課題へのアプローチや予防的支援と密接な関係があるが、その機能については、十分に検証されてきたわけではない。
・生活困窮者自立支援法の施行によって、制度上においてもアウトリーチは重要な方法として位置づけられている。

## 4　教えるべき内容

①地域の生活課題の変化

地域における生活課題は、多様化、深刻化、潜在化の様相を呈しており、従前の支援の枠組みでは対応できない課題が増え、また「制度の狭間」の問題も増加している。

②「アウトリーチ」の機能の概念

アウトリーチとは、単なる「訪問支援」ではなく、ソーシャルワーク実践として、できる限り本人たちのいるところ、つまり居所等を拠点として展開する支援の方法である。また、予防的支援における重要なアプローチであることも伝える。

③アウトリーチのための具体的な方法

アウトリーチのための具体的な方法について検討し、多様なバリエーションがあることを学ぶ。

## 5　授業で理解させる基礎的な知識

□ 地域における生活課題の変化

近年の地域における生活課題が多様化、深刻化、潜在化していることの理解。

□ アウトリーチの概念と機能

ソーシャルワークにおけるアウトリーチの位置づけ、目的および機能等に関する理解。

□ 生活困窮者自立支援制度におけるアウトリーチ

生活困窮者自立支援制度における総合相談においてもアウトリーチは重要な位置づけにあることの理解。

## B　教授方法

### 1　授業指導案の準備

◆　教員としての事前の教材開発

・アウトリーチの実際として、どのようなバリエーションがあるかについて情報を得る。

・生活困窮者自立支援制度において、アウトリーチがどのような位置づけにあるのかについて情報を得る。

・総合相談（地域を基盤としたソーシャルワーク）におけるアウトリーチの位置づけについて理解を深める。

◆　学生たちへの予習課題

・「自らSOSを発することができない人」とはどういう課題を抱えている人たちであるのかについて、意識化できるように課題を出す。

・地域を基盤としたソーシャルワークの基本的な視座について予習しておく。

◆　アクティブラーニング

・「自らSOSを発することができない人」や「アウトリーチの多様なバリエーション」等について、グループ討議を通して学びを深める。

・地域包括支援センター、生活困窮者自立支援法に基づく自立相談支援機関、総合相談を実施している社会福祉協議会等におけるアウトリーチの実際を学ぶ機会を提供する。

◆　学生たちへの事後課題、あるいは学習を深めるために促すこと

・地域を基盤としたソーシャルワークの理論との整合性をもたせる。

・アウトリーチの積極的な推進と地域福祉の推進とが密接に関係していることを意識できるように促す。

### 2　授業者の自己評価の視点

・現代社会における地域生活上の課題の変化にあって、アウトリーチの重要性について説明できたか。

・アウトリーチの多様なバリエーションのうち、いくつかの代表的な方法について説明できたか。

・地域を基盤としたソーシャルワークにおけるアウトリーチの位置づけについて説明できたか。

## 3-1 他の項目との関連
小地域福祉活動（08）　　民生委員・児童委員（09）　　ボランティア・NPO（10）　　社会福祉協議会（11）　　福祉教育（15）　　社会的孤立と生活困窮（16）

## 3-2 他の科目との関連
・相談援助の基盤と専門職　・相談援助の理論と方法　・権利擁護と成年後見制度

## 4　読ませたい基本文献
○岩間伸之「地域を基盤としたソーシャルワークの特質と機能――個と地域の一体的支援の展開に向けて」『ソーシャルワーク研究』37 (1), 2011年
○岩間伸之・原田正樹『地域福祉援助をつかむ』有斐閣, 2012年
○岩間伸之「地方自治体における生活困窮者支援制度がもつ意味と可能性――住民の生活を基点とした行政施策の転換に向けて」『月刊福祉』98 (1), 2015年
〈視聴覚教材〉
○DVD『サイレント・プア』NHKエンタープライズ, 2015年

## Ⓒ 展　開

### 1　本授業のねらい

　近年の地域における生活課題が多様化，深刻化，潜在化の様相を呈していることを理解し，アウトリーチの重要性と概念整理，さらに実践的な方法としてアウトリーチの手法のバリエーションを学ぶ。さらに，地域を基盤としたソーシャルワークにおけるアウトリーチの位置づけについて理解を深めるとともに，生活困窮者自立支援制度においても重要な方法となっていることを学ぶ。

### 2　授業の展開

〈導入〉――――――――――――――――――――――――――〈5分〉

　近年の地域における生活課題が多様化，深刻化，潜在化の様相を呈していることを解説し，従来型の実践では課題にアプローチできなくなっていることを伝える。その打開策の1つとして，待ちの姿勢ではなく出向いていく実践としての「アウトリーチ」が重視されることになっていることをイントロダクションとして伝える。

〈展開〉――――――――――――――――――――――――――〈75分〉

(1)「自らSOSを発することができない人」に関するグループ討議＋講義
　　　　　　　　　　　　　　　　　　　　　　　　　　　　　(25分)

　地域における「自らSOSを発することができない人」とはどういう人たちなのかについてグループ討議をさせ，グループごとに発表してもらう。そうした事例の代表例として，「長期ひきこもり」を取り上げ，記事や統計をもとに深刻な事態になっていることを実感させる。こうした社会的孤立は，生活困窮者自立支援制度の対象となっていることもあわせて伝える。

(2)「アウトリーチ」の可能性に関するグループ討議＋講義　　(25分)

　(1)で示した社会的孤立の状態にある人たちに関するアプローチとして，待ちの姿勢ではなく出向いていく実践としてどのような可能性があるかについてグループで討議させ，グループごとに発表してもらう。

(3)「アウトリーチ」に関する講義　　　　　　　　　　　　　(25分)

　アウトリーチは，個別の「訪問支援」のみならず，住民の身近なところでの早期把握のためのプログラム，都市部でのアウトリーチのための拠点づくり

等，バリエーションが多様であることを伝える。そのための前提として，専門職による単独の活動であっては機能せず，地域住民の参画と協働が不可欠であることを強調する。そのことが地域福祉の推進とつながることを伝える。

〈まとめ〉――――――――――――――――――――〈10分〉
地域における総合相談の構成要素として，アウトリーチが重要な位置にあることを整理するとともに，地域を基盤としたソーシャルワークの体系においても不可欠な方法であることを示す。また，生活困窮者自立支援制度における自立相談支援事業として，アウトリーチは制度上でも重要な位置づけにあることを伝える。

### 3 到達度評価
・現代社会における地域生活上の課題の変化にあって，アウトリーチの重要性について説明できる。
・アウトリーチの多様なバリエーションのうち，いくつかの代表的な方法について説明できる。
・地域を基盤としたソーシャルワークにおけるアウトリーチの位置づけについて説明できる。

(岩間)

# 28 プランニング

## Ⓐ 教授内容

### 1 目 標
　いつの時代にあっても、地域の課題やニーズと制度やサービスとの間には乖離がある。地域福祉の方法を展開するうえで、地域の課題やニーズに応じた社会資源を開発・改善するプランニングの意義と内容について、基本的な理解を図る。そして、地域のニーズや課題に応じた社会資源を開発・改善するプロセスと方法について、演習を通して実践的な能力を高める。

### 2 教授上の基本的な視点
・かなり実践的、応用的な内容の習得を目標とするので、対象とする学年やこれまでに習得している知識（制度、社会資源、社会福祉調査法などについて）によって、内容のレベルを調整する必要がある。
・演習やホームワークを課すことにより、実践的な思考法の習得を図る。
・講義による説明と演習による実際の作業、また演習のフィードバックに用いる時間配分について留意する。

### 3 今日的な論点
・少子高齢化や人口減少の進展により、地域における住民の生活環境が急激に変化しており、地域のニーズに応じて社会資源を改善・開発することが求められている。
・地域の生活環境の基盤の脆弱化に伴い、狭義の社会福祉領域にとどまらない住宅環境、買い物や通院などの交通環境、医療・保健サービスなどの関連する資源やサービスの整備・開発が求められている。

### 4 教えるべき内容
　①地域福祉の方法におけるプランニングの意義と定義
　プランニングとは、地域の福祉的な課題に対応して、取り組むべきニーズや問題を明確化し、目標を設定するとともに、どのような方法を用いてどのよう

な社会資源を開発・改善するかについて，具体的にその内容やスケジュールを設定することである。
　②具体的なプランニングの段階と方法
○対象とするニーズや課題の明確化と目標の設定
　取り組むべきニーズや課題がかなり幅広いために，実践にあたってどのようなニーズや課題に取り組むか，どのような目標を設定するかについて，実践する前に明確化する作業が必要である。
○目標の種類と内容
　目標の設定にあたっては，地域福祉の方法は，多面的な性格をもつだけに，長期的な展望とともに，短期的，中・長期的というような段階的な目標の設定と着実な実践のプロセスの設計が求められる。
《実践の内容による設定する目標の種類》
　　〈タスク・ゴール〉＝新たな資源やサービスを開発することによって，地域住民の福祉ニーズを具体的に充足することを目指す目標。
　　〈プロセス・ゴール〉＝地域住民の福祉に関する意識や態度形成，協力関係の改善などを目指す目標。
　　〈リレーションシップ・ゴール〉＝行政と地域住民の関係，関係機関相互の連携強化など，地域における社会関係の改善を目指す目標。
　③目標を達成するための方法の明確化
　目標を達成するための，実際にプランニングを行ううえでの必要な作業や具体的な手順を示す。
　（例）・対象とするニーズや課題に関する分析（関係者との協議や調査活動など）
　　　　・情報の収集や先行事例の分析，視察など
　　　　・必要とする社会資源の明確化（人材，拠点，サービス，情報，制度，財源など）と役割
　　　　・目標や方法を共有化するための協議の場の設定
　　　　・説明会の開催や広報活動
　　　　・組織内における役割分担や関連する機関や団体との連携方法
　　　　・住民の要望や意向の反映

## 5　授業で理解させる基礎的な知識
□　地域福祉の方法におけるプランニングの意義と方法

□ 具体的なプランニングの段階と方法

　対象とするニーズや課題の明確化と目標の設定，目標の種類と内容，目標を達成するための方法の明確化

□ プランニングに必要な各種の制度や社会資源

## Ⓑ　教　授　方　法

### 1　授業指導案の準備

◆　教員としての事前の教材開発

　レジュメ，演習教材としての事例や演習のためのワークシートの作成，演習のフィードバックのための教材等。

例：①プランニングの定義や方法：テキスト，講義レジュメなど

　　②事例による演習のための教材：理解を促すための事例（理解しやすい汎用的な事例），演習に用いる事例教材

　　　演習に用いる事例は，学年やこれまでに習得している知識などによるが，対象を明確にしたサロンやミニデイケア，ボランティアの養成など，比較的平易な内容とする。

　　③授業内で用いるワークシート

　　　ワークシートは，学年やこれまでに習得している知識などを勘案して作成する必要がある。項目としては，例として（短期的目標）（中・長期的な目標）（活用している社会資源）（活用していない社会資源）（開発すべき社会資源）など。

　　④ホームワークで用いるワークシート

　　　授業の内容を振り返り，プランニングの基礎を習得するためのワークシートを準備する。項目としては，（対応すべきニーズや課題）（目標）（活用されている社会資源）（活用されていない社会資源）（開発すべき社会資源）（実践のプロセスと手順）（必要な期間）（役割分担，連携する機関・団体）など。

◆　学生たちへの予習課題

　テキストなどによる地域福祉の方法としてのプランニングの意義と定義，具体的な方法の内容について理解しておくこと。他の授業等で習った制度やサービス等の復習。

◆　アクティブラーニング

理解を促すための事例（理解しやすい汎用的な事例）を通して，ワークシートによる演習によって課題に取り組み，プランニングについて必要な知識の実践的な学習を深めるとともに，フィードバックを図る。
◆ 学生たちへの事後課題，あるいは学習を深めるために促すこと
・ホームワークとしてワークシートを用意し，授業の内容の振り返りを促すとともに，より実践的な学習の進展を図る。
・演習（相談援助演習）や実習と関連づけ，実践現場において地域の福祉課題やニーズを探り，それらに応じたプランニングの機会を設ける。

## 2　授業者の自己評価の視点
・地域福祉の方法としてのプランニングについて，教材や講義を通して基礎的な理解を図ることができたか。
・学生が，演習に対して積極的に取り組み，地域福祉の方法としてのプランニングについて実践的な能力の向上を図ることができたか。
・聴講する学生個々の知識レベルの達成度（地域福祉の具体的な方法の内容，制度やサービス，機関・団体の役割など）に応じて，達成できている内容とできていない内容について自覚を促し，今後の学習のモチベーションを高められたか。

## 3-1　他の項目との関連
地域のくらしの構造（01）　　コミュニティワーク（24）　　コミュニティ・ソーシャルワーク（25）　　ニーズ把握とアセスメント（26）　　アウトリーチ（27）

## 3-2　他の科目との関連
・現代社会と福祉　・社会調査の基礎　・相談援助の基礎と専門職　・福祉行財政と福祉計画　・相談援助の理論と方法Ⅰ・Ⅱ　・相談援助演習・実習

## 4　読ませたい基本文献
○日本地域福祉研究所監修／中島修・菱沼幹男編『コミュニティソーシャルワークの理論と実践』中央法規出版，2015年

## Ⓒ 展　　開

### 1　本授業のねらい
①地域福祉の方法としてのプランニングの意義と定義について理解する。
②具体的なプランニングの段階と方法に必要な知識について理解する。
③演習や事後課題を通して，プランニングの方法についてより実践的な理解と習得を図る。

### 2　授業の展開

〈導入〉――――――――――――――――――――――――――〈15分〉

授業のねらい，教材と授業の方法，地域福祉の方法としてのプランニングの意義と定義について解説する。

〈展開〉――――――――――――――――――――――――――〈60分〉

(1) 具体的なプランニングの段階と方法についての講義　　　　　（10分）
・汎用的な事例による例示を示すなどして，対象とするニーズや課題について，具体的な内容の理解を促す。

(2) プランニングの方法についての演習①　　　（20分，フィードバック含む）
・段階的に理解を深めるために，演習用の事例を用いて，ニーズや課題の明確化，目標の設定について演習を行い，何人かに発表させ，フィードバックを図る。
・短期的，中・長期的な目標の設定，タスク・ゴール，プロセス・ゴール，リレーションシップ・ゴールの目標の違いや内容について，事例による具体的な例示を示すことによって，理解を促す。

(3) プランニングの方法についての演習②　　　（30分，フィードバック含む）
・演習用の事例を用意し，ワークシートを用いて，活用している社会資源，地域に存在するが活用されていない社会資源，今後開発すべき社会資源について考え，明示する機会を設ける。

〈まとめ〉―――――――――――――――――――――――――〈15分〉

・授業内容を振り返り，学生が自らの理解度を評価し，今後必要な知識などを習得するモチベーションを高めるようにする。
・授業内容を深めるためのホームワーク教材として，ワークシートを用意し，

作業内容を説明する。
・次回にホームワークについての若干の報告と例示の教材による説明をすることにより，フィードバックを図る。
・他の講義（社会調査法やソーシャルワーク関連科目など）や演習（相談援助演習）と関連づけて，より学習を深めることを説明する。

### 3　到達度評価
・地域福祉の方法におけるプランニングの意義と定義を理解し，説明できる。
・具体的なプランニングの段階と方法について理解し，段階に応じてその内容を具体的に説明できる。

（宮城）

# 29 ネットワーク

## Ⓐ 教授内容

### 1 目標

　地域生活を支えるためには，多様なニーズへの対応が必要であり，その担い手は専門職や地域住民，生活関連事業者等さまざまである。支援を必要とする人やその家族を支えていくためには，支援のネットワークが必要であり，そのネットワークをいかに形成していくか，またそのネットワークをどのようにマネジメントしていくか，その際の視点と方法を理解させることが目標である。

### 2 教授上の基本的な視点

　ネットワークという言葉は，現代社会において多様な分野で使用されており，さらに福祉関係者の中でもさまざまな意味合いで使われている。たとえば，見守り声かけネットワークの形成という場合，1人ひとりを支える個別支援のネットワークをつくることを意図して使われる場合や，あるいは福祉専門職とライフライン事業者等とが協定を結ぶような組織間の地域連携の促進を意図して使われる場合がある。このようにネットワークという言葉には，個別支援と地域支援のネットワークが混在していることもあるため，学生が両者の違いを理解してネットワークを学習できるように配慮することが大切である。

　また，単にネットワークが大切だという意識レベルでの啓発だけでなく，連携・協力するための視点，方法，ルールについても，具体例を通して教えることが必要である。特に，ネットワークを形成する「ネットワーキング」と形成したネットワークを維持・調整していく「ネットワークマネジメント」など，実践者の支援プロセスに即して教えることが求められる。

### 3 今日的な論点

　ネットワークは，さまざまな人々のつながりであり，個別支援に関するネットワークの場合は，その人々の間における個人情報の共有が問題となる。「個人情報だから提供できない」という理由で情報共有が図られず，支援に支障が生じてしまうケースもある。多様な人々で地域生活を支えるためには情報共有

が不可欠であり，そのためには，必要な情報はルールを明確にして共有するという視点で対応を考えることが大切である。

そして制度の狭間の問題や多問題家族に対する支援では，誰がネットワーキングやネットワークマネジメントを行うかが問題となる。対象別の法律や制度に基づいた専門職だけでは対応が難しい場合に，制度の枠にとらわれず必要な支援ができる専門職が必要であり，近年，配置が進んでいるコミュニティ・ソーシャルワーカーや地域福祉コーディネーターは，こうした点で重要である。

また，ネットワークを形成していく機会として，地域ケア会議などを活用することもできるが，その際には，そのネットワークの目的や目標は何かを明確にすることが大切である。何となく集まる会議では，時間の浪費になりかねず，メンバーにとっては他の業務を調整して会議に出席することの優先順位が下がり，結果として会議の参加者が減ってしまうことが起こりうる。

## 4　教えるべき内容

①ソーシャルサポートネットワークの概念

ソーシャルサポートネットワークという言葉は，国際的には当初インフォーマルサポートの提供者によるネットワークを意味する言葉として使用されていたが，今日的にはフォーマルサポートも含めて，広く本人や家族を支えるネットワーク全体を意味する言葉としてとらえられている。また「ソーシャルサポート」と「ソーシャルネットワーク」という2つの言葉のそれぞれの意味を整理し，特にソーシャルサポートには多様な分類があることを教える。たとえば手段的サポート，情緒的サポート，情報的サポート，評価的サポートなどがあり，これはネットワークのメンバーがどのようなサポートを提供しているのか，またどのような役割を期待するかを考える際に重要となる。

②ソーシャルネットワークのアセスメント

個別支援におけるアセスメントでは，身体的状況や精神的状況，家族状況に加えて，ソーシャルネットワーク（社会関係）の状況を把握・分析することが重要となる。ソーシャルネットワークをアセスメントする際の視点としてケンプら（1997）は以下の項目を挙げている。(1) 大きさ，構造，構成，(2) 長所，能力，(3) 得られるソーシャルサポートの種類，ニーズとの隔たり，(4) ネットワーク内で頼りになる構成員，(5) ネットワーク内で批判的な構成員，(6) ネットワーク資源の利用を妨げる障害，(7) ニーズの優先順位，(8) 実行可能

な目的と適切な介入者，(9) 構成員と社会環境との関連。

③多機関多職種によるネットワークの内容

さまざまな人々によるネットワークは，(1) 保健・医療・教育・司法など福祉以外の専門職によるネットワーク，(2) 高齢者・障害者・児童・低所得など福祉内の専門職によるネットワーク，(3) 地域住民や企業など専門職以外によるネットワークに整理することができる。実践現場では地域の状況に応じて個別支援，地域支援の双方においてこれらのネットワークを多様に形成・調整していくことになる。特に今後は，司法や教育とのネットワークを強化していく重要性や，ネットワークを形成・調整するうえでは，情報を共有するためルールや，フェイスシートやアセスメントシートなどの様式（ツール）が必要であることを教える。この様式について，支援対象者として個人が想定されており，家族全体を対象としたものになっていないことは今後の大きな課題である。

④個人情報を共有するための方法

個人情報の保護に関する法律の内容を正しく理解させたうえで，必要な人々の間で個人情報を共有する方法について教える必要がある。たとえば，本人からの同意を得る方法や，関係者から個人情報を他言しない旨の誓約書を書いてもらう方法，条例による情報共有等，各地の取り組みを紹介する。

## 5　授業で理解させる基礎的な知識

□　個人情報の保護に関する法律

個人情報の保護に関する法律は，個人情報を取り扱う事業者の遵守すべき義務等を定めたものである。同法における「個人情報」とは，生存する個人に関する情報であり，特定の個人を識別することができるものとされている。個人情報について利用目的の制限や第三者提供の制限が規定されているが，例外規定もあることを教える。

また同法に基づき，厚生労働省では「福祉分野における個人情報保護に関するガイドライン（平成25年3月29日，平成28年2月15日改正）」を作成している。

## Ⓑ　教授方法

### 1　授業指導案の準備

◆　教員としての事前の教材開発

事前準備として，福祉におけるネットワーク形成や個人情報の共有に関する

取り組み事例を収集し，まとめる。また個別支援のネットワークを形成するうえでの支援を学ぶために複合ニーズ世帯の事例を用意する。

◆ 学生たちへの予習課題

授業内容の理解を深めるために，たとえば個人情報の保護に関する法律の内容について事前に読んでおくことや，福祉分野や他の分野においてネットワークという言葉がどのように使われているか調べてくること等の課題を与える。

◆ アクティブラーニング

複合ニーズ世帯の事例を提示し，この世帯を支えるためにはどのような人々がネットワークのメンバーとして必要になるか，ソーシャルサポートネットワークのメンバーを考えさせる。これにより，ネットワークメンバー1人ひとりの役割を意識したうえで，ネットワークをつくる視点を養うとともに，自らの知識の確認と他の学生の視点を学ぶことにもつながる。

◆ 学生たちへの事後課題，あるいは学習を深めるために促すこと

実習やボランティア活動，インターンシップ等では，誰がどのようにネットワークを形成しているか，どのようなメンバーで構成されているかという点に着目することを促す。

## 2 授業者の自己評価の視点

リアクションペーパーにより，ネットワークの具体的なイメージをもつために教材が適切であったかを判断する。

## 3-1 他の項目との関連

地域包括ケアシステム（19）

## 3-2 他の科目との関連

・相談援助の理論と方法

## 4 読ませたい基本文献

○野中猛・野中ケアマネジメント研究会『多職種連携の技術（アート）――地域生活支援のための理論と実践』中央法規出版，2014年

○L. マグワァイア著／小松源助・稲沢公一訳『対人援助のためのソーシャルサポートシステム――基礎理論と実践課題』川島書店，1994年

## Ⓒ 展　開

### 1　本授業のねらい

・ネットワークには個別支援のためのソーシャルサポートネットワークと機関連携の促進等の地域支援のネットワークがあることを理解する。

・ソーシャルサポートの内容やソーシャルネットワークをアセスメントする際の視点について理解する。

・多機関・多職種によるネットワークを形成する「ネットワーキング」やネットワークの調整を行う「ネットワークマネジメント」の視点と方法を理解する。

・個人情報の保護に関する法律の主旨と情報共有の方法について理解する。

### 2　授業の展開

〈導入〉──────────────────────────〈15分〉

・事前課題として福祉分野や福祉以外の分野においてネットワークという言葉がどのように使われているか，学生たちに調べさせてきたことを挙げさせる（たとえば，福祉分野ではソーシャルサポートネットワーク，見守り声かけネットワーク，虐待防止ネットワークなど）。

・学生たちから出されたネットワークを整理しながら，同時に個別支援を行うためのネットワークと，連続的に次の専門職や機関につないでいくためのネットワークがあることを伝える。

・そのネットワークは誰が形成し，調整しているのかという点に注目することの大事さを伝える。

〈展開〉──────────────────────────〈60分〉

展開例1：

・複合ニーズ世帯の事例を紹介したうえで，この世帯を支えていくために必要なソーシャルサポートネットワークについて考えさせる。

　(1) 世帯のジェノグラムを示し，現在，関わりのある人々をエコマップの方法で記入し，そのうえで今後，関わってほしい人々をエコマップに追加していく。

　(2) ソーシャルサポートネットワークのメンバーとして挙げられた人々は，どのような役割を果たしているのか，あるいは今後期待されるのか，ソーシャルサポートの内容を考えさせる。

　(3) この世帯を支えるためのネットワーク会議を開催する場合，誰に参加し

てもらう必要があるかを考えさせる。メンバーの選定や会議開催を呼びかける人は会議の目的によって異なること，単なる関係者の情報共有を図るという目的では，挙げられたすべての人々を招集することにもなりかねず，会議メンバーを選定する専門職の力が問われることについて解説を加える。

　(4) 法的な守秘義務のない地域住民（自治会やボランティアなど）にネットワークメンバーとなってもらう場合，個人情報をどう取り扱うかを考えさせる。その際，必要な情報はルールを明確にして関係者で共有することの重要性を踏まえて考えてもらう。

　(5) 個別支援におけるソーシャルネットワークのアセスメントを行うことの重要性とアセスメントの内容について解説する。


　展開例2：
・新聞記事等の孤立死の事例を紹介したうえで，今後こうした孤立死をなくしていくためには，どのような地域のネットワークが必要かを考えさせる。

　(1) 孤立死となった方は，日々何を思い，どのように暮らしていたのだろうか，社会関係はどのような状況であったかを考えさせる。

　(2) 社会的孤立の背景にある社会関係の喪失や社会的役割の喪失，心身機能の低下等の考えられる要因について挙げさせる。

　(3) 孤立死を防ぐために，どのようなネットワークをつくる必要があるか，ネットワークのメンバーと活動について挙げさせる。

　(4) 民生委員活動や住民による見守り声かけ活動やサロン活動の事例を紹介しながら，実際のネットワークについて学ぶ。


〈まとめ〉─────────────────────────〈15分〉
・個人情報の保護に関する法律では，どのように規定されているか解説する。
・専門職の横断的な連携を図るためには，情報を共有するルールの明確化や情報を記録する様式の統一なども大切な要因であることを解説する。
・ネットワークを形成するためには，ニーズを的確にアセスメントする力と連携すべき社会資源を把握していることの重要性について解説する。

## 3　到達度評価

　学期末テストや授業内の小テストにおいて，事例に即してネットワークのメンバーを考えることができたかどうかによって評価する。

（菱沼）

# 30 社会資源開発／ソーシャルアクション

## Ⓐ 教授内容

### 1 目 標

　地域福祉は，あらゆる既存の社会資源を活用して支援を行っていくが，制度の狭間の問題等において既存の制度やサービスでは対応できない場合には，常に社会資源を開発して支援を行う視点が必要である。それは，さまざまな社会資源を組織化し，利用者の自立生活を支援するソーシャルアクションでもある。また，社会的に弱い立場の人々に代わって社会的課題に取り組む活動にもつながるものである。ここでは，ソーシャルワーカーが身につけるべき視点として，既存の制度やサービスを結びつけることのみが支援ではなく，必要な社会資源がなければ常に新しい社会資源開発を行う視点を理解することを目標とする。

### 2 教授上の基本的な視点

・地域福祉は，歴史的にも社会福祉制度が未整備の時代から，制度やサービスでは対応できない課題には，ボランティアグループを組織し地域住民の活動を創り出すなど，社会資源を開発しながら支援してきたことを理解させる。
・既存の制度やサービスを当てはめるだけの支援ではなく，その人にとって必要なプログラム開発をする，新しい人間関係を開発する，あるいは新たなサービスやネットワークを創ることを理解させる。
・これらの取り組みは，その先に社会をよくしていくための働きかけ（ソーシャルアクション）につながっていくこともあることを理解させる。

### 3 今日的な論点

・生活困窮者自立支援においては既存の制度では対応できないことが多く，介護予防や権利擁護などにおいても社会資源開発の視点がますます重要となってきている。
・生活困窮者自立支援では，経済的困窮だけでなく社会的孤立が大きな課題とされており，地域づくりという社会資源開発が重要なテーマとなっている。
・個別課題が多様化・複雑化している中で，個別課題を地域の課題にしていく

ことが地域福祉には必要である。
・グループホームや小規模多機能型施設の建設など地域におけるコンフリクト（軋轢）を踏まえ，それらを緩和するソーシャルアクションが求められている。

## 4　教えるべき内容

①社会資源とは何か

田中（日本地域福祉研究所監修 2015）は，「社会資源とは，利用者の抱えたニーズを充足・解決するために動員・活用される有形無形の人的・物的・制度的・情報的資源を総称したものである。おおよそ福祉に関連する知識や情報，施設や機関，法律や制度，設備や資金・物品，ボランティアや専門職などの人材および人材の有する技術や能力のすべてが含まれる」と定義している。

社会資源の分類は，市川（『地域福祉事典新版』中央法規出版，2006年）によれば，「人，もの，金，とき，知らせ」とわかりやすく整理され，藤村（『福祉社会事典』弘文堂，1999年）は，「物的資源，人的資源，文化的資源，関係的資源」と分類している。地域のニーズに即した各種の社会資源を改善・開発していくためにも，社会資源に関する理解が必要である。

②個別課題を地域の課題にする社会資源開発の視点

利用者が抱えている課題は，既存の制度やサービスを当てはめるだけの支援では解決しない。また，個別課題を地域の課題にしなければ，課題が発生するごとに同じ支援を繰り返すこととなる。個別課題を地域の課題にしていくことで，利用者の支援には人的資源，物的資源，制度的・情報的資源等あらゆる社会資源が必要であり，地域の理解も必要であることを理解させる。

③社会資源開発はソーシャルアクションにつながる

野口（『地域福祉事典新版』前掲書）は，「ソーシャルアクションは社会的に弱い立場にある人の権利擁護を主体に，その必要に対する社会資源の創出，社会参加の促進，社会環境の改善，政策形成等のソーシャルワークの過程の重要な援助及び支援方法の一つである」と定義している。社会資源開発は，その地域の社会をよくしていくためのソーシャルアクションの取り組みへとつながるものであることを理解させる。

④社会資源開発にはレベルの違いがある

コミュニティソーシャルワーク実践者研究会（2013）は，社会資源を開発していくレベルの違いについて，「個人の生活を支えていくためのネットワーク

や支援プログラムのレベルと，市町村の仕組みを変えていくレベル，さらには国の制度などを変革しようというレベルでは，アプローチの仕方に違いがある。何をターゲットにして取り組むのか，目標を明確にして整理することが必要。何でも『社会資源』にしてしまうと，わからなくなることもある」としている。このように，社会資源開発にもレベルがありターゲットを明確にすることの必要性を理解させる。

### 5　授業で理解させる基礎的な知識
- [ ] 社会資源の定義や分類の理解
- [ ] 既存の制度やサービスを当てはめるのみで支援を終わらせない視点
- [ ] 事例を通して個別課題を理解し，その個別課題を地域共通の課題へと発展させていく視点や援助方法
- [ ] 社会資源開発は，ソーシャルアクションにつながる実践であること

## Ⓑ　教　授　方　法

### 1　授業指導案の準備

◆　教員としての事前の教材開発

　社会資源開発／ソーシャルアクションに関する今日的な実践の事例について，『月刊福祉』（全国社会福祉協議会），『ボランティア情報』（全国社会福祉協議会），『ネットワーク』（東京ボランティア・市民活動センター）などから最新の情報を得ておく。諸概念や研究動向については，『日本の地域福祉』（日本地域福祉学会），『地域福祉研究』（日本生命済生会）などで確認をしておく。

◆　学生たちへの予習課題

　学生自身が活動してきたボランティア活動をふりかえり，その活動がどのような目的で生まれたのか。制度や公的なサービスでは対応できないものだったのかを考え整理する。

◆　アクティブラーニング

　「あなたがソーシャルワーカーとして利用者の支援をしている時，利用者のニーズを解決するためのサービスがありませんでした。あなたは利用者に支援できないことを伝えますか。それとも何か新しい方法を考えますか。」

◆　学生たちへの事後学習，あるいは学習を深めるために促すこと

　社会福祉制度や公的サービスだけでは，解決できない利用者のニーズが生ず

ることがあることを確認する。また，現在の公的サービスも必要に応じて新たに社会資源開発されてきたものであることを理解する。そのうえで，ソーシャルアクションはどのような時に求められるのか，マイノリティが抱える課題を中心に過去の事例を列挙して具体的な理解を深める。

## 2 授業者の自己評価の視点

社会資源が足りなければ，新たに創り出すということの重要性を学生が理解できたかどうか。地域福祉が歴史的にも社会資源開発を重視してきたことを理解させ，制度やサービスを当てはめる支援だけではなぜ不十分なのか，制度やサービスの開発だけでなく人的資源や物的資源等幅広く社会資源開発をすることの必要性を理解することができたのかが評価の視点として重要である。

## 3-1 他の項目との関連

地域のくらしの構造（01）　地域福祉の意義と固有性（02）　地域福祉の歴史Ⅰ・Ⅱ（05・06）　当事者活動（07）　ボランティア・NPO（10）　社会福祉協議会（11）　福祉教育（15）　社会的孤立と生活困窮（16）　総合相談と権利擁護（20）　地域福祉計画（22）　コミュニティワーク（24）　コミュニティ・ソーシャルワーク（25）　ニーズ把握とアセスメント（26）　アウトリーチ（27）　プランニング（28）　ネットワーク（29）

## 3-2 他の科目との関連

・相談援助の理論と方法　・相談援助の基盤と専門職　・相談援助演習　・現代社会と福祉　・社会調査の基礎　・社会理論と社会システム　・福祉行財政と福祉計画　・福祉サービスの組織と経営

## 4 読ませたい基本文献

○コミュニティソーシャルワーク実践者研究会『コミュニティソーシャルワークと社会資源開発──コミュニティソーシャルワーカーからのメッセージ』全国コミュニティライフサポートセンター，2013年

○日本地域福祉研究所監修／中島修・菱沼幹男編『コミュニティソーシャルワークの理論と実践』中央法規出版，2015年

## Ⓒ 展　　開

### 1　本授業のねらい
①社会資源とはどのような内容でどのように分類されているか理解する。
②既存の制度やサービスを当てはめるだけでは解決できない問題があり，社会資源開発が必要であることを理解する。
③個別課題を地域の課題にしていくことが社会資源開発につながることを理解する。

### 2　授業の展開

〈導入〉――――――――――――――――――――――――〈10分〉
(1) なぜ社会資源開発が必要なのか
　利用者が抱えている個別課題には，既存の制度やサービスなどでは対応できないことがあることを説明する。既存の制度やサービスを当てはめるだけの支援では不十分であることの問題提起をして，社会資源開発の必要性への関心を喚起する。

〈展開〉――――――――――――――――――――――――〈70分〉
(2) 社会資源とは何かを理解する　　　　　　　　　　　　　　（30分）
　教科書等を活用して，社会資源の定義や分類を説明する。そのうえで，社会資源の二分類法（田中，前掲書）を活用して「①一般社会資源と関連社会資源，②フォーマルな社会資源とインフォーマルな社会資源，③既存の社会資源と開発を要する社会資源，④内的社会資源と外的社会資源」を講義する。
(3) 事例を通して社会資源開発を考える　　　　　　　　　　　（20分）
　既存の制度やサービスでは対応できない生活困窮者の事例を活用し，稼働年齢層に対する社会資源の不足，社会的孤立の状況等を考える。
(4) 各自でエコマップを記入する　　　　　　　　　　　　　　（20分）
　演習形式で事例に基づいてエコマップを描き，第一段階として現時点の事例で活用されている社会資源を理解する（次回の授業で，第二段階として最初のエコマップに新たに今後必要と考えられる社会資源を書き加えていく作業を行う）。

〈まとめ〉────────────────────〈10分〉
　社会資源とは何かを確認し，幅広く多様であることを振り返る。そのうえで，事例を通して既存の制度やサービスだけでは解決できない課題があることを学んだことを振り返り，社会資源開発の必要性を確認する。さらに，個別課題を地域の課題につなげていくことが，課題解決に向けたシステムづくりとなり，有効な社会資源開発になることをまとめとして説明する。

#### 3　到達度評価
・社会資源とは何かを説明できる。
・既存の制度やサービスを当てはめるだけでは解決できない課題があることを理解し，社会資源開発が必要であることを説明できる。
・個別課題を地域の課題にしていくことが必要であることを理解している。

(中島)

# 第4章

## 地域福祉の学びの展開

本章では，地域福祉の学びにおける今後の展開について述べる。
　「地域福祉の教育」には，卒後教育や生涯研修が含まれる。また，地域福祉実践の質を高めていくためには，スーパービジョンやコンサルテーションが不可欠である。ところがそれらは個別支援の中でとらえられがちである。これからの地域福祉実践では，スーパービジョンやコンサルテーションの重要性が増し，それができる力量が不可欠である。
　もう1つ，コミュニティ・ソーシャルワークという援助方法を，現任研修の中でどう学修していくかという課題も大きい。比較的新しい援助方法としてのCSWを，大学の中で教えるだけでなく，現任のソーシャルワーカーたちに伝えていく研修が重要である。
　「地域福祉の学び」では，繰り返し述べてきたように，より広い地域住民の学修が大切である。この分野については，子どもたちから高齢者までを対象にした「福祉教育・ボランティア学習」が実践や研究を蓄積してきている。なぜ地域福祉実践が福祉教育を重視してきたかという背景と意図を整理しておきたい。とりわけ民生委員・児童委員を対象にした学修についてもふれておく。
　最後に，こうした全体像を視野に入れた時，「地域福祉の学び」を研究していくことが今後の地域福祉研究にとって重要であることを述べる。

## 1　地域福祉のスーパービジョンとコンサルテーション

### (1) スーパービジョンおよびコンサルテーションの基本的理解
　スーパービジョン（supervision）は，ソーシャルワーク実践における不可欠な構成要素の1つである。それは，地域福祉の実践においても同様である。以下，地域福祉のスーパービジョンの前提となる，スーパービジョンの基本的理解に焦点を当てることにする。また，スーパービジョンに関連する実践概念として，コンサルテーション（consultation）も重視されるようになっていることから，あわせて取り上げる。
　なお，「地域福祉のスーパービジョン」という設定の場合，スーパービジョンの担い手と受け手，つまり，スーパーバイザー（superviser）とスーパーバイジー（supervisee）を誰にするかについては，多様な観点からの検討を要する。

ここでは，スーパーバイジーを「地域福祉の推進を図る専門職」，スーパーバイザーを「その指導的または管理的立場にある人」という広い枠組みで理解を進めることにする。また，ここで用いる「クライエント」とは「クライエントシステム」のことであり，家族や集落，小地域等の個人をとりまくより大きなシステムを含むものとする。

◆ スーパービジョンの基本概念

スーパービジョンとは，クライエントへの援助の向上とワーカーの養成を目的として，スーパーバイザーがワーカー（スーパーバイジー）とのスーパービジョン関係の中で，管理的・教育的・支持的機能を遂行していく過程と定義できる。

対人援助領域におけるスーパービジョンの重要性が認識されるようになり，ソーシャルワーク等の多領域においてスーパービジョンがさまざまな形で実施されるようになっている。この定義に基づき，スーパービジョンの理解を図ることを目的として，スーパービジョンの目的，スーパービジョン関係，スーパービジョンの機能の各側面について取り上げる。

①スーパービジョンの目的

スーパービジョンには2つの目的がある。第1の目的は，クライエントへの援助の向上にある。スーパービジョンによって，提供される対人援助の質を向上させることは究極の目的であり，また専門職としても究極の責務といえる。スーパーバイザーも援助チームの一員として，クライエントに影響を与える存在となる。第2の目的は，ワーカーの養成である。実際の事例に即しながらスーパービジョンを受けることは，自己覚知を含めたワーカーとしての成長を促す機会となる。

当然のことながら，これら2つの目的は相反するものではなく，ワーカーの養成が援助の向上につながり，反対に援助の向上を目指すことがワーカーの成長につながるという関係にある。社会福祉における実践が一過性の単発の実践となるのではなく，1つの事例が次に生かされるような環境を整備することが急務となる。そのためには，クライエントへの具体的な援助に加え，評価，記録，スーパービジョンといった要素を有機的に連動させながら実践を蓄積していくことが望まれる。

②スーパービジョン関係

スーパービジョン関係とは、スーパーバイザーとスーパービジョンを受けるワーカー（スーパーバイジー）の間に結ばれる関係である。ワーカーがクライエントとソーシャルワーク関係（援助関係）を結ぶように、スーパーバイザーはスーパーバイジーとスーパービジョン関係を結ぶことになる。スーパービジョンとは1つのプロセスであり、そのプロセスはこのスーパービジョン関係の中で展開されていく。それだけにこの関係は、スーパービジョンに不可欠な要素であり、明確な役割意識と確固たる信頼関係に裏打ちされたものでなければならない。また、スーパービジョン関係は、相互作用関係、つまり常にお互いに影響を与え合う力動的関係でなければならない。スーパーバイザーからスーパーバイジーへの一方通行の助言・指導ではスーパービジョンとして成立しない。

　加えて、スーパービジョン関係に大きな影響を与える要因として、スーパーバイザーの立場の問題が挙げられる。通常、スーパーバイザーは当該の機関において「中間的」に位置づけられる。しかし、直接の上司がスーパーバイザーとしての役割を兼ねている場合には、スーパービジョン関係に日頃の関係が持ち込まれる可能性が高くなる。「スーパーバイザー」という役割が機関の中で確立していない現状では、中間的立場を確保することは決して容易ではないが、少なくとも機関内でのスーパーバイザーの位置がスーパービジョン関係に大きな影響を与えることは認識しておかなければならない。

　③スーパービジョンの機能

　一般に、スーパービジョンの機能は、管理的機能、教育的機能、支持的機能の3つに整理される。ただし、これらの機能には重複する部分が存在し、さらにその重複部分の大きさや比重の置き方は、スーパーバイザーの立場や機関の特徴によって変化するものである。

　**管理的機能**　　機関の目的に即した適切で効果的な援助を提供していくためには、機関の方針や手続きがワーカーに十分に理解されなければならない。管理的機能とは、ワーカーが機関の代表者としてクライエントに援助を提供できるようにすることに焦点が当てられる。社会福祉における各機関はそれぞれ違った目的や方針を有し、ワーカーはその体現者として機関の手続きに沿ってクライエントと向き合うことになる。そうでなければ機関としての社会的責務が果たせず、また一定レベルの援助がクライエントに提供できなくなる。

　一方、管理的機能では機関自体が健全な組織体として運営できるようにする

ことにも焦点が当てられる。つまり、ワーカーが働きやすく、また最大限にワーカーのもてる力を発揮できる環境づくりが課題となる。組織内で運営者側とワーカー側の中間的な立場にあるスーパーバイザーが、ワーカーの要求や意思を汲み上げ運営側に伝達するという媒介的役割を果たすことが、重要な機能の一部となる。また、機関の運営がうまくいっていないときに、どこに障害があるのかを客観的に指摘できることが望ましく、組織内でのコミュニケーションに滞りがある場合はその障害を除去する努力をしなければならない。さらに、業務計画やワーカーの力量に応じた事例の配分、事例の進行程度の把握、さらにはワーカーの力量を客観的に評価することもこの機能に含まれる。

　こうした管理的機能を外部から招いたスーパーバイザーが果たす場合は少なく、実際は機関の上司やそれに準じた立場にある人がスーパーバイザーとして果たす機能といえよう。

　**教育的機能**　これは「スーパービジョン」の本来的な意味からすれば、最も中心的な機能といえる。「教育的」といっても、クライエントに適切な援助やサービスを提供できるように導いていくことが、結果的にワーカーを育て、専門性を高めることにつながっていく。教育内容にはクライエントへの援助過程に必要な価値、知識、技術のすべてが含まれる。人間関係の基本原理や面接技術、対人援助の原則、課題解決へのアプローチ、社会資源の活用方法、地域への働きかけ、記録の書き方等を進行中の事例に即して、具体的に教示していく必要がある。同時にワーカーの自己覚知を促す働きかけも重要となる。また、ワーカーの援助効果を客観的に評価し、その情報をワーカーに提供し、援助過程にどのように生かしていくのかという助言も重要な機能の一部となる。当然のことながら、こうした内容はワーカーの力量や事例の内容に応じて柔軟に対応していかなければならず、機関が提供するサービス内容によっては機関独自の技術や知識をも教示する必要がある。

　ただし、この教育的機能を遂行していくためには、スーパーバイザーとワーカーとの間の信頼関係が不可欠な条件であり、また両者による相互作用関係の中で展開されることが強調されなければならない。

　**支持的機能**　ワーカーとクライエントとの間に信頼関係が不可欠であるように、スーパーバイザーとワーカーの間にも信頼関係を背景とした「スーパービジョン関係」が結ばれなければならない。教育的機能の遂行においても、一方的な教育課程ではなく、スーパーバイザー側に、共に考え、共に歩むという

姿勢が必要であることはいうまでもない。

　そういった信頼関係の中で，スーパーバイザーがワーカーを支持し，後ろだてとなって，ワーカーが精神的に安定した状態で仕事ができるように導いていかなければならない。ワーカーが仕事への意欲を喪失したり，場合によっては傷ついたり落胆したときに，スーパーバイザーが精神的に支えていくことが必要となろう。スーパーバイザーがワーカーを受容するというプロセスは，ワーカーがクライエントを受容することにも間接的に役立ち，さらにそれはワーカーの自己覚知にも寄与することになる。この支持的機能は，他の2つの機能，特に教育的機能を遂行するうえで基盤となるものである。

◆　スーパービジョンの方法
　スーパービジョンにはいくつかの方法があり，実践現場の状況や取り扱う内容，ワーカーの力量に合わせて最も効果的な方法を選択したり，組み合わせたりしてスーパービジョンが提供される。以下，スーパービジョンの方法を3つに整理する。
　第1の方法は，「個人スーパービジョン」である。スーパービジョンの基本となるオーソドックスな方法である。これはスーパーバイザーとスーパーバイジー（ワーカー）がマンツーマンの面接方式で行うもので，1つの事例について深く扱うことができ，またワーカー自身が抱える個別的な課題を取り扱う場合にも適しているが，必然的に取り扱う事例の数が制限されることになる。
　第2の方法は，「グループスーパービジョン」である。これも一般的に広く用いられている。これはスーパーバイザーと複数のワーカー（スーパーバイジー）で構成されたグループにおいて，討議形式で実施される。実際には，スーパーバイザーを交えた事例研究会やケースカンファレンスという形で実施されることが多い。
　グループスーパービジョンの大きな長所として，グループの力動を活用できることが挙げられる。スーパーバイザーと事例提供者であるワーカーのやりとりだけでなく，参加者全員が意見を交換したり相互に指摘しあったりすることで，新たな気づきや共感が生まれ，スーパービジョンの効果を向上させることができる。また，あるワーカーが困っている事例についてのスーパービジョンは，他の事例にも参考になることが多く，スーパービジョンの効率性の面からもメリットは大きい。

しかしその反面，事例の個別化やワーカーの個別化という点では限界があることや，場合によってはワーカーが傷つく危険もはらんでいることが短所として指摘できる。したがって，個人スーパービジョンやグループスーパービジョンの長所と短所を補完しながら併用していくことが望ましいといえる。加えて，グループスーパービジョンの場合，スーパーバイザーには事例に関する知見だけでなく，グループのプロセスや力動についての理解とグループ運営の力量も要求されよう。

第3は，その他のスーパービジョンの方法として整理されるものである。ピアスーパービジョン（ピアグループスーパービジョン）も，スーパービジョンの方法の1つとして位置づけられる。これは，上下関係の生じない仲間や同僚を構成メンバーとするグループでのスーパービジョンである。権威の問題をできる限り排除し，参加者がお互いに教え合ったり，支持し合うという相互性を重視したスーパービジョンである。その他にも形式張ったスーパービジョンだけでなく，インフォーマルなスーパービジョンとも表現できるような，日常の場面でのスーパービジョンもきわめて有効である。たとえば，昼食時や通勤途中等でのスーパービジョンも，有効で効果的な個人スーパービジョンの場面となりうる。

◆ コンサルテーション

スーパービジョンに関連する実践概念として，コンサルテーションも重要となっている。このコンサルテーションは，実際にはスーパービジョンと区別されずに使われていることも少なくないが，基本的には，スーパービジョンとは異なる概念として整理される。

コンサルテーションとは，限定された特定の課題を短期間に取り扱うもので，その分野において卓越した知識や技術をもつ専門家を外部から機関等に招き，具体的な助言の提供を受けるというものである。通常，取り扱う内容は，特定の支援困難事例への援助方法や法律上の対応等，基本的には一点に絞られることが多い。

また，スーパービジョンの場合には，双方向のやりとりを通して，最終的に至った結論については，スーパーバイザーとスーパーバイジーとの間で合意に至ったものとして取り扱われ，スーパーバイジーはそれを実践に移すことが求められる。これに対して，コンサルテーションは，提供を受けた助言の内容を

採用するか,またどの程度参考にするかは,機関の側が判断することになる。実践上においては,この点に大きな違いがある。したがって,コンサルテーションの場合には,一般に権威の問題も生じにくいとされる。

## (2) 地域福祉におけるスーパービジョンの基本的視座

「地域福祉の推進を図る専門職」を対象としたスーパービジョンは,ソーシャルワーク実践におけるスーパービジョンと共通の枠組みでとらえられるものである。しかしながら,「地域福祉の推進」という実践上の特性は,当然のことながらスーパービジョン(コンサルテーション)の内容を方向づけることになる。

以下,地域福祉におけるスーパービジョンの特性を反映させた基本的視座として,次の4つの観点から明らかにしておく。

第1は,「地域の特性と力動」である。スーパービジョンの基本的視座として,個々のクライエントに焦点を当てるとともに,当該地域の特性と力動をも視野に入れることが求められる。地域福祉においては,クライエント個々の生活の向上とそれを支える地域のあり方に目を向けることになる。地域は,それぞれ文化や慣習,歴史が異なる。スーパービジョンは,個別化された地域の特性や力動を把握し,個々のクライエントの生活とそのクライエントをとりまくシステムに与える影響に焦点を当てることになる。

第2は,「地域福祉の多様な担い手」である。地域福祉においては,地域における生活課題を地域の多様な担い手によって解決することが求められる。したがって,地域福祉のスーパービジョンの場合,ワーカー(スーパーバイジー)が働きかける対象は,生活課題をもつクライエントのみならず,そのクライエントを地域の側で支える地域住民やボランティア,NPO等の多様な担い手を視野に入れる必要がある。さらに,そうした既存の担い手だけでなく,新たな担い手を創造することも視野に入れることになる。

第3は,「地域福祉の担い手によるネットワーク」である。地域福祉のスーパービジョンの場合,その担い手たちが集い,特定の地域課題について協議する場への対応がきわめて重要な意味をもつ。つまり,その場が地域住民の気づきの機会となり,また住民と専門職とが協働するための機会となるからである。スーパービジョンの焦点もそこに当てられることになる。

第4は,「個別支援から地域づくりまでのプロセス」である。地域福祉とい

えども，最終的には個々人の生活の向上に寄与するものでなければならない。その際，個別支援から地域づくりまでのプロセス，また地域づくりを個別支援に還元していくプロセスが重視されることになる。当然のことながら，地域福祉のスーパービジョンは，その双方のプロセスに向けられることになる。

## 2　地域福祉を指向した社会福祉現任研修のあり方

### (1) 現任研修の意義と必要性

　近年の地域福祉をめぐる社会的な環境の変化はめまぐるしいものがある。2008年のリーマンショックに始まった経済危機は非正規雇用の拡大などに伴う生活困窮者の増加などをもたらし，それらを背景に，2015年度から生活困窮者自立支援法に基づく各種の事業が開始されている。また，いわゆる団塊の世代のすべてが後期高齢者となる2025年を目途に，厚生労働省は，地域包括ケアシステムの構築を提唱し，具体的には2014年に医療介護総合確保推進法を制定し，その推進を図ろうとしている。また，2011年3月に発生した東日本大震災からの復興の遅れ，社会的に弱い立場にある人ほど，住宅や生活の再建が遅れ，ストレスによる健康被害，また復興の地域的な格差の広がりも懸念されている。地域福祉の視点から防災や減災にいかに取り組むかについても待ったなしの課題となっている。さらに，いわゆる「増田レポート」による，2040年までに40％超の地方自治体が消滅するとの推定は，政府や各自治体などに大きなインパクトを与え，地方創生に向けた各種の施策が始まろうとしている。

　人口減少・少子超高齢社会を迎えた日本の地域社会のあり様をめぐる課題を論じれば枚挙に暇がないが，要は，この5年から10年の比較的短いスパンにおいて，地域社会の生活環境は大きく変化することを予測することが欠かせないということである。それは，大都市や地方都市，地方の中山間地などの過疎地を問わず，大きなうねりとなって押し寄せてくる。このような地域における社会環境の劇的な変化の最前線に位置するのが，各市町村で地域福祉を担うソーシャルワーカーである。一方，国家資格である社会福祉士が制度化（1987年）されて約30年，介護保険制度が開始（2000年）され，ケアマネジャーの配置がされて約15年になるが，サービス利用の手続きや事業の実施に伴う事務手続き以外に，ソーシャルワークが，地域のニーズに応えるオリジナルな機能

を十分に果たしえてきたのか疑問をもたざるをえない。

　しかし近年，地域の最前線で地域福祉を担うソーシャルワーク，またソーシャルワーカーのあり方について，活発な議論や先駆的な試みが行われてきている。その発端の1つとして，2008年に出された「これからの地域福祉のあり方に関する研究会」の報告書『地域における「新たな支え合い」を求めて──住民と行政の協働による新しい福祉』は，地域における生活のしづらさを抱えている人々の問題に焦点をあて，その対応には，行政と住民の協働が必要であり，その機能はコミュニティ・ソーシャルワークであるとし，その業務にあたるものとして，地域福祉コーディネーターの配置を提起している。この報告書の考え方に基づき，「安心生活創造事業」がモデル事業として実施された。また，大阪府の地域福祉推進計画によって配置された豊中市のあるコミュニティ・ソーシャルワーカーの実践をモデルとして，NHKが連続ドラマ化し（『サイレント・プア』），広く社会の反響を得たことは関係者が周知しているとおりである。

　さらに2015年度からは生活困窮者自立支援制度が始まり，また同年9月には厚労省が「新たな時代に対応した福祉の提供ビジョン」を示している。全世代全対応型地域包括支援体制を構築していくために，専門職のあり方の見直しが求められている。

　日本の近い将来の地域社会における生活環境や福祉課題の劇的な変化を想定すると，地域の最前線において，地域福祉を担うソーシャルワーカーの資質と力量を向上することが切実に求められている。一部のスーパーマン（ウーマン）が存在すれば事足りるということではない。日本全国の各地域で，変化しまた複雑化する地域の，また地域住民のニーズに対応するソーシャルワーカーの力量が試されている。その点から，現場で地域福祉を担うソーシャルワーカーの現任研修の内容とそのあり方が非常に重要になっているのである。

### (2) 現任研修の取り組みと今後の課題

　このような基本的な認識から，地域福祉を担うソーシャルワーカー（研修によっては，地域福祉コーディネーター，コミュニティ・ソーシャルワーク実践者，コミュニティ・ソーシャルワーカー，コミュニティ・ワーカーなどの名称を使用している）に対する先駆的な現任研修を実施している7の都道府県社会福祉協議会の研修担当者に，研修の具体的な内容や成果等についてヒアリングし，それらの

整理と分析を行った[1]。

　対象を選定するうえで先駆的と判断した基準の1つは，研修の内容において一定程度の体系性を有するという点である。従来よくある部分的，単発的な講義形式による研修ではなく，地域福祉を担うソーシャルワーカーの資質向上にふさわしい，質と量を一定程度有する研修を選定した。

◆　ヒアリング調査の概要
　①調査の目的
　2008年に「これからの地域福祉のあり方に関する研究会」報告書において地域福祉のコーディネーターの重要性が提言されて以降，先駆的実践の広がりとも重なって各地でコミュニティ・ソーシャルワーカーや地域福祉コーディネーターの養成や配置が進められている。また，従来から地域福祉実践を担ってきた社会福祉協議会職員の地域支援や個別支援のスキル向上も依然重要な課題となっている。本研究では，こうした地域福祉実践に携わる現任者を対象とした研修を都道府県レベルで実施するうえでの効果的要因を明らかにすることを目的とした。
　②調査の方法
　都道府県レベルでコミュニティ・ワークやコミュニティ・ソーシャルワークに関する研修を継続的体系的に実施している地域の研修担当者を対象として，調査項目を事前提示したうえで半構造的インタビュー調査を行った。調査対象は7地域，調査期間は2013年8月～2014年3月である。
　③倫理的配慮
　調査においては個人が特定される内容は含まず，研究成果としての調査結果公表にあたっては地域名を出さず匿名とすることについて，口頭で説明し同意を得たうえで行った。
　④調査内容
　調査項目はa.研修の目的・対象，b.研修プログラム・方法，c.研修教材，d.研修修了者の人数・属性，e.研修企画時の意図と研究者の関わり，f.研修時の講師との打ち合わせ，g.研修の成果，h.研修の評価方法，i.研修修了者へのフォローアップ，j.研修費の収支・財源確保，k.研修によって見えてきた課題の11項目を設定した。

◆ ヒアリング調査結果の考察

　ヒアリング調査の結果，地域福祉を担うソーシャルワーカーの現任研修の実施状況は非常にさまざまであることが明らかとなった。主要なポイントについて今後の課題も含めて考察する。

　①研修対象

　研修対象については，社協職員に限定している地域と，広く福祉関係専門職の受講を進めている地域があった。社協以外の専門職との合同研修は職務の相互理解や関係構築につながり有効性もあるが，今後はそれぞれの立場性を考慮した研修プログラムをつくる必要がある。

　②研修プログラムと方法

　研修プログラムと方法については，基礎研修と専門研修やフォローアップ研修を合わせて実施しているところが多いが，その日程はさまざまであり，1～2日で実施しているところから，最大で2年間にわたり8日間のプログラムを設けているところもあった。また，研修プログラムは対象者の設定との関連が大きく，社協職員に限定しているところはコミュニティ・ワークの比重が大きく，対象者を広げているところはコミュニティ・ソーシャルワークの観点から多様な専門職が関わる事例検討等が行われている。研修方法は講義と演習の組み合わせが多いが，フィールドワークを取り入れている地域もあった。

　このように研修プログラムは非常に多様であり，各地域の状況が反映されているといえるが，今後は，全国統一の研修カリキュラムをつくるというよりも，研修対象者の状況に応じた研修カリキュラムを生み出し実践していくノウハウを全国的に共有し，創意工夫を基盤とした研修を増やしていくことが重要であると考える。

　③研修教材

　研修教材は，研修講師に委ねていることが多いが，独自にテキストや事例集を作成している地域もあった。作成にあたっては，大学研究者が主に執筆している場合や，事例集では研修修了者も執筆している場合があった。こうした教材は，研修担当者が研修において伝えたいこと，学んでほしいことの問題意識があるからこそ開発につながっているといえる。非常に優れた教材を開発している地域もあり，こうした成果物は全国的に共有し，お互いに活用していくことができれば，研修受講者のみならず，研修担当者の力量を高めることにもつながると思われる。

④研修修了者へのフォローアップ

　研修修了者へのフォローアップとしては，修了者を組織化している地域やブロックごとの研修を行っている地域，スーパーバイザー養成を行ってブロック研修を推進している地域があった。都道府県によっては，交通アクセスの問題から1カ所に集まることが容易でないため，ブロックごとの学習会を進めていくことは修了者にとって参加しやすく，かつ日常業務に生かせるつながりとなる。その際には各ブロックに世話人等を配置して，それぞれが主体的に活動できる仕組みをつくる等の工夫も見られ，都道府県社協での集合研修だけでなく，市町村レベルよりも広域での組織化に向けた支援も求められる。

⑤研修の評価

　研修の評価については，研修終了時にアンケート調査を行うことが多かったが，これは研修内容に対する満足度評価にとどまっている場合が多く，研修による成果の評価については，いずれの地域でも課題となっている。研修では，実践において求められる価値，知識，技術の習得が目的であり，研修後にどのように活かされているかが重要である。研修を何回開催して，何人が参加したかというアウトカム評価だけでなく，研修修了後にどのように成果につながっているかというアウトカム評価が求められる。これについては，研修修了者へのフォローアップとして事例検討を行っているところがあり，こうした事例において研修修了者がどのような実践を展開できているかを丁寧に整理していくことも研修成果の評価であると考える。

⑥研修費の財源

　研修費の財源については，行政からの委託費，参加者からの受講料，社協の自主財源が活用されていた。行政からの財政的支援により研修を行っていた地域では，委託費の削減によりカリキュラムの見直しによる研修縮小や社協の自主財源での補填を余儀なくされていた。一方で参加者からの受講料のみで研修を行っている地域もあるが，受講料は他の地域に比べて高くなっている。研修の継続的な実施のためには，受講料を基本とした財源構成が望ましい。

⑦研修修了者が活動しやすい仕組みづくり

　今回の調査対象地域は体系的継続的に研修を実施している地域の中から選定しており，長く研修を続けているところでは，かなり多くの研修修了者が出ている。これら修了者へのバックアップを通して，スーパーバイザー養成に取り組み始めている地域もあり，また，こうしたスーパーバイザーが地域福祉に関

する部署から異動になっても継続してスーパーバイザーとして活動できる環境を整えていくための支援を行っている地域もあった。都道府県社協においては，研修を実施するだけでなく，研修修了者が活動しやすい仕組みづくりを都道府県行政や市区町村行政，そして市区町村社協へ働きかけていくことが重要である。

## 3 地域住民が学ぶ地域福祉と福祉教育

　地域福祉の学びは，ソーシャルワーカー養成だけが対象ではない。地域福祉の特性として挙げられる「住民主体」によって地域福祉を推進するという点からすれば，地域住民も地域福祉を学ぶ重要な学習主体である。ただし専門職養成と目的は同一ではない。

　地域福祉を推進するときに，専門職主導の地域福祉ではパターナリズム (paternalism) に留意しなければならない。パターナリズムとは強い立場の人が弱い立場にあると思われる人たちを一方的に保護しようとして介入や干渉をすることである。その際，援助の必要な人たちの意志に反していることが大きな問題となる。個別の援助関係でもあることだが，地域福祉の援助でも同様である。ここの地域の問題はこれだ，と専門職が一方的に分析して対策を練り，一方的にそこに暮らす住民は援助の対象として巻き込まれていく。それは住民主体ではなく，むしろ行政主導，専門職主導のときに起こりうることである。

　住民主体による地域福祉とは，まず誰のための地域福祉かという問いからはじまる。もちろんそれはそこに住む住民自身のためである。行政や社協などにとって都合のよいまちづくりではない。そこで場合によっては，地域住民と専門職の間では緊張関係が生じることもある。この緊張関係は地域福祉の推進にとって大切な点でもある。つまり地域福祉の推進にあたっては，地域住民が力をつけることで，専門職と対等な協働関係を培うことができる。つまり専門職と拮抗できる，生活者としての素人性や当事者性，あるいはボランタリーな立場からの代弁的機能（アドボカシー）を育む必要がある。

　地域住民が地域福祉を学ぶことで，地域福祉を推進する力を習得していくということは，行政や専門職とのリレーションシップを変革していくことにもつながる。まさにコミュニティ・エンパワメントである。

## (1) 福祉教育の体系と視点

◆ 主体形成としての福祉教育

　福祉教育には，専門職養成，地域を基盤とした福祉教育，学校を中心とした福祉教育という領域がある。それらは「福祉教育原理」という価値によって重なり合い，相互に関連し合う学びの体系となる。

　福祉教育では，「ともに生きる力」の形成を意図してきたところに大きな特徴がある。ここでいう「生きる力」とは自己完結的なことではない。他人を差しおいて自分だけが豊かな生活を営めばよいというものではなく，他者の存在を受け止め，共感し，課題を共有しながら，一緒に解決の方法を探り，力を合わせながら実践していくという「ともに生きる力」を育むことであり，ケアリングコミュニティを創出していくことを目的としている。

　しかしながら，多くの住民は福祉に対して無関心であり，時として批判的な立場にたつ。あるいは地域の中で異質な住民を抑圧し，差別してきた歴史もある。地域とは決してユートピア（理想郷）ではない。むしろ住民感情の対立やエゴが剥き出しになるところでもある。

　地域福祉の推進に向けて主体を育むとは，岡村重夫がいう福祉コミュニティにおける賛同者や代弁者を住民の中につくるということである。彼は「個人は多数の社会関係に規定されながらも，なおそれらの社会関係を統合する主体者である。つまり多数の社会制度に規定されながらも，これらの多数の社会関係を統合し，矛盾のないものとしながら，社会制度のなかから自分に都合のよいものを選択したり，時にはこれを変革するように働きかけて，社会人としての役割を実行する。そのことによって，自分の生活を維持してゆく責任主体としての存在意義を示すのが，社会関係の主体的側面の論理のもつ意味である」（岡村 1974）として，人間の存在をとらえた。

　大橋謙策は今日的な地域福祉の主体形成を4つの側面から説明している。①地域福祉計画策定主体の形成，②地域福祉実践主体の形成，③社会福祉サービス利用主体の形成，④社会保険制度契約主体の形成である。個人（生活主体）と地域（生活場面）におけるそれぞれのニーズを分析し，個人と地域の関係を統合的にとらえながら，地域住民の主体の中身を構造化している。

　こうした地域福祉における個人の主体性の内実を重層的にとらえ，同時に福祉サービスの視点から関連を構造化すると，次のような側面に整理される。具体的には，①「予防」：現在の生活や健康を維持したり，社会福祉について理

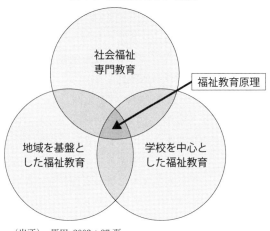

図4-1　福祉教育の3つの領域

（出所）原田 2003：27頁。

解し，福祉意識を高めたり，福祉サービスについて相談先等を知っておくことができる力，②「発見」：自分の状況が認識でき，自らの変化を受け止め，ニーズを自覚化していくことができる力，③「選択」：自分のニーズに照らして，必要なサービスの情報を収集し，その中から自分に必要なものを選択することができる力，④「契約」：自らの選択によって決定したサービス等について，必要な契約を行い，それに対して自己責任をとることができる力，⑤「活用」：さまざまな福祉サービスを，自己実現を図るためにうまく組み合わせ，常に質的な向上に向けて活用していくことができる力，⑥「実践」：主体的にさまざまな福祉活動に参加したり，課題を解決していくための学習や行動を起こせる力，⑦「参画」：地域福祉を推進するために，住民参加による計画策定に携わっていく，あるいは選挙をはじめとした社会活動への参画によって自治を指向していくことができる力，⑧「創造」：ニーズに応じて新しいサービスをつくり出すなどコミュニティ・アクションを起こしたり，福祉文化活動の展開など積極的な市民活動を担っていくことができる力である。

　こうした地域福祉における主体形成を援助する機能は，ソーシャルワークにおけるエンパワメントアプローチにも共通する。ソーシャルワークの中で利用者主体やQOL（quality of life）の中身が重視されるほど，その主体形成が大切な役割を果たす。またインフォーマルサービスやボランティア活動，NPOの活性化支援，住民自治を基盤とした地域福祉を構築していく地域福祉計画策定

などにおける援助にも共通する。つまりコミュニティ・ソーシャルワークを展開していく際に，そこには「福祉教育的機能」を内在化させる必要がある。

　この個人の主体性の側面と，それに対応する地域自立生活支援のあり方は，地域福祉における「個人」と「システム」の平面的な関係性に着目したものである。そこにもう1つ「時間」軸をすえることが必要となる。つまり個人も地域も「変化」する対象であるという視点である。とりわけ個人の「成長発達」に対しての働きかけとそこに要する時間が求められる。この個人と地域の相互関係性に「成長発達」という軸を介して構造化したとき，それを媒介する1つの領域として「福祉教育」が位置づけられる。

　岡村重夫は福祉教育の発展には「福祉の思想」をすえることが不可欠であるとし，その目的を，「単に現行の社会福祉制度の普及・周知や不幸な人びとに対する同情をもとめることではなくして，社会福祉の原理ともいうべき人間像ないしは人間生活の原点についての省察を深めることであり，この省察に基づく新しい社会観と人類文明の批判をも含まなければならないであろう。このような新しい社会観や生活観に基づく具体的な対策行動の動機づけによって，福祉教育の目的は完結するものである」と位置づけ（岡村 1974），具体的に，①福祉的人間観（社会的・全体的・主体的・現実的存在）の理解と体得，②現行社会制度の批判的評価，③新しい社会福祉の援助方式（対等平等の個人が，全体的な自己実現の機会が提供される地域共同社会の相互援助体系）の発見を挙げている。さらに岡村は「福祉教育において外在的な社会制度の欠陥を指摘する場合，自分の内面的な偏見や人間観を自己批判することなしに，あるいは内面的文化を問うことなしに，単なる同情心をよりどころにした外面的福祉であったならば，それは実現すればするほど福祉サービスの対象者を一般社会から疎外する結果となり，福祉教育の目的は自己矛盾に陥らざるをえないであろう」と指摘している。

　福祉教育プログラムを検討する際には，こうした福祉教育の価値や目的，そしてそのための実践仮説と評価方法についての検討が不可欠である。つまり福祉教育プログラムとして明示されたものだけに着目するのではなく，同時にその福祉教育プログラムに込められた潜在的意図を可視化して，批判的に検証する視点が必要とされる。形ばかりの福祉を取り入れた教育が行われても，その結果はノーマライゼーションを具現化していくことにはならない。その意味からも，豊かな福祉教育を実践していくためには，一方で子どもたちがおかれて

いる「教育福祉」の状況をきちんと把握しておくことが不可欠である。

◆ 協同実践という試み

　こうした福祉教育の推進方法の1つとして，「協同実践」という方法が試みられている。この「協同実践」とは，福祉教育に関する一連の実践を担当者個人が担うのではなく，プロセスそのものを，複数の人間が互いにかかわり合いながら進めていくという実践方法である。具体的には，学校教員だけでなく，社会福祉士やほかの専門職，ボランティアや福祉サービスの利用者などさまざまな立場のメンバーがかかわりながら実践をつくり上げていくのである。実は，この異なったスタッフ同士で企画をすることから，すでにスタッフ間の「学び」が始まる。このプログラムでは，参加者相互の学び合いが大切にされる。この双方向的な「学び合う関係性」を大切にした実践の方法が「協同実践」の特徴である。この考え方は，教育学における協同学習（第1章3節参照）と類似している。

　この協同実践の方法を福祉教育に導入するという意図は，先にふれた岡村が指摘するところの「新しい社会福祉的援助方式」を構築していくことにほかならない。対等平等の個人が，全体的な自己実現の機会が提供される地域共同社会の相互援助体系を発見していくというプロセスを重視している。換言すれば，福祉教育プログラムが，協同実践化されることによって「ともに生きる力」を育み，地域の福祉力を耕し，ノーマライゼーションを具現化していく1つの契機になっていくであろう。福祉教育では，さまざまな出会いを通して，地域の福祉課題を相互に「共有化」し，解決していく指向性と，地域福祉実践に結びつけていく力が大切である。

## (2) 地域住民の地域福祉の学び方

　地域福祉の推進にあたっては，専門職と地域住民がよい緊張関係の中で「協働」しながら進むことが望ましい。「住民主体」によって地域福祉が推進されるためには，何より地域住民が力をつけていく必要がある。まさに主体形成をしていくという視点から，地域福祉の学びは「生涯学習」によって展開される必要がある。いつでも，どこでも，誰もが地域福祉を学ぶ権利が保障され，生涯にわたって学べる環境が不可欠である。

　その際に，第1章で述べたような①フォーマル教育（formal education），②イ

ンフォーマル教育（informal education）、③ノンフォーマル教育（nonformal education）という学習方法が多様にあることが大切である。

公民館や社協などが主催する体系的な講座は、①フォーマル教育にあたる。認知症サポーター養成講座や介護職員初任者研修などはこれに該当する。②インフォーマル教育は、まさに日常の生活の中で起こる学びである。まちの中で障害のある人と関わったり、近隣で認知症の高齢者のことが話題になったり、報道やマスコミを通して情報を得ながら学んでいく。③ノンフォーマル教育は、もう少し意識的に踏み込んで、地域の行事や講演会、あるいはボランティア活動などに参加しながら学んでいく。

地域の中で、地域福祉を学ぶ機会が豊かにあることこそ、当該地域の住民の福祉意識を高めていくことになる。ただし繰り返しになるが、地域住民は福祉について無関心であったり、排除や抑圧、差別をすることも多々ある。それゆえに、ソーシャルワーカーなど専門職が福祉教育の重要性を理解し、多様な支援をしていくことが求められる。

よって大学生が学ぶ地域福祉においても、やがて彼ら彼女らが卒業後は地域住民の1人として、地域福祉の担い手になるという目標をすえておくことも大切な視点である。

### (3) 民生委員・児童委員を対象にした学び

地域住民の中でも、とりわけ民生委員・児童委員は地域福祉の推進にとって大変重要な役割を担っている。次に地域住民の立場で地域福祉の相談活動に当たっている民生委員・児童委員における地域福祉の学びを取り上げておきたい。

地域の状況を把握するのは、民生委員・児童委員活動の基本であり、そのことが提言、意見具申の取り組みにもつながる。調査活動には、行政からの依頼による高齢者世帯調査等に加え、民生委員児童委員協議会（以下、「民児協」という）として自主的に実施する調査がある。後者については、災害時要援護者調査などのほかに、マップづくりと一体となった通学路や災害時の避難経路の安全調査などがある。こうした調査は、民児協が学校、また地縁組織などと協働で実施することで、関係機関との連携強化にもつながる。民生委員・児童委員が民生委員法第14条の、「住民の生活状態を必要に応じ適切に把握しておくこと」に基づいて、日常的に地域住民の課題やニーズを把握していることは、地域包括ケアシステムや地域福祉の推進にとって重要なものとなっている。

このような背景のもと，行政によっては行政調査を民生委員・児童委員に依頼しながら，個人情報を共有し相互に情報交換していくところもあれば，民生委員・児童委員は情報の把握が役割のため，行政からは個人情報を提供しないという自治体もある。しかし，これからの地域での福祉活動を考えると，これだけ介護保険や障害者自立支援サービスなどの制度が発達してきた中にあっては，行政からの情報提供に基づく情報共有は不可欠なものとなっている。この点を具体的に進めるためにも，民児協として行政や社協からの調査活動を積極的に受け，その機会を活かして情報収集を図ることが大切である。そのための専門的な知識や技術を身につける必要がある。

　また，民生委員・児童委員が地域で暮らす生活者として，身近な相談を受け地域の情報を把握していることは，行政や社協，地域包括支援センターなど地域福祉を推進する専門職からは大変心強いこととなる。現在は，自らSOSを発信できない人々が，認知症高齢者や知的障害者，精神障害者，生活困窮者，ひきこもりの若者，介護者など多岐にわたるようになっている。自ら助けを求めることが難しい人々をいかに早期発見し，早期対応につなげていくかは多くの支援者の課題となっている。民生委員・児童委員の学びは，これらに対応するためにも重要なものがある。

　民生委員・児童委員が市区町村行政，福祉事務所，児童相談所等，行政機関との連携・協働を行うことは，委員活動，民児協活動の基本である。民生委員法にもその協力が明記されている。また民児協は，地域住民の代弁者として行政への意見具申を行うこともその役割とされている。民生委員法第24条2では，「民生委員協議会は，民生委員の職務に関して必要と認める意見を関係各庁に具申することができる」と民生委員協議会が行政に対して意見を述べる意見具申権を認めている。「法定単位民児協活動実態調査2012報告書」によると，22.7％の単位民児協が意見具申をしている。主な意見具申先として，最も多いのが行政で17.9％となっている。単位民児協は，民生委員・児童委員の日頃の活動を通じて地域のさまざまな課題を把握している。必要に応じて意見具申する，関係機関・団体等に提言を行うなど，民児協としての取り組みも重要である。地域福祉計画策定委員会や作業部会などの策定過程に参画し，意見を述べていくことも重要な意見具申の機会となる。

　このように，民生委員・児童委員としての学びは，地域住民としての立場をもちつつ地域福祉の担い手として貢献していくためにも重要である。地域住民

として,ノンフォーマルな学びだけではなく,一定のフォーマルな学習が必要になる。しかしながら,任期は3年間であり,その中で多忙な活動をしながら,こうした地域福祉や援助活動に関する学習をしていくことは大変なことである。行政のみならず,これからの協働のプラットフォームになることが期待される社会福祉協議会が民児協と連携して,こうした学びを支援していくような取り組みを行うことが求められる。

## 4 学びの質を高める――地域福祉における「教育研究」の意義

### (1) 教育実践をどうとらえるか――地域福祉の教育研究への誘い

　教育研究において,筆者が多くの刺激を受けている著書に,大村はま・苅谷剛彦・苅谷夏子『教えることの復権』(筑摩書房,2003年)がある。

　1つのトピックを紹介する。教師であった大村はまの学びを生徒として経験した苅谷夏子が,大村はまによる「私家版の辞書づくり」の授業を紹介している。辞書を引いて「なんとなくわかる」段階から,私家版の辞書づくりを経験することによって「はっきりわかる」ことを意識させる授業,そのための教材づくりの話は秀逸である。

　その教材づくりの背景にある「意味分類を自分でさがしてみる作業」は,ある用語がどのように使われているかを,その具体的な用例の多くを並べることを通して,そこに共通した意味内容が自然と浮かび上がってくるという認識の方法の習得に相当する。地域福祉の専門用語においても,何とかこの意味分類を学習者自らが行うような教材開発ができないかと検討してきた。すでに,第1章2節(3)で紹介した放送大学での映像および印刷教材の作成の中で,ささやかな挑戦として試みたのである。

　もう1つのトピックは,苅谷剛彦が自身の大学での教育実践を振り返りながら,大村はまの教材開発を「徹底したリアリズム」の追求として評価を行ったことに関連する。なかでも,「教師が身をもって教える」というリアリズムのところである。「教師が身をもって教える」とは,生徒たちに追体験を許すように教師自らの活動を通じて,頭のはたらかせ方のプロセスを具体的に他者に示すことである。そのためには,教師は,自分の頭のはたらかせ方を一歩ひいたところで見つめ直すメタのレベルでの思考力が求められることになる。この点についても,前述の放送大学の教材の中で,研究者を地域福祉の推進主体の

1つとして位置づけ，その内容を教材にするという実験を試みたのである（第1章図1-4を参照）。

　学生による地域福祉の学びの質を高める方法は，文字どおり教員による教育の質を高めることなしには実現しない。すでに第1章で，地域福祉のリアリティある学びの困難さを指摘し，それを克服するための教材活用の方法に言及した。ここでは，その背景にある教育による教材研究，広くいえば教育研究のあり方について，私的な判断が幅を利かせることになるが，問題提起をしておきたい。教員による教育の質を高めるための教育研究ということになる。

### (2)「地域福祉めがね」づくりの教材開発

　「私家版の辞書づくり」は，この間の筆者の教育研究の成果としては，「地域福祉めがね」を，地域福祉の学習者の中につくる方法に相当する。この「めがね」概念は，末石冨太郎が提起していた「廃棄物めがね」からヒントを得ている（末石 1975）。末石は，都市を観察するときに「廃棄物めがね」をかけることで，新築の住宅ですらいずれごみになる，地域に運び込まれてくるものすべてが，必ずごみになる潜在廃棄物であるという見方を可能にすると提起した。

　この関連で興味深いのは，豊中市社会福祉協議会の地域福祉の実践事例としてよく言及される，ひとり暮らし老人のゴミ屋敷問題とそれへの対応である。「廃棄物めがね」ではなく「地域福祉めがね」で，この現象を観察すると何がみえてくることになるのか（平野 2007）。まず，社協ワーカーは実践を通じて身につけてきた「地域福祉めがね」をどう活用しているのか。おそらくひとり暮らし高齢者の孤立の問題として，そして制度や行政で対応できない問題として，さらに地域福祉の新たな課題として，見たのであろう。そして，そのようには見えてこない，周囲の偏見のある目を変えるために，社協ワーカーは「ゴミ処理プロジェクト会議」を開催する中で，共通した見方を求め，地域住民がこのゴミ屋敷の処理にボランティアとして関わる提案に結びつけたのである。

　東京都内の保健福祉センターに配置された「医師」の関なおみは，『時間の止まった家――「要介護」の現場から』（光文社新書，2005年）の中で，このゴミ屋敷問題を「家」から離れられない，「家」に対するこだわりという1つのキーワードとしてとらえられることを見せてくれている。ただ，そこで紹介されている保健福祉センターの専門職総出によるごみの処理の風景は，ボランティアが関わる豊中市の「ゴミ処理プロジェクト会議」のそれとは少し異なっ

たものといえるかもしれない。この違いの中に,「地域福祉めがね」の独自の見方があるのではなかろうか。

　翻って,地域福祉研究者(教育者)は,この「ゴミ処理プロジェクト会議」の取り組みを地域福祉の教育における「地域福祉めがね」づくりに,どのように役立てうるのか,ということが問われる。地域福祉を学ぶ学習者は,ゴミ屋敷の問題を,個別援助の課題にとどまらず地域福祉の課題としてとらえきれるのであろうか。地域の迷惑問題としてしか理解することができないのでは,地域福祉教育の質に問題があることになる。さらにいえば,「ゴミ処理プロジェクト会議」に結びついた経緯をどのように学習者は理解できるのか。強制されて対処していく地域福祉ではなく,話し合いの中で形成される地域福祉を目指すという方法に気づくことができるのか。そのような見方ができる「地域福祉めがね」を教材化することが研究者に求められている。

## (3) 実践事例のデータベース化に必要な研究者の「解釈」

　本節は,第1章2節の「『地域福祉の理論と方法』の教材活用の方法」を受けた「教育研究」の意義を扱っている。同「教材活用の方法」は,「地域福祉の歴史を象徴するような地域福祉における実践事例をデータベース化する研究は,本書が目指す地域福祉教育研究上重要な試みではなかろうか」で終えている。その実践事例のデータベース化には,どのレベルの地域福祉の見方に相当する事例なのかについて,研究者による明確な「解釈」が伴う必要がある。

　豊中市社会福祉協議会の実践事例は,多くのところで地域福祉の教材として活用されている。しかし,地域福祉教育研究上の課題としては,実践事例から地域福祉の方法をどのように抽出するのか,ある種の解釈としての作業を研究者(教育者)がどのように行うのか,という点がある。これは,先の苅谷剛彦が提起した頭のはたらかせ方のプロセスを具体的に他者に示すことに相当している。

　先の豊中市社協の実践事例をコミュニティ・ソーシャルワーカーによる援助方法として整理するのか,大阪府が進める「コミュニティソーシャルワーカー配置促進事業」の成果として整理するのかで,地域福祉の方法におけるデータベース事例としての位置づけは異なってくる。前者は,地域福祉の方法のミクロレベルでの整理であり,後者は,メゾあるいはマクロレベルの整理ということができる。これらの区別は,実践事例研究の成果に基づく,研究者の「解

釈」の違いに相当する。つまり，学習者に対して，実践事例を通して「地域福祉のリアリティ」を提供しつつ，同時に研究者の「解釈」，ここではミクロの方法なのか，マクロの方法なのかについての区別を示す必要がある。苅谷剛彦が提起した教育者（研究者）の頭のはたらかせ方のプロセスとともに事例を提供することによって，学習者ははじめて理解することができるのではなかろうか。

　この点に関連して筆者は，『地域福祉推進の理論と方法』の序章で次のように触れている。「『地域福祉めがね』をかけると，地域福祉の現場の何が見えるようになるのであろうか。現場に近づけば近づくほど，地域福祉の個々の実践に相当する『木（ミクロ）』をみることができるとしても，都市全体に広がる地域福祉という『森（マクロ）』を見ることは容易なことではない。とくに『木』を見るのが得意な臨床の実践者は，地域福祉の『森』の広さや多様さのゆえに近づきにくいものとなって，『森』を認識することなく『木』のみを見ていることが多い。地域福祉の推進を業務とする専門職においても，地域福祉の『森』の生態系をとらえきれていない状況にある。個々の『木』を支援するうえでも，地域福祉の『森』を理解することは大きな武器となることを十分には理解しえていない。『地域福祉めがね』は，それを補佐するものである」（平野 2008a）。

　このような認識からすると，地域福祉の実践事例のデータベース化において，個々の木の理解にとどまるのではなく，森に相当する地域福祉の政策化における実践事例の集約が求められることになる。地域福祉のマクロの見方ができる「地域福祉めがね」形成を促す教材化が必要となっている。

### (4) 援助実践から政策化への「教育研究」のシフトの意義

　地域福祉における「教育研究」の範囲として，地域福祉の援助実践領域から政策化領域へのシフトが必要となっている。その背景には，「地域福祉の理論と方法」が，社会福祉士養成科目上，「福祉行財政と福祉計画」と「福祉サービスの組織と経営」を関連分野として有していることが関係している。つまり，福祉援助に従事する社会福祉士が，福祉計画に参加する機会は，計画行政が普及している今日において増える傾向にある。福祉計画の策定も一種の実践現場であり，社会福祉士の日常業務との連続性を意識することが重要といえる。その意味では，福祉援助の過程の中で絶えず計画との接点を意識し，個別的に目

の前に現れている問題を市町村全体の中で共通性や普遍性のあるものととらえ直し，計画上の課題として認識するように心がけることが必要である（平野 2012：101）。

筆者が，第1章の「『地域福祉の理論と方法』の教材活用の方法」において地域福祉計画を重視した理由もそこにある。実践事例のデータベース化においても，援助実践領域から政策化領域へのシフトが必要であり，その媒介的な位置にあるのが地域福祉計画の領域ということができる。

地域福祉計画の領域は，地域福祉研究者の最も重要なフィールドワークの現場である。その意味では研究者が地域福祉をどのように理解し，計画策定を地域福祉の方法としてどのように「解釈」しようとしているかを教材として示すうえで最も有効なものといえる。この点については，平野隆之（2006）の「計画研究――地域福祉のフィールドから」において触れている。ここで採用した概念が，「計画空間」である。この概念を導入することで，「計画空間」における地域福祉の方法を具体的に論じることができたのである。その概念生成の過程を同論文に研究事例として記している。その点についての説明はここでは避けるが，その背景に，地域福祉の方法として地域福祉計画を位置づけ，どう教育するのか，という問題意識があったことに注目しておきたい。つまり，地域福祉の政策化に向けてのプロセス上必要な計画化，そしてその計画化において不可欠な方法として，「計画空間」の形成があるということへの気づきが，地域福祉における「教育研究」を契機としていることである。地域福祉研究の発展は，とりわけ政策化領域での研究の発展は，教育研究の必要度との高まりの中で進むことを強調しておきたい。第1章の「教材活用の方法」で触れた地域福祉施策（プログラム）の概念導入も同様のプロセスをたどっている。

注

1 本研究調査は，2011年度～2014年度科学研究費補助金（基盤研究B）「多様化する学習主体に対応した『地域福祉教育』の場・教材の開発研究」（研究代表：原田正樹，研究課題番号：23330815）の一環として行ったものであり，調査結果の詳細については研究成果報告書（2015年3月）『地域福祉を担うソーシャルワーカーの現任研修のあり方』を参照していただきたい。

参考文献

原田正樹，2003『福祉教育実践ハンドブック』全国社会福祉協議会

原田正樹，2014『地域福祉の基盤づくり――推進主体の形成』中央法規出版
平野隆之，2006「計画研究――地域福祉のフィールドから」岩田正美・小林良二・中谷陽明・稲葉昭英編『社会福祉研究法――現実世界に迫る 14 レッスン』有斐閣
平野隆之，2007「『地域福祉めがね』をかけてごみ屋敷をみる」全国コミュニティライフサポートセンター編『校区の時代がやってきた！――住民が築く 17 の小地域福祉活動』全国コミュニティライフサポートセンター
平野隆之，2008a『地域福祉推進の理論と方法』有斐閣
平野隆之，2008b「地域ケアシステムと『地域の福祉力』」伊賀市社会福祉協議会編『社協の底力――地域福祉実践を拓く社協の挑戦』中央法規出版
平野隆之，2012「福祉計画の目的と意義」社会福祉士養成講座編集委員会『福祉行財政と福祉計画〔第 3 版〕』中央法規出版
岩間伸之・原田正樹，2012『地域福祉援助をつかむ』有斐閣
日本福祉教育・ボランティア学習学会リーディングス編集委員会，2014『福祉教育・ボランティア学習の新機軸』大学図書出版
大橋謙策，1986『地域福祉の展開と福祉教育』全国社会福祉協議会
岡村重夫，1974『地域福祉論』光生館
大村はま・苅谷剛彦・苅谷夏子，2003『教えることの復権』筑摩書房
末石富太郎，1975『都市環境の蘇生――破局からの青写真』中央公論新社
上野谷加代子・原田正樹監修，2014『新 福祉教育ハンドブック』全国社会福祉協議会
全国民生委員児童委員連合会編，2012『法定単位民児協活動実態調査 2012 報告書』20
全国民生委員児童委員連合会編，2016『単位民児協運営の手引き』

# おわりに

　本書を出版するにあたっての基礎的研究は，日本地域福祉学会の研究プロジェクトとして，地域福祉をどう教えるかという問題意識から始まった。それを受けて科研費「多様化する学習主体に対応した『地域福祉教育』の場・教材の開発研究」（基盤研究 B 23330185）として，3年間の共同研究を行ってきた。

　こうした共同研究の成果をもとにして，今回はインストラクショナルデザインという視点から1冊にまとめることができた。学会30周年の記念出版として，有斐閣から上梓できたことに感謝したい。とりわけ編集にあたっては書籍編集第2部の堀奈美子氏に多大なるご支援をいただいた。また研究会の事務局として日本福祉大学の小松尾京子先生，大林由美子先生にお世話になった。改めて感謝申し上げたい。

　また実態調査の実施にあたっては，日本社会福祉士養成校協会（社養協）の協力を得た。社養協でも社会福祉士養成の見直しに向けての議論をしており，本研究会と連携することができた。今後も学会との共同研究がすすめられることを期待している。

　こうした教育研究を深めていくことは，地域福祉とは何かを問うことであり，地域福祉研究の輪郭を定めていくことにつながる。ただし同時にそれは今日的な理論や実践をどう解釈するかという論争や論点をあきらかにしていくことでもあった。その意味で本書の内容も統一した見解になっているわけではない。むしろそれぞれの違いを学生たちにも伝えていくことが，地域福祉研究を深めていくことになるのだと考えている。

　本書の挑戦的な試みに対して，読者のみなさまからさまざまなご意見をいただき，さらに質のよい「地域福祉の学び」を創出していきたいと願っている。

　　日本地域福祉学会30周年大会によせて
　　2016年6月11日

　　　　　　　　　　　　　　編者　上野谷 加代子・原田 正樹

# 索　引

## ◆あ　行

ICF（国際生活機能分類）　149
アウトリーチ　211, 216, 222
アクティブラーニング　22, 23, 53
アセスメント　216, 335
アソシエーション型コミュニティ　104
アダムズ，J.　85, 86
アドボカシー　179, 260
アドミニストレーション　40
アトリー，C.　86
新たな公共　116
新たな時代に対応した福祉の提供ビジョン　172, 256
安心生活創造事業　210, 256
イコールフッティング　129, 130
一般コミュニティ　60-62, 204
医療介護総合確保推進法　174, 255
インストラクショナルデザイン（ID）　5, 8
インフォーマル教育　4, 264
ウェッブ夫妻　86
右田紀久惠　73, 74
エコマップ　16
ADDIEモデル　5
NPO　116, 134, 135, 184, 185, 254
エンパワメントアプローチ　262
大橋謙策　61, 149, 211, 261
大村はま　267
岡村重夫　73, 74, 204, 261, 263, 264
岡村理論　61

## ◆か　行

介護支援専門員　45
介護保険制度　255
介護保険法　174
介護予防　240
介護予防・生活支援サービス総合事業　185
学習環境　22
学習環境デザイン　22
学童・生徒のボランティア活動普及事業　149
ガバナンス　148, 190, 191
科目群　38-40
苅谷剛彦　267, 269
企業の社会的責任（CSR）　136
基礎自治体　140
寄付税制　185, 186
基本的ニーズ　61, 62
虐　待　178
救貧法　85
QOL　262
教育工学　5
共　助　172
協同学習　23, 24, 31, 264
協同組合　134, 136
協同実践　264
共同募金　185, 186
クライエント　249
グループスーパービジョン　252
グループホーム　129, 241
グループワーク　85, 99
ケアリングコミュニティ　261
経験学習　25
ケースカンファレンス　252
ケースワーク　85
限界集落　135, 160, 161
減　災　166
研修プログラム　258

現任研修　256, 258
権利擁護　178, 240
権利擁護と成年後見制度　178
合意形成　68
公　助　172
構造的概念　74
公民協働　117
互　助　172
個人情報の保護に関する法律　236
個人スーパービジョン　252
孤独死　154
孤独死防止対策　155
個別支援　15, 17, 211, 254
ゴミ屋敷　158, 211, 268
コミュニティ・エンパワメント　260
コミュニティ・オーガニゼーション　16, 79, 80, 85, 91, 92, 104, 204–06
コミュニティケア　79, 80, 92, 204
コミュニティサービス　150
コミュニティ・ソーシャルワーカー　190, 192, 235, 257, 269
コミュニティ・ソーシャルワーク　26, 92, 140, 204, 210, 256, 262
コミュニティデザイン　205
コミュニティビジネス　61, 135
コミュニティワーク　16, 92, 204
「これからの地域福祉のあり方に関する研究会」報告書　68, 210, 212, 256
コンサルテーション　248, 253

◆さ　行

災害救助法　168
災害対策基本法　168
済世顧問制度　110
在宅福祉　79, 80
サービス付き高齢者住宅　129
サービスラーニング　5, 23, 25, 150
ジェネラリスト・ソーシャルワーク　211
ジェネラリスト・ソーシャルワーク・モデル　218
ジェノグラム　16
資源開発　17, 39
自己評価（FD）　23, 27, 29
自　助　172
慈善組織化運動　85, 84
慈善組織協会（COS）　84, 85, 205
持続するコミュニティ　60
自　治　74, 75, 148, 190, 191
自治会　156
実習教育　18
実習評価　28
実習プログラム　18, 20
指定科目　14
児童福祉法　111
市民後見人　179
社会改良運動　85
社会起業家　134
社会貢献活動　25
社会資源　228, 240, 241, 216
社会資源開発　212, 240
社会的企業　61, 134, 135
社会的孤立　104, 154
「社会的な援護を要する人々に対する社会福祉のあり方に関する検討会」報告書　68
社会的排除　66, 135, 155
社会福祉関係八法改正　91, 92, 141, 210
社会福祉基礎構造改革　141, 210
社会福祉協議会　20, 78, 122, 140, 184, 186, 191, 204, 206, 256, 267
社会福祉協議会基本要項　68
社会福祉士　36, 38, 44, 255
社会福祉士及び介護福祉法　18, 36
社会福祉事業法　92
社会福祉施設　128
社会福祉施設の緊急整備　92
社会福祉士養成課程　3, 14, 270
社会福祉士養成カリキュラム　18, 36, 44,

社会福祉法　68, 78-81, 92, 123, 140, 190
社会福祉法人　78, 129
社会福祉法人施設　122
住民参加　191, 192
住民参加型在宅福祉サービス　91, 92, 190
住民主体　67, 75, 105, 148, 205, 260, 264
住民主体原則　105
住民の主体形成　16, 191, 192
住民の主体性　74
集落福祉　161, 162
出題基準　3, 41, 47, 49, 52
生涯学習　3, 148, 264
少子高齢化　66
小地域ネットワーク活動　92
小地域福祉活動　104
小地域福祉推進組織　106
消滅自治体　160
助成金　185
ジョンソン，D.W.　24
自立　61
事例学習　26
ストレングス・アプローチ　211
スーパーバイザー　248, 253, 259
スーパーバイジー　248, 253
スーパービジョン　248
スーパービジョン関係　249, 251
生活課題の多様化　60
生活困窮者自立支援制度　129, 154, 210, 212, 223, 240, 256
生活困窮者自立支援法　222, 255
生活支援コーディネーター　174
生活者　15
生活主体者　62
生活当事者　14
生活福祉資金　123
生活問題　66
制度の狭間の問題　72, 197, 216, 235
成年後見制度　178, 179

54

セツルメント運動　84, 85, 91, 205
セルフネグレクト　155
セルフヘルプグループ　99, 100
善意銀行　117
全国民生委員児童委員連合会　112
潜在的なニーズ　216, 217
総合相談　178, 192, 224
総合相談体制　140, 141, 190
相談援助演習　14, 20
相談援助実習　14
相談援助実習ガイドライン　18
相談援助実習指導　14, 20
相談援助の理論と方法　49, 51, 53
相談援助の基盤と専門職　178
ソーシャルアクション　17, 85, 92, 116, 118, 179, 240
ソーシャルサポートネットワーク　16, 211, 235
ソーシャルニード　217, 218
ソーシャルワーカー　5
ソーシャルワーク教育　8
措置制度　38

◆た　行

多職種協働　20, 21
タスク・ゴール　229
脱施設化　129
多問題家族　235
地　域　2
地域アセスメント　206, 211
地域型コミュニティ　104
地域ケア会議　235
地域再生　160
地域支援　16, 17
地域社会　62
地域住民　254
地域小規模養護施設　129
地域自立生活支援　104, 105, 204
地域振興　160

地域診断　16, 17, 104
地域生活支援　16, 17
地域組織化　17, 73, 74, 79, 80, 206
地域の福祉力　106
地域福祉　2, 54
　——の意義　66, 67, 69
　——の教育　3, 15, 18, 54
　——の源流　84
　——の講義　3
　——の固有性　8, 66, 68, 69, 196
　——の時代性　10
　——の主体形成　261
　——の推進　81, 140, 191, 253, 264, 265
　——の推進主体　267
　——の組織化　204
　——のダイナミズム　197
　——の地域性　10
　——の方法　78, 80, 228, 269
　——の学び　3, 5
　——のリアリティ　9, 10, 11, 14, 270
　——の理論　72
　——の歴史　13, 90
地域福祉活動計画　123, 190, 191
地域福祉計画　12, 78–80, 91, 140–42, 173, 190, 191, 271
地域福祉コーディネーター　210, 235, 256, 257
地域福祉財源　184–86
地域福祉支援計画　173
地域福祉施策（プログラム）　12, 13
地域福祉の理論と方法　3, 8, 9, 11, 12, 14, 39, 41, 44, 50, 53, 270
地域福祉めがね　268
地域福祉論　72, 73
地域包括ケアシステム　61, 105, 140, 141, 172, 173, 255, 265
地域包括支援体制　172, 173
地域密着型特別養護老人ホーム　129
地域を基盤としたソーシャルワーク　18, 92, 178, 222
地域を基盤とした連携・協働　67
小さな拠点　161, 162
地区社協　92
地方分権　140
地方分権改革　142
中央慈善協会　85, 91
中間支援　184
中間支援組織　186
中山間地域　160
町内会　156
トインビーホール　85
当事者　98, 99
当事者活動　98, 99
当事者参加　98
当事者主権　98, 100
当事者組織　100
特定非営利活動促進法　117, 118
都心過疎問題　161

◆な　行

永田幹夫　73, 206
ニーズ把握　216
日常生活圏域　104
日常生活自立支援事業　123, 178
日本社会福祉士養成校協会　18, 44
認定NPO法人　185
ネットワーキング　39, 122, 234
ネットワーク　211, 234, 254
ネットワーク化　17, 190
ネットワークマネジメント　234
ノーマライゼーション　129, 263
ノンフォーマル教育　4, 5, 265

◆は　行

バークレー報告　210, 212
パターナリズム　205, 260
バーネット夫妻　86
ハル・ハウス　85

反転授業　23
ピアスーパービジョン　253
ピア評価　31
ピアラーニング　31
東日本大震災　166, 255
ひきこもり　211
被災者　167
被災者の支援ニーズ　167
避難支援　166
平野隆之　10, 271
ヒル，O.　86
貧困観　85
ファシリテート　18
フィールド学習　23
フィールドワーク　25
フォーマル教育　4, 5, 264
複合多問題　72
福祉ガバナンス　198
福祉教育　17, 128, 130, 148, 212, 261, 263
福祉教育機能　150
福祉教育原理　261
福祉教育事業　150
福祉教育プログラム　263
福祉行財政と福祉計画　40, 41, 49, 53, 270
福祉コミュニティ　60–62, 73, 74, 92, 105, 204, 261
福祉サービスの組織と経営　40, 41, 49, 53, 270
福祉三法体制　141
福祉社会　118, 135
福祉組織化　73, 74, 79, 80
福祉多元化　116, 118
福祉トライアングルモデル　135
福祉のまちづくり　190
福祉六法体制　141
ブース，C.　86
ブラッドショウ，J.　217, 218
プランニング　211, 228
ふれあい・いきいきサロン　104, 106, 156

プロセス・ゴール　229
分権化　91
ベヴァリッジ，W.　86
ペストフ，V.　135
防災　166
防災・減災対策　167
法人制度改革　130
方面委員制度　91, 110
保健福祉地区組織活動　105
ボランタリズム　118
ボランタリーな組織　184
ボランティア　4, 5, 116, 134, 135, 254
ボランティア学習　150
ボランティア活動　117, 128, 130, 150, 265
ボランティア元年　117

◆ま 行

牧賢一　206
牧里毎治　74
増田レポート　255
マズロー，A.　217
まち・ひと・しごと創生総合戦略　161, 162
見守り活動　104, 106
民生委員・児童委員　110, 265
民生委員児童委員協議会　110–12, 265, 266
民生委員法　111, 112, 265, 266

◆や 行

友愛訪問　111
ユーザーデモクラシー　100
予　防　178, 179, 222

◆ら 行

利用契約制度　38
リレーションシップ・ゴール　229
レイン委員会報告　205
連　携　39

ローカル福祉ガバナンス　196
ロス，M.G.　205
ロスマン，J.　205

◆わ　行

渡部律子　218

地域福祉の学びをデザインする
*The Instructional Design of Community Development*

2016 年 6 月 20 日　初版第 1 刷発行

| 編　者 | 上野谷加代子 |
| | 原　田　正　樹 |
| 発行者 | 江　草　貞　治 |
| 発行所 | 株式会社　有　斐　閣 |

郵便番号　101-0051
東京都千代田区神田神保町 2-17
電話　(03)3264-1315〔編集〕
　　　(03)3265-6811〔営業〕
http://www.yuhikaku.co.jp/

印刷・萩原印刷株式会社／製本・牧製本印刷株式会社
©2016, Kayoko Uenoya, Masaki Harada. Printed in Japan
落丁・乱丁本はお取替えいたします。
★定価はカバーに表示してあります。
ISBN 978-4-641-17419-1

[JCOPY] 本書の無断複写(コピー)は、著作権法上での例外を除き、禁じられています。複写される場合は、そのつど事前に、(社)出版者著作権管理機構(電話03-3513-6969、FAX03-3513-6979、e-mail:info@jcopy.or.jp)の許諾を得てください。